Glendale Library

3 9 0 1 0 0

MW00654577

NO LONGER PROPERTY OF
GLENDALE LIBRARY,
ARTS & CULTURE DEPT.

Si este libro le ha interesado y desea que lo mantengamos
informado de nuestras publicaciones, puede escribirnos a
comunicacion@editorialsirio.com,
o bien registrarse en nuestra página web:
www.editorialsirio.com

Título original: SNAP
Traducido del inglés por Antonio Luis Gómez Molero
Diseño de portada: Editorial Sirio, S.A.

©   de la edición original
     2012 Patti Wood

©   de la presente edición
     EDITORIAL SIRIO, S.A.

EDITORIAL SIRIO, S.A.	NIRVANA LIBROS S.A. DE C.V.	ED. SIRIO ARGENTINA
C/ Rosa de los Vientos, 64	Camino a Minas, 501	C/ Paracas 59
Pol. Ind. El Viso	Bodega nº 8,	1275- Capital Federal
29006-Málaga	Col. Lomas de Becerra	Buenos Aires
España	Del.: Alvaro Obregón	(Argentina)
	México D.F., 01280	

www.editorialsirio.com
sirio@editorialsirio.com

I.S.B.N.: 978-84-7808-953-6
Depósito Legal: MA-112-2014

Impreso en Imagraf

*Cualquier forma de reproducción, distribución, comunicación pública o transformación de esta
obra solo puede ser realizada con la autorización de sus titulares, salvo excepción prevista por la
ley. Diríjase a CEDRO (Centro Español de Derechos Reprográficos, www.cedro.org) si necesita
fotocopiar o escanear algún fragmento de esta obra.*

PATTI WOOD

¡ZASSS!

**Cómo sacar
el máximo partido
a la primera impresión
que causas, a tu carisma
y a tu lenguaje corporal**

editorial Sirio

153.6 WOO

Introducción

¿Qué piensa la gente de ti al conocerte? Todo el mundo se forma primeras impresiones constantemente: el nuevo miembro del equipo que conociste en la sala de personal, el cliente potencial al que intentas convencer, la mujer que te está haciendo la entrevista de trabajo, la chica con quien empezaste a chatear por Internet, la sala llena de gente en la que acabas de hacer una presentación... ¿Cómo podrías mejorar la impresión que causas?

¿Qué te parece tu capacidad de formarte una primera impresión acertada de los demás? ¿Cómo sabes si puedes creer que alguien que acabas de conocer va a ser un buen gerente, empleado, socio o amigo? ¿Cómo sabes si puedes confiar en él para que refinancie tu hipoteca o se encargue de tu bebé o de tu madre? ¿Se te da bien *leer* a la gente? ¿Aciertan tus reacciones viscerales? Este libro responde a todas estas preguntas y a muchas más.

Si alguna vez te has preguntado por qué no te llamaron después de esa entrevista que creías que te salió bordada, cómo pudo fallarte ese contacto profesional, cómo resultó tan poco fiable aquel «amigo» o cómo pudiste sentir esa conexión instantánea con alguien que acababas de conocer, te ayudaré a entender el porqué.

A pesar de los años que llevo estudiando estos procesos, dando charlas y asesorando sobre ellos, aún me siguen maravillando. Es asombroso, pero la investigación demuestra que al conocer a alguien instantáneamente decidimos si nos gusta (y esa persona hace lo mismo con nosotros) en *décimas* de segundo. Esto es lo que llamamos impresiones inmediatas. Son rápidas, poderosas y sorprendentemente acertadas. Estamos hechos para causarlas y recibirlas.

Quizá estés pensando: «No es suficiente tiempo, no causo una buena primera impresión, no es justo, no puedo hacerlo», pero cuando entiendas cómo funcionan las impresiones inmediatas, los elementos que las forman y los cientos de indicios ocultos que se producen entre un hola y un apretón de manos, verás que no son *juicios inmediatos*. Estos últimos están influenciados por la atracción, los estereotipos, la mentira, los estilos de comunicación y los hábitos que merman nuestra capacidad de leer (y de que nos lean) acertadamente.

Por otro lado, las impresiones inmediatas te proporcionan un timón, un mapa del tesoro del verdadero ser de cada uno. Como somos capaces de procesar miles de unidades de información no verbal en menos de un minuto de contacto, la conversación no verbal puede ayudarnos a mantenernos donde y con quien tenemos que estar. Y como, por lo general, las señales no verbales escapan al control consciente del individuo, son más sinceras y reveladoras que las palabras.

Lo mejor de todo es que podemos *aprender* a leer con destreza el lenguaje corporal. La técnica de la impresión inmediata se puede estudiar y dominar. Hacerlo mejorará tu capacidad de formar y de recibir impresiones acertadas, y gracias a ello tus relaciones personales y profesionales se volverán más auténticas, productivas y satisfactorias.

Creo que el mayor regalo que les podemos hacer a los demás es entenderlos, llegar a verlos como de verdad son. Y que una de las mejores sensaciones que podemos vivir es que nos entiendan y nos vean tal y como en realidad somos.

Vine al mundo como consecuencia del poder de las impresiones inmediatas. Mi madre, antes de ser mi madre, salió una noche a bailar, vio a un hombre rubio atractivo que se encontraba al otro lado de la pista de baile, abrió su corazón y pensó: «Es él». Mi futuro padre miró desde el otro extremo de esa misma pista de baile, vio a una mujer rubia atractiva, abrió su corazón y pensó: «Es ella».

La verdad es que «pensar» no es el término apropiado, ya que nuestro cerebro límbico (el sistema de estructuras neuronales relacionadas con el comportamiento emocional) es el que se encarga de analizar los indicios instantáneamente en un proceso que nos lleva a una percepción mucho más visceral, a un *conocimiento* incuestionable y casi indescriptible. Esta es la poderosa sensación que experimentaron mis padres.

Aquellos dos jóvenes aficionados al baile se conocieron esa noche, y a los cuatro días mi padre compró un descapotable rojo y un anillo de compromiso. Fue a por mi madre para darle un paseo en coche (con la capota bajada), la llevó a la playa bajo la luna llena de Miami y se le declaró. Está claro que mi padre sabía cómo causar una magnífica primera impresión. Se casaron *una semana* después.

Mis padres nos contaron a mis hermanas y a mí esta tierna historia de amor cuando yo tenía diecinueve años y estaba asistiendo a mi primera clase sobre comunicación no verbal. Su historia me animó a investigar durante varios años lo que ahora llamo *impresiones inmediatas*, y a escribir y dar conferencias sobre la importancia y el poder de estas primeras tomas de contacto en las relaciones de negocios y personales.

He estado asesorando y realizando investigaciones sobre comunicación no verbal desde 1982; mis titulaciones hacen énfasis en este tipo de comunicación. He enseñado esta materia en universidades (la revista *Time* calificó mi curso sobre lenguaje corporal en la Universidad Estatal de California como uno de los cursos universitarios más populares de todo el país), he dado conferencias en organismos y empresas gubernamentales y he instruido a toda clase de individuos, desde ejecutivos y candidatos políticos hasta gente que quiere mejorar sus habilidades en las entrevistas de trabajo, las ventas, las presentaciones o las citas. He trabajado con jueces, agentes de policía, médicos, enfermeras, profesores y padres adoptivos. Prácticamente cada semana me piden que aparezca en los medios de comunicación escritos o de radio y televisión para comentar asuntos de actualidad, desde juicios y escándalos hasta campañas políticas y el comportamiento de los famosos.

En este libro empleo mis conocimientos, entre ellos los obtenidos en mi formación académica, en mis continuas investigaciones y en experiencias de la vida real, y lo hago no solo para mostrarte la teoría, sino también para enseñarte a darle un uso práctico en tu vida cotidiana. Además, he incluido relatos que sirven como ejemplos de lo que describo; quizá te identifiques con muchos de ellos. Asimismo tendrás la oportunidad de acceder a vídeos, ejercicios *on line* e investigaciones recientes. Mientras lees los capítulos que siguen, las investigaciones y las explicaciones, piensa en la última reunión a la que hayas asistido, en la experiencia más reciente que has tenido al conocer a un nuevo compañero de trabajo o al salir con alguien, en los contactos por teléfono o por correo electrónico que mantuviste ayer y en las demás ocasiones en las que las impresiones fueron importantes. Recordando estas experiencias, entenderás mejor los conceptos y aprenderás más rápidamente a interpretar y usar tus habilidades no verbales en tu beneficio. Aprenderás a:

- Causar esa primera impresión que deseas, en diversas circunstancias.
- Desarrollar tu simpatía, credibilidad y carisma.
- Entender cómo comunicamos el poder o la falta de poder.
- *Leer* a la gente rápida y eficazmente.

- Entender que estás formándote «primeras impresiones» continuamente, incluso con quienes ya conoces cada vez que te relacionas con ellos.
- Descubrir cómo conseguir esa rara segunda oportunidad de causar una primera impresión.
- Causar una buena «impresión técnica» con los dispositivos actuales en muchos de los medios tecnológicos de hoy en día.
- Saber en quién puedes confiar de verdad y cómo hacer que los demás confíen en ti.
- Ver rápidamente los verdaderos propósitos de quienes te rodean.
- Aprender a confiar en tus impresiones inmediatas más acertadas y usarlas como guía.
- Tener más confianza en ti y en tu capacidad de relacionarte con otras personas.

La meta es ayudarte a ser (y parecer) la mejor versión de ti mismo mientras vas aprendiendo a identificar y entender rápidamente a la gente que conoces. El resultado será un nuevo tú más seguro, valiente y sabio. Empecemos.

1

RECIBIR Y CAUSAR IMPRESIONES INMEDIATAS

Usar el lenguaje corporal para
leer acertadamente a los demás y
mejorar la impresión que causas

*Dana, consultora de guiones de Hollywood, tenía una cita
con George Clooney. Tuvo que posponerla dos veces.*
*—Es increíble, lo sé —dice riéndose—. ¿A quién se le ocu-
rre retrasar una cita con George Clooney? Pero acababa de
dar a luz.*
*Llegó la nueva fecha prevista para la reunión y Dana, ex-
hausta tras toda una noche sin dormir, se puso la única
ropa que le quedaba bien, una camiseta blanca, pantalones vaqueros y una chaqueta. Abrazó a su bebé para despe-
dirse y acto seguido montó en su coche para ir hasta el otro
extremo de Los Ángeles. Cuando iba a entrar en el estudio,
se le acercó una mujer y le dijo:*
*—Disculpe, pero ¿se ha dado cuenta de que tiene la cha-
queta cubierta de vómitos?*

Dana, una verdadera profesional con mucho aplomo, se limpió la chaqueta y atravesó la puerta para encontrarse con el famoso actor.

—Estaba muy cansada, y la prioridad era mi bebé. La verdad es que no se me ocurrió ponerme nerviosa ni desempeñar ningún papel. Me limité a ser yo misma, lo que ese día significaba oler a colonia de vómitos.

Nada más verla, George Clooney se quedó prendado de Dana. La contrató y lo pasaba tan bien con ella que durante el tiempo que estuvieron trabajando en el proyecto siempre terminaban sus reuniones semanales jugando los dos al baloncesto detrás de su oficina. Unos años después, el actor le contó a Dana que la primera impresión que le causó fue extraordinaria.

—Eras muy auténtica —le dijo—. No había nada de esa hipocresía típica de Hollywood, solo dos personas conectando.

Te cuento esto porque al hablar sobre el valor de las impresiones inmediatas, no quiero que por el hecho de ser consciente de las pistas no verbales que das y recibes estés exageradamente pendiente de ti mismo. Es muy importante que permanezcas presente en el momento, que conectes y seas auténtico. El conocimiento que vas a lograr aquí te ayudará a hacerlo para que tu verdadero ser luzca con todo su brillo.

¿Cuántas veces oímos decir: «Nada más conocerlo pensé...», «Desde el primer momento en que lo vi supe que...», «Ni por un instante consiguió engañarme...» o algo por el estilo? El proceso de la primera impresión dura unos pocos segundos o menos. De hecho, las investigaciones más actuales aseguran que nos formamos una primera impresión precisa en cien milisegundos, menos del tiempo que se tarda en chasquear los dedos.[1]

Podemos procesar miles de indicios (visuales, auditivos o táctiles) y otros factores no verbales muy rápidamente, de manera que una impresión inmediata se produce mucho antes de que hayamos hablado detenidamente con alguien, o incluso antes de que hayamos intercambiado nuestras tarjetas de visita o nuestras direcciones de correo. Nos formamos impresiones inmediatas no solo al encontrarnos cara a cara, sino también cuando vemos a alguien en una foto, miramos su perfil en Facebook, leemos un mensaje que nos ha mandado u oímos su voz por teléfono. Hacemos esto fijándonos en detalles que ni siquiera sabemos que estamos notando, y la mayoría de los estudios muestra que solo el hecho de conocer a alguien durante mucho tiempo puede alterar nuestra impresión inicial.

La investigación realizada por Janine Willis y Alexander Todorov en la Universidad de Princeton descubrió que tras mirar el rostro de alguien durante una sola décima de segundo la gente se formaba una valoración sobre su atractivo, simpatía, fiabilidad, capacidad y agresividad. Los investigadores descubrieron que no hay ningún cambio significativo entre las decisiones inmediatas que los sujetos del experimento tomaban en una décima de segundo y las que adoptaban tras una toma de contacto más larga con ese rostro. Cuando se les dio más tiempo (hasta llegar a un segundo completo), sus juicios principales no variaron. De hecho, conforme aumenta el tiempo la gente se vuelve más segura de su valoración.[2]

¡ZASSS!

Una explicación científica de la impresión inmediata

En la creación de una primera impresión y en la reacción que se tiene a partir de ella participan muchas regiones cerebrales. La investigación mediante imágenes por resonancia magnética funcional de sujetos mientras se forman sus primeras impresiones de rostros fotografiados y perfiles por escrito (cada uno de los cuales denotaba un tipo de personalidad distinto) mostró una actividad importante en dos regiones: la amígdala y la corteza cingulada posterior (CCP). La amígdala es una pequeña estructura en forma de almendra situada en el lóbulo temporal medio del cerebro. Su función principal es procesar las reacciones emocionales (como el miedo y la ansiedad) y almacenar recuerdos de acontecimientos emotivos. Pero también juega un importante papel en la interpretación del lenguaje corporal y las expresiones faciales, especialmente cuando pueden indicar una amenaza. La amígdala es la que te ayuda a decidir: «¿Puedo confiar en que esta persona no me hará daño?».

La CCP tiene que ver con la atención, la memoria, la motivación y la toma de decisiones. Se ha estudiado intensamente en el campo de la neuroeconomía (que contempla la actividad cerebral y la toma de decisiones económicas) debido a su papel en la valoración de riesgos y la evaluación de recompensas o resultados esperados. Algunos investigadores la definen como un centro que conecta otras partes del cerebro. Tanto la amígdala como la CCP están interconectadas con el tálamo. El tálamo *no* es una estructura límbica pero está relacionado con la función motriz y la percepción sensorial. Actúa como una estación de retransmisión para dos tipos de impulsos nerviosos: los que portan información sensorial (imágenes, sonidos, gustos, olores) y los que controlan los movimientos de los músculos. Tras recibir estas sesiones, el tálamo las envía a la parte apropiada del cerebro para seguir procesándola.[3]

(Consulta www.snapfirstimpressions.com para ver dos de mis vídeos, en los que explico más detalladamente las primeras impresiones: *How We Form First Impressions* (Cómo nos formamos las primeras impresiones) y *Four Ways We Act on Our First Impressions* (Cuatro maneras en las que actuamos según nuestras primeras impresiones). Además, puedes buscar el enlace del artículo «Recent Research on How First Impressions Are Formed» (Investigación reciente sobre la formación de las primeras impresiones).

En pocas palabras, tu cerebro procesa rápidamente todo lo que ves, oyes y observas, y lo mezcla en un paquete único que llamamos primera impresión. ¡Miras a alguien por primera vez y es como si tomaras una instantánea! Tu cerebro se forma una impresión inmediata absorbiendo un sinfín de indicios al mismo tiempo y creando una imagen holística. Estas impresiones inmediatas usan, en parte, los centros emocionales del cerebro para este procesamiento, y eso ayuda a darles su efecto poderoso y duradero.

Tal vez te estés preguntando: «¿Qué exactitud puede tener una instantánea?». Por lo general, a la gente se le da mejor de lo que parece evaluar ciertos aspectos de la personalidad y la capacidad. Un metaanálisis de cuarenta y cuatro estudios que medían la exactitud de las primeras impresiones mostró que estas eran altamente acertadas.[4]

LO QUE DICES NO ES TAN IMPORTANTE

David y su compañero de piso, Mark, estaban esperando en el bar a la novia de este último. Mirando por encima de su copa, David vio a la novia de Mark, que llegaba con otra mujer, una belleza morena digna de la portada de *Sport Illustrated*. Impresionado por su aspecto, David empezó a preocuparse por lo que podría decir para causarle una buena impresión. No tenía que haberse inquietado: las pistas no verbales son más importantes que las palabras en el primer instante. Las miradas tiernas que David y la morena intercambiaron en aquel momento les condujeron a un matrimonio que ha durado ¡treinta años! (hasta ahora).

Cuando se trata de primeras impresiones, los indicios no verbales tienen cuatro veces más potencia que los verbales. Cuando estamos cara a cara con alguien, podemos ver su expresión, su mirada, la inclinación de su cabeza, la manera en que permanece sentado, su distancia física con los objetos y con otras personas y las señales de sus gestos, además de percibir el calor o la frialdad de su voz. Las pistas faciales ocupan el primer lugar entre todas las formas de comunicación con respecto a su influencia en las impresiones iniciales.

En los ojos de una persona vemos el interés, el deseo, el poder o la sumisión. En sus gestos y postura podemos entender su actitud, su nivel de confianza y optimismo, y qué tipo de relación desea. La cantidad de espacio que ocupa y la distancia que mantiene con los demás nos ayuda a evaluar cuánta privacidad quiere y hasta qué punto está dispuesto a abrirse emocionalmente. Escuchamos las palabras de alguien para determinar su estado de ánimo, personalidad y sinceridad; miramos sus manos y nos fijamos en la forma en que toca para ver lo comprensivo y cálido que es.

Los indicios no verbales son exactos (un setenta y seis por ciento o más de exactitud) por dos razones.[5] La primera es que existe una conexión genética entre la apariencia y la personalidad. Puede que hayamos evolucionado hasta mostrar nuestras personalidades en nuestras caras y cuerpos porque el hecho de ser leíbles podría facilitarnos socializar y relacionarnos, algo esencial para sobrevivir. Al igual que el venenoso monstruo de Gila* con el tiempo desarrolló brillantes colores que actúan como una señal (los colores avisan

---

*. N. del T.: monstruo de Gila (*Heledoma suspectum*), un lagarto venenoso propio de las regiones áridas y cálidas del extremo norte de México y del suroeste de los Estados Unidos.

a los posibles predadores que el lagarto es peligroso), hemos evolucionado hasta tener una legibilidad que nos haga parecer *menos* peligrosos.

La segunda razón es que las expresiones faciales y corporales reflejan nuestras emociones y, consecuentemente, nuestra personalidad, y con el tiempo se convierten en rasgos faciales y posturas corporales duraderos. Creamos impresiones inmediatas usando el lenguaje corporal y otros indicios no verbales subconsciente y automáticamente, de manera que no dependen de prejuicios poco fiables.

El procesamiento de la comunicación no verbal no es un ejercicio de pensamiento lineal. La mayor parte del tiempo, lo mismo que le sucedió a David tras conocer a aquella belleza morena, no podemos seguir los pasos que empleamos para procesar los miles de indicios disponibles. Más bien los indicios explotan a nuestro alrededor como fuegos artificiales o son como carrozas y globos en el desfile del Día de Acción de Gracias girando ante nuestros ojos. En muchos de nosotros se manifiestan como cosquilleantes sensaciones en las entrañas. Puede que por esta razón nos preguntemos si la conclusión a la que hemos llegado es acertada. Podemos descartarla diciendo: «Bah, es solo una corazonada». En realidad, nuestras corazonadas son sorprendentemente acertadas.

> Uno de los principales usos de la palabra es ocultar nuestros pensamientos.
>
> VOLTAIRE

Philip Goldberg, en su libro *The Intuitive Edge*, señala que la intuición «es el producto de la capacidad de la mente para hacer muchas cosas a la vez sin ser consciente de ellas».[6]

Resumiendo, en menos de cuarenta segundos de comunicación podemos procesar hasta diez mil unidades de información no verbal. Esto quiere decir que en menos de un minuto entre dos personas se transmiten diez mil indicios. Procesamos esa información creando algo valioso, una percepción intuitiva del otro. La inmensa cantidad de indicios con la que contamos ayuda a darles fiabilidad a nuestras primeras impresiones.

Piensa en ello. Si descartamos por completo los indicios no verbales, solo podríamos basar nuestra impresión en unas cuantas palabras, o quizá frases, de esos primeros momentos. Yo no sé tú, pero a mí las palabras: «Hola. Me llamo Carlos» no me dicen gran cosa. Piensa en la manera tan rápida y acertada en la que usamos los indicios no verbales. En 1992 los investigadores Nalini Ambady y Robert Rosenthal descubrieron que observar breves ejemplos de comportamiento (ejemplos que duraban menos de treinta segundos) podía conducir a predicciones tan exactas como las basadas en observar comportamientos de una duración de cinco minutos.[7] Las impresiones inmediatas son extraordinariamente reveladoras.

Formar una primera impresión visceral es el primer paso para comunicarse. Esa impresión dicta la reacción que esperamos conseguir, cómo nos relacionaremos con la otra persona y todos los demás factores que afectan a cómo formamos una relación.

Ahora mismo debes de estar pensando: «Yo no hago nunca conjeturas basándome en mis primeras impresiones. Soy más complejo y más objetivo. No me dejo llevar por la mera apariencia para juzgar a alguien». Déjame aclarar una cosa. *No* estoy hablando de reducir a la gente a unos estereotipos basados en prejuicios o en la intolerancia. Estoy hablando de la exactitud de tus primeras reacciones viscerales. Hay una gran diferencia. Las impresiones viscerales basadas en indicios no verbales son instintivas; los prejuicios y la intolerancia surgen de factores culturales y sociales aprendidos y son parte de nuestras impresiones de segunda fase.

Las verdaderas primeras impresiones viscerales no son inexactas como los estereotipos. De hecho, estos últimos perjudican a la exactitud. Por ejemplo, un aspecto muy notable de este proceso es la forma en que creamos profecías que terminan cumpliéndose. En los primeros minutos de una interacción le asignamos a alguien unos rasgos de personalidad determinados y luego vamos recogiendo información que haga que nuestras predicciones sobre esa persona parezcan ciertas, ignorando toda la información que pudiera contradecir a nuestra impresión estereotipada.

Imagínate al propietario de un negocio que está entrevistando candidatos para una gran obra. Podría ver a un candidato con la frente sudorosa vestido con una camiseta gris ir hacia él y pensar: «No quiero contratar a este tipo tan poco profesional para este trabajo». Sin embargo, puede que no notase que el candidato lleva un cuaderno, se inclina hacia delante y asiente mientras escucha, toma gran cantidad de notas sobre lo que quiere el dueño del negocio y pasa más tiempo en la reunión que otros que se ofrecen para el trabajo. Todos estos últimos indicios son, de hecho, signos de que esa persona se está comportando con profesionalidad.

En las siguientes páginas vamos a ver los factores que disminuyen nuestra exactitud.

INSTINTOS DE SUPERVIVENCIA

Los hombres de las cavernas sabían todo lo que hay que saber sobre las primeras impresiones. Cuando salían por comida, se encontraban a merced de ataques imprevistos. Si uno de nuestros antecesores cavernícolas de repente des-

EJERCICIO

Explora tus impresiones inmediatas

+ Piensa en una ocasión reciente en la que conocieras a alguien y te formaras una impresión inmediata positiva o negativa de él. ¿Qué movimientos hacía su cuerpo? ¿Qué voz tenía? ¿Su forma de actuar era coherente con sus palabras? Escribe o evoca todo lo que puedas recordar sobre los primeros momentos juntos y sobre cómo te sentiste inmediatamente en presencia de esa persona.
+ Piensa en un momento en el que alguien se formó una primera impresión equivocada de ti y luego lo supiste. Quizá fuera alguien con quien saliste que te dijo que tras pasar más tiempo contigo había cambiado de idea con respecto a ti, o un compañero que inicialmente mostraba reticencia a que te unieras a su grupo de trabajo. Piensa y trata de recordar tus comportamientos no verbales durante esa primera reunión. ¿Estabas nervioso? ¿Callado? ¿Cansado? ¿Estresado o inseguro acerca de algo? Trata de descubrir lo que la otra persona vio cuando te conoció.
+ Pregúntate a ti mismo: «¿Cuáles son mis tres mejores cualidades?». ¿Cómo expresas esas cualidades de manera no verbal? Cuando la gente te ve por primera vez, ¿se da cuenta de que posees esas cualidades?

cubría a alguien de una tribu desconocida, tenía que hacer una valoración muy rápida: «¿Parece que va a matarme?». Sí, podemos rastrear la huella de la capacidad de formarnos primeras impresiones exactas hasta nuestros orígenes primigenios, cuando necesitábamos protegernos de extraños potencialmente peligrosos. Crear primeras impresiones rápidas es uno de nuestros instintos básicos de supervivencia. Cuando nuestro ancestro veía a alguien de una tribu desconocida, tenía que decidir rápidamente cómo acercarse a él, o si acercarse o no, basándose en la fuerza de la primera impresión. En un caso como este, si la primera impresión que tenía fallaba, no sobreviviría (y tampoco sus genes). Estamos genéticamente predispuestos a formar primeras impresiones, rápidas y acertadas.

En la vida cotidiana actual las primeras impresiones juegan un papel crítico pero apenas conocido. Seguimos necesitando protegernos y nos sigue dando miedo lo desconocido. Cuando conocemos a alguien, necesitamos saber si es seguro acercarse, y cómo hacerlo y relacionarnos con esa persona. No conocemos su carácter ni sus opiniones. En cierto sentido no sabemos si «muerde». Así que lo evaluamos rápidamente. Quizá empecemos por ponerlo en una categoría (inofensivo o peligroso) y actuar en consecuencia. Esto tiene una importancia vital para nuestra comodidad en

Sintoniza con tus instintos viscerales

La primera vez que te comuniques con alguien, presta atención a tu instinto. ¿Te sientes seguro al relacionarte con esa persona?

¿Alguna vez has llamado a un amigo y, nada más oírle decir «hola», sabías que algo iba mal? ¿Adoptaste otro comportamiento basándote en ese instinto? Cada vez que comiences interacciones con gente que conozcas, fíjate en lo que te dice tu instinto. ¿Qué te comunica hoy, en este preciso instante? ¿Hay que dar un paso atrás, llamarlo en otro momento, o averiguar qué le ocurre y confortarlo?

un mundo tan poblado. Si no pudiéramos hacerlo, nos daría miedo salir de casa, dejar nuestra acogedora caverna.

Si alguien llega al trabajo carraspeando ruidosamente y se planta frente a ti con los brazos cruzados, la mirada aviesa, la boca torcida y gruñendo un «buenos días», te formas inmediatamente una primera impresión. Lo que tienes claro es que no va a ser un buen día mientras tengas que lidiar con este tipo tan infeliz. Si en un evento social todos están reunidos formando un corro y charlando animadamente, y uno de ellos te sonríe cuando te acercas y se aparta para hacerte sitio, te está indicando que eres bienvenido y aceptado. No ha habido ningún intercambio de palabras, pero entiendes inmediatamente. Quizá demos por hecho que podemos comprender este tipo de interacciones, pero para que nuestras impresiones viscerales sean útiles, tendremos que prestarles atención.

Hace muchos años, entré en unos almacenes cercanos a mi casa y vi a un hombre alto con bigote que vestía un buen traje de tres piezas a medida y sostenía un cigarrillo fino, sin encender, mientras aguardaba despreocupadamente junto al estante de las revistas a la entrada de la tienda. Me quedé paralizada, y cada una de las fibras de mi ser gritó: «¡Peligro, peligro! ¡Sal ahora mismo de la tienda!». Había algo en él que me hacía desconfiar. Pero ignoré esa primera impresión. «Es un hombre bien vestido —me dije—. Es ridículo pensar eso». De manera que pasé junto a él e hice mis compras. Cuando fui al mostrador central con los artículos, el hombre bien vestido estaba frente a mí. Lo miré, y todo mi cuerpo se contrajo y me mandó el mensaje: «¡Peligro! Sal ahora mismo». Una vez más, lo ignoré, pero pensé en algo que había olvidado comprar y dejé el mostrador para ir a la parte de atrás de la tienda. Cuando volví, el hombre se había ido y la cajera estaba pálida y helada. Me acerqué a ella, le toqué el brazo y le pregunté:

—¿Qué te pasa, chica?

—Ese hombre acaba de robarme a punta de pistola – me respondió.

La investigación demuestra que aunque hemos de crear categorías para entender nuestro mundo, debemos tener cuidado con los estereotipos como «se puede confiar en un hombre bien vestido». Como mencioné antes, los estereotipos son ejemplos de categorías anómalas. No se corresponden con lo que verdaderamente hay en el entorno. En mi caso, el hecho de que estuviese bien vestido no guardaba ninguna relación con que fuera o no un asaltante a mano armada.

¿La moraleja de la historia? Fíate de tu instinto. Pese a ser experta en lenguaje corporal, ignoré mi primera intuición visceral de peligro porque me parecía irracional. Sin embargo, mi mente subconsciente estaba ocupada recogiendo pequeños detalles no verbales que decían que el hombre del traje no era inofensivo. Mi cerebro límbico estaba procesando indicios, entre ellos el hecho de que un hombre trajeado estuviera en pleno día laboral matando el tiempo junto a un revistero pero sin fijarse en las revistas.

«¡Esto es muy raro! ¡Peligro!», dijo mi cerebro, provocándome una reacción de estrés. Luego, frente al mostrador de la caja, aunque mi mente consciente quería que lo ignorara, mi cerebro límbico me hizo alejarme de ese lugar de la tienda. En muchas ocasiones he leído a la gente con una exactitud escalofriante nada más verla; quizá a ti también te ocurra. Esta historia es un recordatorio para que le prestes atención a esa poderosa inteligencia que se procesa con sorprendente rapidez en tu sistema límbico profundo.

En la película *Millenium: los hombres que no amaban a las mujeres*, el personaje Mikael Blomkvist, un periodista, va a la casa de un presunto asesino en serie mientras el sospechoso está fuera y descubre pruebas de que verdaderamente es un asesino. Cuando Blomkvist oye que la persona vuelve a la casa, se dispone a huir. El asesino le pide educadamente que vuelva a la casa para tomar una copa, y mientras sigue invitándole una y otra vez, vemos a Blomkvist con los pies y la parte inferior del torso girados en dirección contraria a él, señalando su deseo de seguir corriendo. El periodista, ignorando lo que el asesino tan claramente quiere hacer, se da la vuelta y avanza en su dirección, aunque nosotros y el resto del público le gritamos: «¡No, no lo hagas!». Cuando vuelve a entrar en la casa, el asesino le saluda, mostrándole una pistola y diciendo:

—Nuestro deseo de ser educados sobrepasa el deseo de nuestros cuerpos de escapar del peligro.

En las impresiones inmediatas, presta atención a tu cuerpo. Puede leer indicios sobre peligro y alertar a tu mente consciente. Tu cuerpo te señala además otros tipos de primeras impresiones. En los próximos días, cuando conozcas a alguien, examina tu cuerpo desde los dedos de los pies hasta la coronilla para ver cómo te sientes en su presencia. Nota cuándo se siente incómodo o estresado de alguna manera. (Ve a www.snapfirstimpressions.com para ver «Body Check In», mis instrucciones y un vídeo sobre cómo prestar más atención a las señales corporales cuando conoces a alguien.)

El don de la intuición

Al poco tiempo del incidente de la tienda, leí el famoso libro de Gavin de Becker, *The Gift of Fear* (El don del miedo). El autor parte de esta premisa: todos somos «expertos en predecir el comportamiento violento. Lo mismo que todas las criaturas, puedes saber cuándo estás en presencia del peligro. Cuentas con el don de tener un guardián interno y brillante preparado para advertirte de los peligros y guiarte a través de las situaciones de riesgo». Le quitamos importancia a esta capacidad inherente. La intuición, dice De Becker, «suele describirse como emocional, poco razonable o inexplicable». En general, «normalmente preferimos la lógica». «Le rendimos culto a la lógica, aunque se equivoque, y rechazamos la intuición aunque acierte».[8]

En su página web (www.gavindebecker.com) puedes acceder a información sobre las señales que no deberíamos ignorar. Describe tres señales importantes de peligro que resulta particularmente útil tener en cuenta cuando un desconocido intenta insistentemente entablar una conversación, se niega a aceptar un no por respuesta o te presiona ofreciéndote una ayuda que no le has pedido. Da la impresión de que a ese tipo de personas más que desanimarle, le motiva tu tensión, tu estrés o tu rechazo hacia ellas: no te dejan terminar una frase, te hacen demasiados cumplidos o te tocan y te siguen tocando aun cuando te quedas rígido o bloqueado o te retiras. Puede que estos comportamientos parezcan románticos en las películas, pero en la vida real no son agradables. Una asistente a uno de mis talleres sobre primeras impresiones se me acercó en el descanso y me dijo:

—Acabo de darme cuenta de que, el día en que lo conocí, mi exmarido me mandó todas esas señales verbales y no verbales que nos has mostrado. En ese primer encuentro me asustó, pero fue tan apabullante que le dejé entrar en mi vida.

En mi página web www.snapfirstimpressions.com encontrarás más claves sobre cómo reconocer el peligro y entender nuestras reacciones de estrés.

LAS PRIMERAS IMPRESIONES SON PERMANENTES

No solo nos formamos primeras impresiones muy rápidamente sino que además, como indican los estudios, cambiar una primera impresión incorrecta puede suponer hasta seis meses de relacionarnos constantemente con alguien. Esto significa que si conoces a alguien a quien por alguna razón no le caes bien, podría tardar medio año en cambiar su opinión sobre ti y comprender que eres un ser humano extraordinario, ya que tenemos tendencia a asignarle más peso a nuestra primera impresión que a las posteriores. Ese es el poder del «efecto de primacía», que significa que las primeras impresiones influyen en todos los pensamientos futuros sobre esa persona. Estas impresiones se resisten al cambio en parte porque están conectadas a nuestros instintos básicos de supervivencia.

Si nos llegan buenas vibraciones de alguien que acabamos de conocer, podemos crear lo que llamo un «halo» a su alrededor. Tras ese encuentro, cada vez que nos sonría, nos mire a los ojos o gire el área de su corazón hacia nosotros, lo notaremos a un nivel subconsciente y lo tomaremos como una prueba más de lo estupendo que es. Una vez que el efecto halo se consolida, tendemos a minimizar cualquier indicio no verbal negativo que podamos percibir. Si nuestro amigo es maleducado con un camarero, alzando la voz y señalándole con un dedo, normalmente le quitamos importancia con un: «Bueno, el camarero no nos hacía

El poder de las impresiones negativas

Dan conoció a Donna, la esposa de su amigo Jay.

—Tenía una expresión amargada y ni me miró cuando me presenté —dice—. Salió de la habitación suspirando y cuando volvió soltó las cestas de patatas fritas y galletas saladas frente a nosotros y se sentó retirada. Eso fue hace diez años, y cada vez que estoy con ella veo lo lejos que se sienta de mí y cómo apenas se ríe, y pienso: «Qué persona tan fría».

caso». El efecto halo hace que nos cueste cambiar esa primera impresión.

Este efecto puede ser algo maravilloso. Los estudios sobre matrimonios felices muestran que un esposo que se enamora de un flechazo puede mantener un halo sobre su pareja que le permitirá perdonarla más fácilmente ante pequeñas faltas. Pero, como puedes imaginar, el efecto halo es peligroso si no eres capaz de ver un enorme dirigible volando sobre ti con luces intermitentes que te indican: «¡Peligro! ¡Peligro!».

Ángeles y demonios

¿Has experimentado alguna vez el efecto halo o demonio? Tómate un momento para pensar en alguna ocasión en que hayas tenido una buena primera impresión de alguien y en la información que reuniste para confirmarla. ¿Fuiste recompensado con una buena amistad o relación de negocios? Ahora recuerda una vez en la que alguien te inspiró una mala sensación y más tarde descubriste que tu impresión era correcta. ¿Qué comportamiento específico viste u oíste que te confirmase esa impresión? ¿Qué *sentiste* en ambos casos cuando conociste a cada una de esas personas? ¿Cómo te sentiste con ellas en posteriores contactos?
Ve a www.snapfirstimpressions.com para ver el vídeo «Angel or Devil: First Impression».

Las primeras impresiones negativas permanecen como resultado de lo que llamo el «efecto demonio». Digamos que la mañana de tu primer día en un trabajo nuevo estás en el aparcamiento esperando a estacionar tu coche en el espacio que alguien está dejando vacante. Aunque pones el intermitente para anunciar tu intención de aparcar ahí, otro vehículo se apresura y se mete en tu lugar. Una chica, la que te acaba de quitar el sitio, sale de su coche, sonríe y se encoge de hombros, se da la vuelta rápidamente y sale del aparcamiento.

Minutos más tarde, en tu nueva oficina, esa misma mujer está frente a ti y a los otros empleados recién incorporados y se presenta como una de tus gerentes. ¿Crees que te dejarás impresionar por su bella sonrisa, sus gestos seguros y su dinámica presentación? ¡En absoluto! En tu primer encuentro tu instinto te diría: «Desconsiderada y egoísta». En futuros contactos con ella, buscarás información para respaldar esta impresión inmediata.

LEVANTÁNDOSE CON EL PIE EQUIVOCADO

Por mi trabajo he estado en aeropuertos y aviones prácticamente todas las semanas durante años. Siempre pensaba que el mundo está lleno de gente amable y abierta. Era una verdadera optimista.

Sin embargo, recientemente me caí por un pequeño barranco y me rompí la muñeca. Al poco tiempo de operarme, llevando una escayola azul brillante, hice un viaje para dar una conferencia. Mientras estaba haciendo cola para pasar el control de seguridad del aeropuerto, detrás de mí había un chico que empujaba unas bandejas de plástico. Una de ellas enganchó mi chaqueta y la hizo caer al suelo. Tuve que hacer un esfuerzo para recogerla con una mano, y el chico no me ayudó en lo más mínimo.

Cuando me subí en el tren que llevaba a los pasajeros a las puertas de embarque para los vuelos, una adolescente se me quedó mirando fijamente. No me cedió su asiento, y por eso, cuando el tren arrancó, me caí al suelo. Desde el suelo, miré al padre de la chica, que me dijo:

—¡Deberías haberte agarrado a un poste!

Me quedé estupefacta.

Esta optimista continuó encontrándose con gente desconsiderada ese día, en la escalera mecánica y en el avión. Me pregunté: «¿La gente se está volviendo más desconsiderada? ¿A dónde vamos a parar?». De hecho, mis impresiones estaban deformadas por lo que el neurocientífico Daniel Amen denomina «sombra emocional».

¿Tu estado de ánimo está creando malas impresiones?

Cada vez que recibes una primera impresión negativa de alguien, detente un momento y reflexiona. Si te parece grosero o enfadado, frío o ausente, pregúntate si tu humor de ese día está afectando a tu impresión. ¡Luego haz algo para cambiar tu humor y, de paso, el suyo!

Cuando tu sistema límbico profundo se sobrecarga, percibes los incidentes neutros a través de un filtro negativo. El hecho de empezar mal el día (me dolía la muñeca y me preocupaba viajar con una escayola) distorsionó mis impresiones. Todos pasamos por esta experiencia: en ocasiones la originamos y otras la recibimos.

LO QUE PUEDES APRENDER PARA CAMBIAR UNA IMPRESIÓN Y LEER A LOS DEMÁS

Existe una enorme cantidad de estudios sobre los indicios no verbales, y algunos pueden ser fascinantes. Pero cómo actuamos basándonos en las primeras impresiones, no es solo una teoría; se trata de una sabiduría que puedes (y deberías) usar diariamente. Plantéate esto:

◆ Quieres crear afinidad con una nueva clienta o gerente, de manera que te sientas frente a ella en la mesa y sonríes mientras empiezas a hablar. ¿Qué más puedes hacer a nivel no verbal para asegurar un buen resultado? En el capítulo 5 aprenderás a asentir con la cabeza de forma distinta cuando estás con una mujer y con un hombre, así como a inclinar el torso para mostrar tu interés.

- Le estás hablando a un pequeño grupo de gente sentada, y notas que uno de ellos tiene un pie señalándote y el otro en otra dirección, otro acaba de separar los pies, los pies de otro están cruzados por el tobillo y los tuyos permanecen girados hacia la salida. ¿Qué es lo que está sucediendo? ¿Qué piensan de ti? ¿Les gustas? Aprenderás que los pies son la parte más sincera del cuerpo y cómo pueden mostrar si una persona se siente relajada o nerviosa, cuándo alguien se quiere ir, que una persona está mostrando interés en ti e incluso si alguien está intentando engañarte.

- Ves a alguien que te atrae y continúas echándole miradas. ¿Qué más puedes hacer para animarle a que se acerque a ti o para que te resulte más fácil acercarte a él? Aprenderás sobre indicios del enfoque de la ventana abierta en el capítulo 2 e indicios de atracción en el capítulo 4.

- Una proveedora asegura que puede entregar el producto a tiempo y por debajo del presupuesto. Levanta las cejas y te muestra las palmas de las manos mientras habla, y dice una de las palabras con una entonación más alta. ¿Puedes creer lo que te está diciendo? Aprenderás sobre el aleteo de cejas, la sinceridad de las palmas de las manos y los indicios vocales que señalan la sinceridad en los capítulos 2 y 3.

◆ Un posible cliente te da un apretón de manos que te hace crujir los huesos. ¿Qué puedes saber de él a partir de esto? ¿Qué piensa de ti? En el capítulo 3 aprenderás los secretos para manejar a este tipo de gente y por qué deberías sentir lástima por alguien que te quiere triturar la mano.

◆ Alguien te hace una pregunta difícil. Haces una pausa y luego respondes con una voz que es dos octavas más alta de lo normal. ¿Cómo le afecta eso a tu credibilidad? En el capítulo 2 conocerás los indicios que debes evitar darles a los demás si quieres resultar convincente.

◆ Te has levantado con el pie izquierdo. Mientras te enfrentas a la jornada que se te presenta y conoces a gente nueva o incluso ves, por primera vez en ese día, a gente que ya conoces, ¿cómo puedes evitar dejarte influir por el color, no exactamente rosado, de las lentes con las que estás viendo el mundo? A través de todo el libro aprenderás sobre estados de ánimo que afectan a tus primeras impresiones, y cómo cambiar ese humor y las impresiones que les causas a los demás.

Hemos visto que las impresiones inmediatas son valoraciones rápidas y acertadas de los demás y que causan poderosos efectos en ellos. En el próximo capítulo exploraremos exactamente cómo se forman estas ideas, veloces como un relámpago, y los cuatro factores más importantes que las determinan.

2

LO QUE SUCEDE EN UN INSTANTE

Entiende los cuatro factores de la primera impresión:
credibilidad, simpatía, atractivo y poder

Marie estaba nerviosa porque iba a conocer a Ron, un alto ejecutivo, en su club de campo. Desde el otro extremo de la sala, Ron alzó las cejas y sonrió, se acercó y preguntó:

—¿Marie?

Cuando ella asintió con un «sí», él inclinó la cabeza brevemente, su sonrisa se ensanchó y siguió caminando hacia ella con la mano extendida, como si fueran amigos que llevaban mucho tiempo sin verse y acaban de reunirse en lugar de ser una redactora independiente y un cliente potencial en una entrevista. La tensión que Marie sentía por la reunión se disipó. Ron habló afectuosamente con ella, y también con la anfitriona que los llevó hasta su mesa. Saludó abierta y amistosamente al camarero y, una vez que Marie se sentó en su silla, se giró, mostrándole el área del corazón, y le agradeció que hubiese ido a verlo. Aunque había muchas distracciones, se centró totalmente en ella. «Me gusta su seguridad —se dijo Marie—. Pensé que iba a estar asustada, pero no lo estoy».

Tenía mucho interés en el trabajo que Ron podía ofrecerle y se sentía fuera de su zona de confort antes de conocerlo. Sin embargo, casi al instante, se relajó y se sintió cómoda, incluso segura.

Melissa creyó haber encontrado al socio perfecto cuando conoció a Jason. Tenía confianza en sí mismo, era atractivo y un magnífico conversador. Se reía todo el tiempo. Cuando le conoció, y en las siguientes ocasiones en que se encontraron, se sintió «agobiada» por su entusiasmo e ingenio, pero lo justificaba diciéndose: «Eso es porque soy muy introvertida».

Sin embargo, se dio a cuenta de que a veces la actitud de Jason cambiaba de repente. Cuando terminaba una reunión y los demás se habían marchado, esbozaba una media sonrisa y hacía algún comentario sarcástico sobre ellos. Esto la hacía sentir incómoda, pero una vez más justificó sus dudas diciéndose: «Tiene sentido del humor y los clientes le adoran». Jason tenía tanto carisma que todo él parecía rezumar encanto como si fuera un tarro de miel. El problema es que era una miel tan espesa que no dejaba ver lo que había detrás. En realidad era un mentiroso compulsivo y un farsante, y terminó robándole a Melissa sus principales clientes, hasta que acabó hundiendo su negocio.

Algo en la conducta de Ron hizo que Marie se relajara en seguida. Había algo en el comportamiento de Jason que encantaba a Melissa, pero que al mismo tiempo le hacía sentirse «agobiada» e «incómoda». Sabemos que juzgamos inmediatamente a alguien a los pocos segundos de conocerlo. Pero *¿qué* es lo que vemos que nos puede tranquilizar o inquietar?

Cuando conocemos a alguien, evaluamos cuatro «factores de la primera impresión»:

1. **CREDIBILIDAD:** este factor importantísimo nos hace sentir a salvo porque nos dice que podemos confiar en el otro.
2. **SIMPATÍA:** indica que alguien es cálido, abierto y afable.
3. **ATRACTIVO:** por razones que podrían sorprenderte, el equilibrio y la simetría en el cuerpo y en la cara crean una impresión inmediata positiva. Otros aspectos del poder del atractivo forman tus impresiones y acciones. Pero ten por seguro que no todo se reduce a la belleza.
4. **PODER:** en todas nuestras relaciones existen niveles de dominio, que pueden ser pronunciados o sutiles, y lo ideal sería que mandaran mensajes de confianza y tranquilidad.

Si deseas comprender cómo usamos el comportamiento no verbal para crear impresiones inmediatas, tienes que entender estos cuatro factores primarios cruciales. Cuando aprendas a reconocerlos, te darás cuenta de cómo influyen en la forma en que percibes a los demás, y podrás crearte primeras impresiones más acertadas. Además, sabrás lo que puedes hacer concretamente en cualquier momento con cualquier persona para aumentar tu credibilidad, simpatía, atractivo y poder. Asimismo te explicaré cómo puedes desarrollar el carisma positivo, ese carisma superior que muestra la gente que tiene un extraordinario nivel de simpatía, atractivo y poder; lo que debes hacer para incrementar tu carisma positivo, y cómo la gente que tiene un gran carisma puede persuadirte con más facilidad, e incluso engañarte de una manera peligrosa.

CREDIBILIDAD

Como gerente que acababa de empezar, Janet a menudo solicitaba el consejo de Barb, una gerente más experimentada de otro departamento de la empresa. La primera vez que Janet vio a Barb, se sintió cómoda. Y cada vez que buscaba su consejo, sentía esa comodidad. No importaba si estaba molesta con un empleado o confundida acerca de las necesidades de un cliente, cuando hablaba con Barb, siempre confiaba en ella. Sabía que si Barb decía: «Hiciste lo que tenías que hacer», eso era realmente lo que quería decir. Además, confiaba plenamente en ella; no había ninguna razón para preocuparse de que le contara a alguien más de la empresa lo que había hablado con ella, de que dijera: «No te puedes imaginar la tontería que Janet le soltó a un cliente».

Al mismo tiempo, si Barb tenía algo que decirle que no fuera agradable de escuchar sobre algo que había hecho mal o que podría haber hecho mejor, no dudaba en hacerlo y se lo decía directamente. La voz de Barb, la expresión de su rostro y sus palabras eran sinceras, y Janet jamás se sentía

juzgada. Fuera cual fuese el problema que tuviera, se sentía
mejor cuando se lo contaba.

El factor más importante al evaluar a los demás es la credibilidad. ¿Te sientes cómodo en su presencia? ¿Están del todo presentes y atentos? Cuando alguien tiene credibilidad, es quien dice ser, no una fachada. Puedes confiar en él. De hecho, las palabras «crédito» y «credibilidad» tienen la misma raíz: *credo*, que significa «confío o creo». Cuando alguien es auténtico, lo reconoces en sus expresiones faciales y en sus acciones. En realidad se trata de la evolución: estamos programados para elegir la credibilidad. Al formar una primera impresión, el instinto básico de supervivencia dice: «¿Puedo confiar en esa persona? ¿Va a sacar un cuchillo? No, puedo creer que lo que estoy viendo es verdad».

En mis conferencias y cursos, antes de explicar los cuatro factores de una primera impresión, sondeo al público preguntando: «¿Qué es lo primero en lo que te fijas al conocer a alguien?». Es impresionante que en miles de sondeos, con numerosos públicos, año tras año, obtenga las mismas respuestas. O bien nombran directamente la credibilidad o bien hacen un listado en el que figuran la fiabilidad, la autenticidad, la sinceridad o la integridad, que en conjunto forman la credibilidad.

TU NORTE VERDADERO

¿Alguna vez conociste a alguien que te hiciera sentir inmediatamente seguro y relajado en su presencia? ¿Conoces a alguna persona en quien puedas confiar por completo? El ejercicio «El norte verdadero: reconocer la credibilidad», que aparecerá más adelante en este capítulo, te ayudará a identificar la credibilidad. En mis programas, cuando los participantes completan el ejercicio y hablan sobre su «gente del norte verdadero», personas creíbles, sus voces se vuelven más cálidas, tanto si están describiendo a sus madres como a sus nuevos vecinos, sus directores de empresa, sus profesores del instituto, sus mejores amigos o sus nuevos jefes. Escucho y observo su comportamiento no verbal mientras se quedan maravillados en silencio y sus cuerpos se sueltan. Su respiración se vuelve más profunda, pasando de la parte superior del pecho al abdomen. Si están entusiasmados, también están cómodos y, en general, se los ve relajados. Y siempre sonríen. Están reviviendo lo que se siente al estar con alguien en quien puedes creer.

Una de las claves más importantes sobre la credibilidad es que cuando te encuentras con alguien creíble, la sientes en tu cuerpo. Al estresarnos, nuestro sistema límbico crea la reacción de parálisis-huida-lucha o palidez, pero cuando nos hallamos en presencia de alguien del norte verdadero sentimos lo contrario a estar estresados. Nos sentimos no solo seguros, sino completamente vivos. Y cuando les das a los demás una impresión de norte verdadero, también te sientes cómodo y completamente vivo. A tu cuerpo le encanta la autenticidad. Esforzarse mucho por ser alguien que no eres es demasiado cansado. Si no te estás comportando con integridad cuando te encuentras con alguien, incluso una conversación breve puede dejarte exhausto.

Algunos creen que para descubrir si alguien es creíble se necesita tiempo. Es verdad que el tiempo puede permitirle a una persona ganarse tu confianza. Pero cuando alguien se comporta como su auténtico ser, cuando se muestra exactamente como es, sin fachada, inmediatamente desarrollas una sensación visceral hacia él al estar a su lado. Y hay otro detalle interesante acerca de esto: una persona creíble es creíble para *todos*. Los demás la ven de la misma manera que tú. La credibilidad es consistente y universal.[1]

Cuando conocí a John era vicepresidente principal de marketing de BMG, un grupo de empresas de entretenimiento. Me impactó su credibilidad, y los años demostraron que esa primera impresión era acertada. John recibía una llamada del director de la división de cine de Disney, hablaba con un becario que llegaba a su oficina, contestaba una llamada de un músico increíblemente famoso o hablaba por teléfono con su jefe, y se volvía hacia mí, su amiga, con el mismo tono de voz alegre y optimista. Es constantemente él mismo con todo el mundo, y mientras está hablando con alguien le dedica toda su atención, con sus gestos, las comisuras de sus labios, su voz, su postura erguida de entusiasmo y las palmas de sus manos, que se extienden mientras habla, da igual que esté con su hijo, con una estrella musical o con el camarero de un restaurante. Hace que en seguida todo el mundo se sienta bien. Nunca está disponible para la gente importante y no disponible para el resto.

Según David K. Berlo y James B. Lemert, hay tres componentes clásicos de la credibilidad: competencia, fiabilidad y dinamismo.[2] Encontrarás los tres en los ejemplos sobre primeras impresiones que hemos visto hasta ahora:

- ◆ La competencia es obvia en el conocimiento y la experiencia que la gerente Barb demuestra en su forma de comunicarse.

◆ La fiabilidad se ve claramente en la sensación de comodidad y seguridad que transmite el alto ejecutivo Ron, en la honestidad y sinceridad de Barb y en la calidez que John comunica a todos los que le rodean.

◆ El dinamismo (la energía y confianza de una persona) es evidente en el comportamiento no verbal de John (entre otras cosas, su voz vigorosa, su lenguaje corporal con su postura erguida y las ventanas de su corazón y sus manos abiertas) con aquel a quien conoce o con quien mantiene una conversación.

Está en los ojos

El comportamiento no verbal más notable que afecta a la credibilidad es mirar a los ojos. Los estudios han demostrado que mantener una mirada firme mientras estamos comunicándonos promueve la credibilidad (especialmente la fiabilidad y capacidad del hablante) y que evitar mirar a los ojos la socava.

Quizá sepas que el exvicepresidente de los Estados Unidos Dick Cheney disparó accidentalmente a su amigo Harry Wittington en una cacería de codornices. Mientras declaraba sobre el incidente en una entrevista televisada cuatro días después de que ocurriera, estuvo todo el tiempo mirando hacia abajo y hacia la derecha. Para muchos observadores, perdió credibilidad con ese comportamiento. Y siguió perdiéndola aún más por pasarse casi toda la entrevista hablando de su dolor y considerando aquel día uno de los peores de *su* vida, en lugar de admitir que probablemente sería uno de los peores días de su amigo herido.

Por lo general, cuando conoces a alguien no le dices: «Eh, ¡puedes creer en mí!». En lugar de eso, la *comunicación no verbal* (tus expresiones faciales, la calidad de tu atención, tu expresión acogedora de apertura) es vital para demostrar capacidad, fiabilidad y dinamismo en una primera impresión.

Siete maneras de perder la credibilidad

Con frecuencia me piden que evalúe la credibilidad de la gente en los medios de comunicación. El programa especial de History Channel *Los secretos del lenguaje corporal*, que se emite periódicamente, me pidió que me centrara en algunos momentos famosos (o infames) de nuestra historia reciente. Aquí tienes algunos ejemplos de ese especial y de otros casos típicos de pérdida de credibilidad (indicios específicos que señalan que la gente puede estar mintiendo) que he analizado y que muestran el poder de los indicios no verbales para cambiar, instantáneamente, la impresión que causamos. Determinadas actitudes harán dudar a la gente de la veracidad del comentario que estás haciendo, lo que afectará a tu credibilidad en ese momento concreto o tal vez tenga una influencia más duradera.

- Le preguntan a una estrella del deporte si ha usado esteroides para aumentar su rendimiento. Mete los pies bajo la silla y, cada vez que contesta, parpadea guiñando el ojo y el lado izquierdo de su rostro se levanta en una sonrisa de desdén.

- En un debate histórico sobre el estado de la nación, el presidente sonríe con desdén veinte veces, de manera que los dos lados de su rostro no encajan. Realiza una interposición lingual (breves movimientos de la lengua fuera de la boca) en más de cincuenta ocasiones mientras habla sobre educación y asistencia sanitaria, e incluso al final del discurso, cuando dice: «los Estados Unidos de Norteamérica».

- En una entrevista llevada a cabo en 2011 todo lo que dijo Charlie Sheen quedó anulado por el efecto que causaban sus ojos vidriosos, el aspecto descuidado de su pelo y su ropa, y sus gestos exagerados. Y adivina qué: sonrió con desdén, muchas veces.

- En la conferencia de prensa de la Casa Blanca en la que Bill Clinton aseguró: «No tuve relaciones sexuales con esa mujer, Monica Lewinsky», se tocó la nariz aproximadamente cada cuatro minutos. Además hacía extrañas pausas, comparado con el patrón normal de conversación, y sus gestos no encajaban con sus palabras, torcía el dedo en lugar de mantenerlo recto.

- Cuando Oprah Winfrey le preguntó a Jay Leno qué sentía por Conan O´Brien, Leno afirmó: «No le guardo ningún rencor». Pero mientras lo decía, frunció el entrecejo, se llevó un brazo al centro del cuerpo, protegiéndose el corazón, y se frotó la oreja.

- Uno de los jueces de un concurso muy conocido torció la mirada, sonrió con desdén y le dijo a un concursante: «Estuviste maravilloso», mientras miraba a otro lado. (Bueno, quizá esto lo convierta en un juez interesante de observar.)

- Un candidato presidencial señaló: «Amo a los Estados Unidos de Norteamérica y todo lo que representan», mientras movía la cabeza como si estuviera diciendo «no» varias veces. Más tarde insistió: «Amo a Norteamérica» y el movimiento de su cabeza volvió a decir «no».

Si deseas ver más ejemplos, ve a www.snapfirstimpressions.com y mira los vídeos *Ways You Can Lose Credibility in a SNAP* y *Are They Lying?* Comprobarás en un instante cómo la gente exhibe comportamientos no verbales que afectan a su credibilidad de forma negativa. Y descubrirás cómo incluso lo que en apariencia son comportamientos sin importancia, afectan a la credibilidad de una persona.

EJERCICIO

El norte verdadero: reconocer la credibilidad

Piensa en alguien en quien confiaste inmediatamente o tras tratar con él durante muy poco tiempo. Si no se te ocurre nadie, piensa en alguien que conozcas desde hace mucho y en quien confíes o incluso en una figura pública que te parezca fiable. Ese es tu «norte verdadero». ¿Qué tiene esa persona para hacerte sentir así? ¿Cómo se comporta? ¿Qué dice para que creas en ella? ¿Cómo transmite integridad con las expresiones faciales, la postura, las manos o el resto del cuerpo?

Visualiza a tu norte verdadero. Escribe detalles sobre su conducta y su comportamiento no verbal. Si recuerdas cuándo lo conociste, describe el encuentro con todo el detalle que puedas.

Imagínate a ti mismo en presencia de tu norte verdadero. Echa la vista atrás y recuerda *cómo* te hizo sentir. ¿Cómo te sentías físicamente? ¿Al estar con esta persona notabas que te escuchaba, que te miraba, que te entendía? ¿Cómo inició la conversación? ¿Cómo se sentaba, o estaba de pie? ¿Qué es lo que te hacía ver que te estaba escuchando, que ponía toda su atención en ti o que, en general, estaba interesado en ti? ¿Hay algo que te gustaría imitar de esa persona? ¿Hay algo en su forma de comportarse que te recuerde a ti?

Entender por qué este es tu norte verdadero aumenta tu capacidad de reconocer este tipo de persona en cualquier sitio, y de serlo con los demás. Una vez que seas capaz de reconocer un norte verdadero, podrás calibrar en segundos si alguien o alguna circunstancia te hace «sentir bien» o «no es adecuado».

BUSCA MODELOS DEL NORTE VERDADERO

Vistage International es una organización que ayuda a los líderes y a los dueños de empresas a tener más éxito. Una vez al mes dueños de pequeños negocios y ejecutivos de alto nivel se reúnen formando grupos mixtos bajo la dirección de un moderador de Vistage. Este moderador entrevista y selecciona a los componentes de los grupos, organiza las reuniones y prepara por separado a cada uno de los miembros. Durante muchos años he dado charlas a grupos de Vistage sobre la credibilidad y sobre cómo detectar el engaño, y me encanta la que han demostrado los moderadores de esta organización. Admiro muchos de sus comportamientos y trato de emularlos.

Por ejemplo, cuando Ben, uno de los moderadores, me llamó para preparar la reunión con un grupo, sentí que de verdad quería hablar conmigo y que no estaba únicamente intentando cumplir cuanto antes con su lista de tareas por hacer. El uso del tiempo como parte de la comunicación, llamado «cronémica», puede crear una fabulosa impresión inmediata. Ben estaba contento de pasar un tiempo charlando conmigo, y esto acrecentaba su simpatía. Conforme hablaba de cada miembro de su grupo, el tono y la velocidad de su voz se ajustaban a lo que estaba diciendo. Tal y como expliqué antes, la conjunción entre el comportamiento no verbal de alguien y las palabras que pronuncia crea credibilidad y nos hace sentir seguros y cómodos como oyentes. Ben *sonaba* sincero al decir que le gustaba algo de un miembro del grupo, y cuando hablaba de algo que algún otro podía mejorar, notabas en su voz que le importaba.

Después de la reunión, percibí que Ben hablaba con todos de la misma manera. Todos los componentes del grupo se relajaban y se abrían cuando él hablaba. Con los miembros de estatus superior que había en la sala podría haber surgido tensión y competición, pero al estar verdaderamente presente, Ben hacía que todo el mundo se relajara. Tras la reunión, colocó dos sillas en un rincón de la sala y dedicó un tiempo a cada uno de los miembros. Más tarde hablé con uno de ellos y me dijo:

—Este grupo está lleno de dueños de empresas y tienen que parecer perfectos ante el mundo, pero aquí creemos mucho en Ben. Sabemos que ve nuestra fortaleza, y sin embargo nos sentimos lo bastante seguros para contarle cualquier cosa, e incluso llorar como bebés si hace falta.

CREDIBILIDAD Y SINCRONÍA

Cuando una persona honesta y creíble habla, su lenguaje corporal, sus expresiones faciales y su paralenguaje están en sintonía con las palabras que

Cómo suena la credibilidad

El paralenguaje, o los vocálicos, se refiere a todos los matices de la voz con excepción del lenguaje. Del mismo modo que *paranormal* define un comportamiento que está fuera de lo normal, *paralenguaje* se refiere al significado que se transmite más allá de las palabras: el volumen, el tono (alto o bajo), la velocidad del habla y su calidad. Entre los prosódicos, un subgénero del paralenguaje, se encuentran la entonación, la tensión, el énfasis vocal y el ritmo.

El paralenguaje es *cómo* se pronuncian las palabras. Entre otras cosas, si se habla con una rapidez o un volumen inusual, o con pausas también inusuales en las que se emplea algún «ah» o «hum», se tose y se aclara la garganta o se utiliza una voz tensa, más aguda de lo normal. Fíjate en las exclamaciones que emitimos en los primeros momentos de una interacción. Te sorprenderá descubrir que son ventanas de la persona, ya que te revelan lo honesta y abierta que va a ser contigo.[3]

pronuncia. El paralenguaje se refiere a los rasgos vocales no verbales que contribuyen a la comunicación, como el timbre, el volumen, la entonación y el ritmo. Todos ellos se pueden usar para modificar sutilmente el significado o expresar la emoción. Puedes detectar la mentira fijándote en el desfase que se da entre cualquiera de estos elementos. Cuando las palabras habladas de alguien no concuerdan con la comunicación no verbal que las acompaña, deberías darle más importancia al aspecto no verbal.

Como en los ejemplos citados anteriormente de Sheen, Clinton y Leno, las palabras (que son conscientes) se pueden usar para engañar, mientras que el lenguaje corporal (que es subconsciente) es mucho más difícil de controlar y de usar de esta manera. Por ejemplo, durante una entrevista, la gente que responde negativa o afirmativamente debería tener un movimiento de cabeza congruente. Pues bien, es normal que quien miente asienta con un movimiento de cabeza de arriba abajo al tiempo que asegura: «¡Yo no lo hice!», contradiciendo estas palabras con un «sí» no verbal. También se puede mover de un lado a otro la cabeza mientras se dice «sí». Por ejemplo, la esposa del candidato presidencial Herman Cain negó con la cabeza de forma casi violenta mientras decía: «Él respeta a las mujeres».

¿DÓNDE ESTÁ EL ERROR?

En una de las primeras entrevistas tras el mayor derramamiento de petróleo de la historia, Tony Hayward, director general de British Petroleum, apareció vistiendo un atuendo vacacional cuidadosamente planchado. Habló sobre el desastre de una manera relajada y sonriendo mientras lo hacía.

Negó cualquier fricción entre BP y la administración de Obama: «Creo que el nivel de cooperación que se está dando aparecerá en los libros de texto como ejemplo de cómo hay que hacer frente a una emergencia».

A muchos telespectadores les llamó la atención la falta de conexión entre las circunstancias y las palabras y conducta de Hayward. Las frases hechas como «ejemplo para los libros de texto» minimizan la seriedad de la situación y denotan falsedad. Una persona creíble muestra un comportamiento no verbal adecuado a las circunstancias. Hayward podía haber mostrado un interés, una preocupación y una comprensión creíbles si hubiera aparecido llevando ropa y calzado de trabajo, si hubiera dejado que la emoción animara su voz y si hubiera usado palabras que enfatizaran que no había nada de rutinario ni de libro de texto en el impacto del derramamiento sobre la población y la fauna afectadas. Hayward se vio pronto forzado a dimitir, debido, al menos en parte, a las impresiones inmediatas que causó en los espectadores con su comunicado.

Para formarnos nuestra impresión de alguien, comparamos lo que creemos que serían las palabras y signos no verbales apropiados con las palabras y signos no verbales que escuchamos y vemos. Los de Hayward no encajaban con lo que muchos sentían que debía expresar la persona que lideraba la empresa responsable de una crisis de tales dimensiones.

Indicios de credibilidad

La comunicación no verbal es la manera en que se expresa la mente subconsciente. Por más que quieras controlarlo, tu comportamiento no verbal revela indicios sobre lo que de verdad estás sintiendo. Podemos basar nuestra interpretación de estos indicios en una serie de factores llamados indicios de falsedad. Nos ayudan a detectar a los mentirosos y a reconocer lo que establece la credibilidad en nuestra propia comunicación no verbal.

Cuando alguien dice la verdad, *siente* la verdad en su cerebro emocional (sistema límbico) y responde a este sentimiento con comportamientos no verbales. De ese modo, el neocórtex —el responsable de las palabras— se activa. Una persona íntegra y creíble siente, exterioriza y habla de una manera coherente; el cerebro va de la emoción a la exteriorización y de ahí al habla. Lo que quieres «se filtra». Si deseas asegurarte de dar una impresión de credibilidad, lo primero que deberías hacer es pensar en tu motivación subyacente en esa situación. Seas vendedor, maestro, padre o gerente, lo que realmente quieres en el fondo sale a la superficie. ¿Pretendes manipular a alguien, o tal vez ayudar? ¿Quieres mostrarte fiable y comprensivo, o tan solo parecerlo a los ojos de alguien?

«Siente, muestra, habla». Cuando alguien está siendo sincero, hay una fluidez armónica en su manera de hablar, en sus movimientos, en su voz y en sus palabras. Alguien que está mintiendo piensa en la información que quiere ocultar. Piensa en las palabras que quiere decir en su mentira y puede incluso a apresurarse a decirlas para evitar que se le olviden. Tiene que pensar en cómo transmitir lo que debería estar sintiendo, lo que da lugar a mensajes verbales y no verbales torpes, en los que se aprecia un desfase temporal. Esto es algo que has escuchado, visto y sentido cuando alguien te dice: «Es un placer conocerte», pero hace una larga pausa antes de mirarte y sonreírte, y luego deja que la sonrisa se prolongue excesivamente. Cuando escuchas o miras a alguien que miente, esta falta de sincronía entre los mensajes verbales y no verbales alerta al sistema nervioso central y crea una reacción de estrés. Puedes ver lo importante que es obtener una impresión acertada de la persona que estás escuchando y cómo estar en presencia de alguien que miente es estresante.

Cuando alguien se siente culpable o tiene miedo de que descubran que está mintiendo, puede quedarse paralizado como un adolescente al que los padres han pillado en una parte de la historia que no había ensayado. Es posible que adopte esa famosa expresión congelada, como un ciervo bajo un foco de luz, que Tiger Woods exhibía al principio de su declaración de disculpa. Paralizarnos nos da tiempo para decidir qué haremos después. El mentiroso puede huir, así que mostrará señales no verbales de estar despidiéndose, apuntando los pies hacia la puerta, metiéndolos bajo una silla o girando la parte inferior del cuerpo en dirección contraria a la persona o personas con las que se encuentra. Puede colocar los pies bien separados en lo que llamo la posición «preparado para el ataque», o apoyar la mano o las manos en las

El estrés se puede ver inmediatamente

Cuando alguien está estresado, puede reaccionar de alguna de las siguientes maneras:

Paralizarse: quedarse paralizado durante un momento.

Huir: moverse o colocar todo el cuerpo o partes de él en posición de huida, o intentar hacer su cuerpo más pequeño para ofrecer un blanco menor a un ataque.

Luchar: colocar el cuerpo en posición de lucha haciéndolo más grande, abriendo más las piernas, elevando los brazos o adelantando los codos.

Palidecer: la sangre puede retirarse de la superficie de la piel.

caderas. Estos movimientos le hacen parecer mayor y más amenazador, y pueden señalar que está listo para pelear. O puede de repente ponerse pálido al retirarse la sangre de la superficie de su piel, haciéndole parecer como si fuera a desmayarse de un momento a otro.

Las mentiras que se planean de antemano pueden sonar creíbles, pero es probable que haya «filtración no verbal». Los mentirosos emplean tanto tiempo tratando de recordar las mentiras que inventaron que muestran más indicios o «filtraciones», desde guiños hasta la posición de los pies, que los mentirosos espontáneos.

La posición de poder: preparado para el ataque

Nota cuando alguien te hace adoptar una posición defensiva aumentando la separación entre las piernas, o si adopta una posición defensiva mientras estás hablando con él.

Para detectar más claramente la mentira, tienes que conocer la conducta normal de la persona. Esto puede ser difícil si estás observando a alguien que acabas de conocer, pero hay herramientas que lo facilitan. Por ejemplo, nota si tu interlocutor hace pausas. Alguna gente habla rápido y en voz muy alta, y otra, lentamente y con muchas pausas. Los mentirosos tienden a ir a los extremos de su patrón normal de conducta en lo que se refiere a la expresividad y las pausas. Los extrovertidos normalmente son más expresivos cuando mienten, y elevan su tono de voz, ríen, cuentan chistes, cambian de tema o discuten. Emociones fuertes como el humor y la risa proporcionan un magnífico comportamiento de tapadera para esconder el nerviosismo del mentiroso. Por otro lado, los introvertidos se vuelven más retraídos aún. Pueden llegar a paralizarse, a bajar el ritmo, a volverse más callados, a mirar menos a los ojos o a quedarse rígidos, y les dan a sus voces una menor variación vocal. Como puedes imaginar, esto significa que es más fácil reconocer cuándo mienten los introvertidos. Para los extrovertidos es más fácil cubrir sus mentiras mostrándose más enfáticos y fascinándonos para hacernos creer que están diciendo la verdad.

NO ES LO QUE HACES SINO CUÁNDO LO HACES

Un famoso deportista acusado de cometer una infracción da una conferencia de prensa para negar los cargos. Se aclara la garganta y empieza a hablar; puede que se trate solo de nerviosismo. Pero escúchalo atentamente mientras sigue hablando. ¿Aclararse la garganta es una conducta normal en él, o se produce solo al hacer ciertas declaraciones? Fíjate en el momento en que lo hace. ¿Su voz sube de tono y se aclara la garganta o tose después de decir: «Soy inocente»? ¿Y se aclara la garganta una vez más tras bajar la voz hasta casi un susurro y asegurar: «No he hecho nada malo»?

PRIMERO SIÉNTELO

Dependiendo de cómo definas el término «músculo», hay entre seiscientos y ochocientos músculos en el cuerpo humano. Es imposible manejarlos todos de forma consciente. Es más, si intentas controlar tu lenguaje corporal, tu voluntad subconsciente seguirá mandando simultáneamente sus propios mensajes.

Recuerda, cuando alguien está siendo sincero, primero siente algo, luego lo exterioriza y finalmente dice lo que siente. Un mentiroso, sobre todo si tiene tiempo para preparar su engaño, está pensando en la historia y en las palabras que tiene que decir. Pero hay tantos músculos en la cara que no puedes controlarlos todos cuando te encuentras en una situación de estrés. Para una persona es difícil evitar mandar una corriente continua de señales sobre lo que de verdad está pensando y sintiendo.

Si te esfuerzas excesivamente en controlar tu cuerpo, es probable que envíes mensajes mezclados. Una parte de ti dirá una cosa mientras que la otra expresará algo distinto, y el resultado será que la gente confiará menos en ti, no más.

Morgan es una rubia menuda y bien proporcionada a la que a menudo los hombres se acercan con la intención de flirtear. Su queja es que nunca llegan a pedirle una cita. Tiene mucho éxito en los negocios, pero en las reuniones sociales se queja: «Sonrío, río y hago todo lo que debería funcionar, pero terminan yéndose».

Una noche salí con ella, no en calidad de celestina sino como asesora personal, para verla relacionarse desde una distancia discreta sin que pudiera verme. Noté que los hombres se daban cuenta de su tensión. Morgan sonreía, pero su sonrisa se prolongaba más de lo que debiera, y su risa era un poco quebradiza y forzada. Irradiaba tensión. Incluso tenía los hombros y las cejas notablemente levantados, como si estuviera asustada. Su voz era aguda y estridente, y ocasionalmente elevaba las manos y empujaba con ellas, como si estuviera parando el tráfico. ¡Estaba echando a los chicos a empujones!

Los hombres sentían su miedo, y pude incluso ver cómo algunos de ellos trataban de mostrarse menos asertivos en su presencia, ocupando menos espacio y ladeando la cabeza para tranquilizarla, pero ella, sin darse cuenta, los hacía sentir incómodos. Morgan tiene muchas cualidades, pero la incomodidad que provoca en los demás las supera. Cuando hablamos, no se sorprendió de mis observaciones.

—No es que me comportase así porque una experta en lenguaje corporal me estuviera observando. Siempre me he sentido nerviosa al flirtear, ¡solo que creía que mi arrogancia lo tapaba! —me dijo.

Nos enfrentamos a su miedo trabajando «desde fuera hacia dentro», decidiendo que podría hacer las cosas de otra manera. Trabajamos para cambiar su postura y sus gestos, relajando y bajando su voz y sus hombros, y calmando su tensión. Incluso modificó su respiración para poder inspirar profundamente con la parte inferior del abdomen y sentirse más relajada. Terminó teniendo citas, entre ellas una muy especial con quien ahora es su novio.

SIMPATÍA

Sharon y Scott abrieron la puerta y saludaron a su amigo Spencer y a su nueva esposa, Debbie. Esta entró con los ojos brillantes, los brazos extendidos y abiertos y la cabeza inclinada exponiendo la garganta. Mostraba las palmas de las manos, y saludó a sus anfitriones con una voz cálida y melodiosa. Aunque Sharon no había visto nunca antes a Debbie, el saludo de la invitada fue tan cálido y sociable que se la ganó inmediatamente. Después de la cena, una hora más tarde, Sharon le comentó a Debbie:
—Siento como si llevara años conociéndote.

Cuando alguien muestra simpatía, además de sonreír y reír fácilmente, el lenguaje de la parte superior de su cuerpo es amistoso. Exterioriza emociones y expresiones que nos permiten saber cómo se siente. Lo contrario de la simpatía es la falta de expresión y afecto, y, frecuentemente, una voz monótona. La investigación muestra que cuanto más expresivo es alguien, más cómodos nos sentimos en su presencia.

Por qué nos encantan los extrovertidos

Los extrovertidos tienden a recibir primeras impresiones más positivas. Recuerda que cuando podemos leer fácilmente las emociones de alguien, nos sentimos más cómodos en su presencia, y esto pone a los introvertidos en desventaja cuando se trata de crear una buena primera impresión. Si eres una persona agradable, tranquila, que se pregunta por qué la gente que hace un drama de todo y tiene que ser siempre el centro consiguen toda la atención, ten en cuenta que hay factores científicos que explican este amor por la «locura a primera vista». Los extrovertidos felices y sanos se muestran seguros y expresivos, y ese comportamiento nos gusta. Incluso aquellos que hacen sonar nuestras alarmas con sus gestos exagerados y desmesurados causan una primera impresión estupenda. Esta expresividad en la que destacan puede ayudar a los pocos extrovertidos peligrosos a salirse con la suya en sus engaños.

Por otra parte, los introvertidos, que de forma natural hacen pausas para pensar antes de hablar, que hablan con suavidad, muestran menos gestos y expresiones, y miran menos a los ojos, no salen tan bien parados a primera vista. A veces su forma de actuar puede dar la impresión de que estén mintiendo. Quizá nos preguntemos por qué están tan callados, por qué se atrancan con las palabras y miran tan poco a los ojos, y todo esto puede hacernos sospechar de ellos.[4] Entender estas diferencias entre introvertidos y extrovertidos puede ayudarte a leerlos e interactuar con ellos de forma más efectiva.

Quien demuestra simpatía lo hace en persona, *on line* y por el teléfono. Te das cuenta en seguida. Y lo mismo que la credibilidad, la simpatía es algo que todo el mundo reconoce en una décima de segundo.

La simpatía tiene que ver con tener cosas en común, aunque no consiste exclusivamente en esto. Nos gusta la gente que es como nosotros, pero en la simpatía entran en juego la personalidad, la calidez y la afabilidad. La gente simpática se da la vuelta y te mira. Como Debbie cuando conoció a Sharon y Scott, te abren sus cuerpos cuando hablan. La simpatía favorece la conexión.

Amy fue a su reunión número cincuenta (sí, cincuenta) de antiguos compañeros de instituto y volvió a encontrarse a su amigo Rob. Fue un flechazo. Dijeron que sabían que eran almas gemelas que volvían a reunirse. Para presentárselo a sus amigas, Amy las invitó a cenar. Imagina a este nuevo chico conociendo a las amigas de Amy, con muchas de las cuales llevaba treinta o más años relacionándose y que se mostraban muy protectoras con ella.

Rob estaba junto a la puerta para conocer a las amigas de Amy, y conforme fueron llegando, les daba un afectuoso abrazo. Durante toda la noche pasó tiempo con cada una de ellas, inclinándose para hablarles y en ocasiones tocándolas en el brazo para enfatizar sus emociones. Obviamente, se preocupaba menos por sí mismo que por conectar con ellas. Si había algo entre él y la otra persona (como un cojín en el sofá o un jarrón de flores en la mesa), lo apartaba sutil y suavemente. Rob pasó tiempo también con Amy, pero además entregó a sus amigas toda su atención ininterrumpida. Conforme compartían historias, su rostro y su lenguaje corporal reflejaba por completo sus emociones. Rió con ellas y suspiró con ellas. En un punto especialmente emotivo de la noche, cuando se compartieron historias de alguien muy querido que había muerto de sida, lloró con ellas. Por supuesto, todas las amigas de Amy quedaron encantadas con él.

¿Qué es la simpatía? Claves que te hacen más agradable

Son varias las características que contribuyen a hacerte agradable:

Acercarse: nos acercamos a lo que nos gusta y nos alejamos de lo que no nos gusta. Este es un principio fundamental del lenguaje corporal y está relacionado con nuestro reflejo primario de orientación. Instintivamente, nos movemos en dirección hacia lo que nos gusta, deseamos o queremos, y nos alejamos de lo que tememos, de aquello en lo que desconfiamos o de lo que nos disgusta. Puedes acercarte a alguien dando unos pasos o bien simplemente inclinando la cabeza, la parte superior del cuerpo o el cuerpo entero en su dirección. Inclinar el cuerpo hacia otro dice: «Me gusta estar cerca de ti». También es una prueba para ver si el otro responde con la misma moneda. Piensa en cómo posas para una fotografía con otra persona o con un grupo: todos se inclinan hacia delante. Esto es algo que con frecuencia hacemos cuando estamos escuchando intensamente, que es otra manera de mostrar nuestro interés particular por alguien.

¿Cuál crees que es la parte más sincera de tu cuerpo? Piensa en aquella que menos controlas a nivel consciente y la que con frecuencia es la primera en cambiar en respuesta al estrés. ¿Adivinaste que eran los pies? Los pies apuntan a donde el corazón quiere ir. Cuando estamos estresados, pueden quedarse paralizados, señalar hacia fuera para huir, plantarse bien separados para que podamos luchar o asomar bajo nosotros mientras palidecemos. Permanecemos de pie con ellos señalando a la puerta como muestra de que queremos dejar la conversación o, más educadamente, dirigimos un pie hacia nuestro interlocutor y el otro hacia la salida en un ruego sutil —«por favor, déjame marchar»— cuando queremos irnos.

ABRIR LAS VENTANAS: tenemos lo que denomino «ventanas del cuerpo», que aparentemente abrimos o cerramos mientras interactuamos con los demás. Nuestros pies, rodillas, pelvis, estómago, corazón, cuello, boca, ojos y palmas son las partes del cuerpo que actúan como ventanas abiertas o cerradas dependiendo de cómo las orientemos con relación a otra gente. Las personas agradables tienden a mantener las ventanas de su cuerpo abiertas orientándolas hacia sus interlocutores, extendiendo los miembros y apartando las barreras, como mesas, copas, vasos y bolsos, que se interpongan entre ellos.

EXTENDER O SEÑALAR: piensa en los perros adiestrados para la caza que señalan con sus cuerpos a la presa para que el cazador pueda encontrarla. Una persona que esté interesada en ti puede señalar sutilmente hacia ti con un pie o una rodilla, cruzar la pierna de modo que su pie quede frente a ti, extender la mano hacia la mitad de la mesa o dirigir la cara hacia ti. Todas estas son señales que indican: «Estoy centrado en ti».

ENFOQUE VISUAL: en esta era electrónica, con tantas distracciones, es una sensación maravillosa contar con toda la atención de alguien. Alguien que no está mirando de un lado a otro de la habitación, distraído por los demás, ni echando de vez en cuando un vistazo a un dispositivo electrónico. Alguien que te mira y escucha hasta que has terminado de hablar.

RETROALIMENTACIÓN FACIAL Y AUDITIVA: el interés se muestra mediante expresiones faciales leíbles, claras y abundantes (sonreír, fruncir el ceño para concentrarse, asentir con suaves movimientos de cabeza) y quizá incluso con pequeños sonidos como «ah», «uh», «hum», que muestran interés por lo que se está diciendo. Estos son ejemplos de paralenguaje cálido, expresivo o entusiasta.

CORRESPONDER: la gente demuestra de manera subconsciente cuándo se siente a gusto hablando con alguien. Cuando reflejas los gestos de la persona con la que te encuentras, esta se siente afirmada y tú sintonizas con ella. Si te inclinas hacia delante, ella se inclinará hacia delante. Si cruzas las piernas, ella las cruzará también. Si te acercas a ella inclinándote sobre la mesa que tenéis por medio, si se siente cómoda, demostrará que le gustas haciendo lo mismo que tú. Si estáis sentados a una mesa, cambiará de sitio los platos, los periódicos y cualquier otro objeto que haya en medio para que nada le separe de ti. Al contrario, si alguien no se siente a gusto contigo o está mintiéndote, colocará objetos entre los dos, un bolso, una taza de café, un móvil o lo que tenga a mano.

TOCAR: a veces ayuda tocar brevemente a la persona con la que estás hablando. Sé que estás pensando: «¿Estás loco? ¡No quiero que un desconocido piense que soy raro o que una nueva compañera de trabajo me acuse de acoso sexual!». Sí, en la cultura de nuestros días nos da miedo tener cualquier tipo de contacto físico las primeras veces que interactuamos con alguien, e incluso la costumbre de darse la mano ha disminuido significativamente. Pero el tacto es poderoso, y funciona, porque tocar a alguien de forma no amenazadora afecta positivamente a nuestra química. Un roce breve, que no resulte amenazador, sin connotaciones sexuales, puede alterar la manera en que nos sentimos en menos de una cuadragésima de segundo.

Tocar es un elemento esencial de nuestro desarrollo y nuestra salud, además de

Imitar y reflejar

Para establecer puntos en común de forma no verbal, imita la postura del cuerpo y la expresión facial de la persona con la que estás hablando, así como su nivel de energía, gestos, tono de voz, e incluso el ritmo del habla y de la respiración. Hazlo discretamente, mirándola a los ojos. Cuando copias a otra persona, sucede algo interesante: empiezas a sentir lo que ella está sintiendo. Además, te comunicas a un nivel subconsciente: «Oye, te entiendo; estoy de acuerdo contigo», «Quiero entenderte» o «No soy tu enemigo».

No *reflejes* la agresividad. Si alguien se te queda mirando fijamente y te grita, con los pies muy separados, las piernas abiertas y las manos en las caderas, no saltes de tu silla para copiar este comportamiento. En lugar de eso, si sientes que es seguro hacerlo, sitúate a un nivel o dos por debajo de su energía e inyecta un poco de intensidad en tu voz mientras dices que entiendes por qué está molesto. Expresa tu interés y preocupación. Luego ve bajando la voz, habla más lentamente y relaja tu cuerpo. Tu posible enemigo probablemente comenzará a ir más despacio (y a calmarse) contigo.

una manera poderosa de comunicarnos.[5] He estudiado y dirigido investigaciones sobre el contacto físico desde el primer trabajo de investigación que llevé a cabo en la universidad sobre el tema, «Háptica (contacto físico) en las interacciones iniciales del entorno empresarial». Incluso realicé una investigación sobre el contacto físico en las interacciones iniciales en mi calidad de portavoz nacional de la loción Vaseline Intensive Care en Canadá. A lo largo de los años he tratado con el público los muchos miedos y preocupaciones relacionados con el contacto físico, en programas sobre lenguaje corporal, diferencias de género y acoso sexual.

Tocar ofrece tantos beneficios que deberían motivarte a mantener un contacto físico con los demás de una manera segura, no sexual. Se han realizado innumerables estudios sobre cómo el contacto físico afecta a las primeras impresiones que muestran sus efectos positivos. Por ejemplo, en un estudio, se les pidió a los participantes que firmaran una petición y, en ese momento, se los tocó ligeramente en el hombro; el ochenta y uno por ciento aceptó. Cuando se repitió el experimento con una petición distinta, el setenta por ciento de aquellos a los que tocaron aceptó, mientras que solo el cuarenta por ciento de los individuos que no habían tenido contacto físico lo hizo.[6]

Cuando el camarero de un restaurante toca ligera y rápidamente la mano o el hombro del cliente, obtiene mayores propinas. Por supuesto, debo hacerte una advertencia: al ocho por ciento de la población de los Estados Unidos no le agrada que la toquen. Si deseas más información, acude a www.snapfirstimpressions.com para ver el vídeo *Five Ways to Use a Safe Touch to Make a Positive Impression.*

ATRACTIVO

En una ocasión en que iba a hablar en una convención, fui al aeropuerto directamente desde el gimnasio. Llevaba mi viejo chándal favorito, dado de sí. Tenía el pelo recogido en una cola de caballo y, bueno, estaba un poco sudada. Ni que decir tiene que no llevaba nada de maquillaje encima. «¿Qué más da?», pensé; no conocía a mis compañeros de vuelo ni ellos me conocían a mí. Nunca volveríamos a vernos.

Al llegar esperé con un gran grupo de gente el autobús que nos llevaría al hotel. Noté que todos parecían conocerse y que muchos de ellos habían estado en el vuelo conmigo. Eran alrededor de sesenta, todos bien vestidos (en traje) y bien peinados. Además, me miraban de una forma extraña o desviaban la mirada. Cuando subimos al autobús, ninguno me ofreció acceso a los asientos libres que había cerca de ellos. Mientras me abría camino hacia una fila vacía en la parte trasera del autobús, vi en los regazos de algunos de los pasajeros el folleto de la convención ¡con mi foto! Se trataba de la gente a la que iba a hablar al día siguiente, y tenía el mismo aspecto que si hubiera acabado de salir de la cama.

Vivimos en una cultura orientada a la imagen en la que nuestra apariencia no solo precede a nuestras palabras sino que puede imponerse a ellas. Las investigaciones muestran que los individuos tienden a coincidir en sus impresiones sobre los desconocidos aun cuando estos desconocidos varían en raza, nacionalidad y cultura, e incluso cuando sus impresiones están basadas únicamente en el aspecto físico.[7] Sin embargo, la apariencia es solo un elemento del atractivo; por eso, antes de hacer planes para someterte a una intervención de cirugía plástica, sigue leyendo.

¿QUÉ ES ATRACTIVO?

Este indicador tiene mucho que ver con la simetría. La investigación demuestra que alguien que tiene simetría corporal y facial resulta altamente atractivo. Cate Blanchett, Halle Berry y Michelle Pfeiffer, por ejemplo, poseen una simetría facial bilateral. Y lo mismo sucedía con Elizabeth Taylor; una frase de su nota necrológica en el *New York Times*, en 2011, dice: «Como los cámaras notaron, su rostro era completamente simétrico; no tenía ningún lado malo, y sus ojos eran del violeta más profundo».[8] Si nos vamos a la parte masculina, un artículo cuyo título aparece en la portada de la revista *Newsweek*, «La biología de la belleza», menciona especialmente a Denzel Washington como estrella cuyo rostro se ha medido y calificado como perfectamente simétrico.[9]

La simetría bilateral (en la que el cuerpo o la cara están perfectamente equilibrados) tiene un efecto subliminal en las primeras impresiones. Cuando decimos que la cara o el cuerpo de alguien están «perfectamente equilibrados», lo que esto significa es que podemos dividirlo en dos mitades idénticas dibujando una línea que lo atraviese por el centro; el lado derecho sería el reflejo perfecto del izquierdo. Los científicos creen que la simetría se ve como un indicador de que la persona está libre de enfermedades y de su valor para emparejarse con ella y para la reproducción. Otros investigadores sostienen la hipótesis de que una cara o un cuerpo bilateralmente simétrico es más fácil de leer.

La falta de simetría nos hace sentir incómodos cuando la contemplamos; puede alertar al sistema nervioso central de que algo anda mal. Cuando enseño a detectar mentiras, muestro el aspecto que tiene la falta de simetría facial: la boca de Simon Cowell torcida en una media sonrisa desdeñosa de un solo lado cuando juzga a un artista o un tic que hace bajar un lado de la boca de un deportista muy famoso cuando afirma que nunca ha usado esteroides. Cuando los lados derecho e izquierdo de la parte superior e inferior del rostro o el cuerpo de alguien son asimétricos, como cuando, por ejemplo, permanece de pie con una mano apoyada en la cadera o se inclina a un lado, vemos incongruencia. Indica que la persona está confusa o desconcertada, no entiende algo, se siente infeliz o se encuentra en cualquier otro de los muchos estados desagradables que existen.

ENTRE LOS SEXOS

Estoy en mi restaurante favorito, sentada en la terraza con dos de mis amigas. Tres chicas espigadas que llevan unos vestidos de verano preciosos entran y se sientan en la barra. A los veinte minutos ocho hombres las rodean hinchando el pecho y se inclinan hacia ellas para acercarse. Mientras mis amigas y yo miramos, los hombres compiten entre ellos para ver quién puede sacar antes una tarjeta de crédito para pagar las bebidas de las chicas. Mis amigas y yo sonreímos mirando cómo los hombres persiguen su ideal de belleza mientras pedimos otra ronda de mojitos, un postre y tres tenedores.

Según un estudio publicado por un psicólogo de Wake Forest University, existe un mayor consenso entre los hombres que entre las mujeres sobre los rasgos que son atractivos.[10] Más de cuatro mil participantes en el estudio puntuaron el atractivo de fotos de jóvenes (de dieciocho a veinticinco años) usando una escala de diez puntos que iba desde «nada atractivo» a «muy atractivo». Pero antes, los miembros del equipo de investigación repasaron las fotos y juzgaron las características esenciales de la gente que aparecía en ellas, cualidades como «seductor», «seguro de sí mismo», «delgado», «elegante», «sensible», «arreglado», «con clase» etc. Distinguir estos factores ayudó a los investigadores a determinar qué características comunes les resultaban más atractivas a los hombres y a las mujeres.

Quizá no sea ninguna sorpresa que las calificaciones del sector masculino sobre el atractivo de las mujeres se centraron principalmente en las características físicas. Les otorgaron la mayor puntuación a aquellas que les parecieron «delgadas» y «seductoras», aunque muchos también favorecieron a las «seguras de sí mismas».

Por otro lado, había poco consenso entre las mujeres acerca de qué sujetos eran atractivos. Como grupo, tendían a estar en favor de los «musculosos», pero algunas les dieron una alta calificación a hombres que otras mujeres decían que no eran en absoluto atractivos. Parecían estar programadas para encontrar atractivo a toda clase de hombres, quizá para evitar terminar compitiendo todas por el mismo ejemplar de macho tipo Tarzán. De hecho, mientras que la mayoría de los hombres comparte el mismo estándar al decidir qué es atractivo, las mujeres tienden a ser más individuales, y su

LO QUE SUCEDE EN UN INSTANTE

estándar de «hombre de atractivo» es misteriosamente parecido a aquel con el que tienen una relación o con el que han mantenido recientemente una relación. Los que se parecen a su pareja actual son los más atractivos, y conforme cambian de pareja, cambian también lo que les resulta atractivo.

La buena noticia para las mujeres (y para los hombres) es que puedes incrementar tu atractivo sintiendo una mayor confianza en ti. La mayoría de los hombres del estudio de la Universidad Wake Forest consideraron más atractivas a las mujeres que parecían seguras de sí mismas. Mi compañera de piso cuando estaba en la universidad tenía una manera estupenda de crear una primera impresión de simpatía y seguridad. Suena un poco extraño al explicarlo, pero funcionaba. Cada vez que entraba en una habitación, se detenía a la entrada con los hombros

La atracción y el efecto halo

La investigación muestra que creemos que lo que es bello es bueno. Preferimos la simetría facial y nos gusta una figura corporal equilibrada. Cuando conocemos a alguien que nos resulta atractivo, nuestra impresión instantánea es generalmente mucho más positiva que aquella de los que nos resultan poco atractivos. La investigación muestra que las impresiones positivas y más duraderas creadas por la gente atractiva afectan a cómo los tratan los maestros, los jueces, los comités de admisión de las universidades, los gerentes y los encargados de recursos humanos en una entrevista de trabajo.

echados hacia atrás, la barbilla ligeramente levantada, los brazos algo extendidos y las manos abiertas, como si estuviera ofreciéndole a toda la habitación un abrazo y esperando que los hombres se fijaran en ella y acudieran a sus brazos. Te aseguro que lo hacían.

La mayoría de nosotros diría que no es tan superficial como para juzgar a la gente según su aspecto, pero la investigación indica que lo hacemos. Por ejemplo, un jefe atractivo suele gustar más y generalmente se percibe de forma más positiva que uno poco atractivo. En una investigación a través de Internet realizada entre casi sesenta y dos mil lectores (un enorme grupo de estudio) por la revista *Elle* y MSNBC en 2007, «los jefes atractivos resultaron ser más competentes, cooperativos y mejores a la hora de delegar que los jefes poco atractivos».[11] Este es otro ejemplo del efecto halo. Cuando vemos características positivas destacadas en individuos, automáticamente les asignamos también otras cualidades positivas.

Y en un estudio llevado a cabo en 2008 en la Universidad Tufts, en Medford, Maine, los psicólogos Nicholas Rule y Nalini Ambady les pidieron a los estudiantes que puntuaran unos rostros según las características de capacidad, dominio, simpatía, madurez facial y fiabilidad que percibieran en sus dueños. Los estudiantes no sabían que estaban juzgando fotos de los directores generales de las mejor y peor puntuadas mil empresas de Fortune. Las calificaciones que les dieron a cada director general se correspondían estrechamente con los beneficios que había logrado su respectiva empresa.[12]

¿QUÉ PODEMOS HACER CON LA DISCRIMINACIÓN POR EL ASPECTO?

Cuando los verdaderos rasgos de la personalidad y el carácter de los individuos se han estudiado, los estereotipos acerca de su atractivo han demostrado ser falsos. Ser físicamente atractivo no hace, por tanto, que un individuo sea particularmente «bueno» en otros sentidos.[13] La próxima vez que sientas una sensación cálida pero poco definida con alguien que acabas de conocer, pregúntate a ti mismo si está basada en su atractivo superficial.

Aun así, todos queremos sentirnos bien con la imagen que damos, y hay cosas que podemos hacer para acrecentar nuestro atractivo y mejorar la impresión que creamos. ¿Recuerdas cuando estaba en el autobús sin arreglar y mortificada al descubrir que la gente que me rodeaba era el público que iba a tener al día siguiente? En ese momento no podía cambiar mi apariencia, pero sí cómo me sentía y cómo me comportaba para ayudar a esa gente a sentirse más cómoda conmigo vestida de chándal.

Empecé a caminar de arriba abajo del pasillo del autobús, deteniéndome de vez en cuando para saludar y presentarme. ¡Bromeé diciéndoles que me vendría bien un curso de repaso del entrenamiento sobre primeras impresiones que más tarde les impartiría a todos ellos! En lugar de encogerme y acobardarme, adopté un aire de seguridad. El hecho de sentirme cómoda y de acercarme a ellos en lugar de esconderme, mi voz y la risa cálida que la llenaba y los apretones de mano les ayudaron a dejar a un lado mi apariencia y, espero, a gustarles y a que confiaran en mí más de lo que lo hubieran hecho de haberme arrastrado hasta la parte trasera del autobús para esconderme (que es lo que la vergüenza me habría llevado a hacer). Me alegró ver las sonrisas de los que se acercaron a mí para saludarme cordialmente.

En determinadas ocasiones se necesita actuar «de fuera hacia dentro» y desempeñar un papel hasta que de verdad lo sientas. Sin embargo, ten presente que la postura que adopta tu cuerpo empieza a influir químicamente en cómo te sientes en tan solo una cuadragésima de segundo. Adoptar una conducta segura, carismática y agradable brevemente hasta que la química de tu cuerpo te corresponde te hace sentir seguro por dentro.

Uno de los participantes en mis programas de lenguaje corporal se vio sometido a una operación en la que se le extirpó un tumor cerebral y un lado del rostro se le quedó paralizado. Ha tenido dificultades porque la gente se siente incómoda a su lado. Le he ayudado en sesiones personales, instruyéndole para que se comportase a un nivel no verbal de un modo que permitiese a la gente lidiar con su apariencia y su falta de simetría facial.

Todos podemos realizar pequeños cambios sencillos en nuestro lenguaje corporal y en nuestra voz, y acercarnos a los demás para mejorar nuestro atractivo. Recuerda que no es solo que las personas atractivas nos resulten más agradables, sino que también las agradables nos resultan más atractivas. Esto significa que para crear una primera impresión inmediata más positiva, puedes incorporar los comportamientos de los que hablamos anteriormente en este mismo capítulo, en la sección «¿Qué es la simpatía?».

PODER

El conferenciante subió al escenario con los hombros hacia atrás y el pecho erguido, y se situó enfrente del público. Mostraba seguridad al dar consejos imitando con sus gestos la batuta de un director que bajaba cada vez que subrayaba un punto importante. Además, golpeó con el puño la mano abierta. Hacía pausas para dejar que sus ideas hicieran efecto, y durante esos silencios observaba al grupo, mirando a los espectadores profundamente a los ojos.

Otro conferenciante subió al escenario con los hombros caídos y la cabeza agachada. Se situó tras una mesa, inclinado sobre su ordenador, con los pies juntos y las manos pegadas a las teclas. De vez en cuando miraba a la pantalla que había detrás de él, donde se estaban proyectando las diapositivas, y leía en voz alta punto por punto. Sus ideas estaban bien argumentadas y su discurso bien preparado. Pero ¿su expresión no verbal? No fue en absoluto poderosa.

Todos hemos sentido el poder en una primera impresión. Nos acercamos a alguien y le damos la mano, y ambos notamos quién está apretando más fuerte. Cuando nos miramos a los ojos, nos damos cuenta de quién aparta la mirada antes. ¿Uno de los dos está tranquilo y seguro mientras que el otro se siente nervioso? Desde el momento mismo en que se producen esas impresiones inmediatas estamos decidiendo de manera subconsciente quién va a tener más poder en la interacción.

El poder se comunica de muchas maneras. Sus cuatro principios fundamentales son la seguridad, el espacio, la apertura y la relajación. Demuestras poder a través de la cantidad de espacio que ocupas con tu cuerpo, mediante tus posesiones (taza de café, bolso, tableta, iPad o *smartphone*), con tu voz y dependiendo de si tus ventanas corporales están abiertas o cerradas y si tu cuerpo permanece tenso y agitado o relajado y centrado. No se trata puramente de ser dominante. Se trata de adoptar una postura segura, de exigir y mantener el espacio en el que te encuentras y de estar abierto

Sé la reina de tu selva

Imagina una leona en la selva. Establece su espacio y su territorio con una seguridad relajada. Se mueve grácilmente. Su postura es abierta al estirar sus miembros. ¡Nunca tendrá que pelearse por un apoyabrazos en un avión! ¡Realmente se siente el centro del mundo! No necesita enseñar los dientes ni amenazar para demostrar quién manda.

(colocar tu cuerpo y tu rostro en dirección a los demás) en lugar de cerrado (asustado y autoprotector).

En un estudio llevado a cabo con ciento treinta y dos graduados de la escuela de negocios durante ocho años y en el que se realizaron entrevistas en profundidad, los investigadores observaron a mujeres que mostraban poder por medio de la agresividad, la asertividad y la confianza en sí mismas, rasgos que normalmente se etiquetan como masculinos. Descubrieron que aquellas que podían activar y desactivar su poder según las circunstancias (lo que llamamos autosupervisión) ascendían más en sus profesiones que los hombres o las demás mujeres.[14]

Cómo parecer y sentirse poderoso y seguro
de sí mismo en una primera impresión

Puedes enfrentar el poder de otro con tu propio poder sin llegar a chocar si sigues los siguientes consejos:

◆ Nota cuánto espacio ocupas al caminar, con tu postura y cuando te sientas; no tienes que ocupar ni mucho espacio ni muy poco.
◆ Mira a los ojos. Truco: mira de un ojo al otro de la persona y de ese ojo al puente de la nariz; luego vuelve a los ojos.

- Toca a la otra persona, antes de que te toque o inmediatamente después.

- Sé el primero en extender la mano para saludar.

- Si eres tú el que recibe un fuerte apretón de manos, en el que alguien te rodea la mano con su mano izquierda o es muy agresivo en su saludo, agárralo del codo con la mano libre al saludarlo.

- Si normalmente eres una persona tranquila a la que interrumpen con frecuencia y te han interrumpido cuando aún no has terminado de hablar, sigue hablando. Tienes que saber que, si te interrumpen, puedes alzar ligeramente la voz e incluso levantar la mano con la palma hacia el que te ha interrumpido.

- No te escondas detrás de los objetos. No pongas tus pertenencias (taza de café, utensilios electrónicos, etc.) entre tú y los demás. Del mismo modo, si vas a hacer una presentación y te ofrecen un podio o una mesa, sitúate delante o al lado, en lugar de detrás.

- Elige un asiento destacado, una posición notable en el centro de la mesa de conferencias o en la primera fila de una gran reunión. Esto muestra confianza, interés genuino y voluntad de participar.

- Muestra respeto a las jerarquías pero no seas exageradamente respetuoso. Si tu objetivo es avanzar hacia el siguiente nivel en tu profesión, esfuérzate por ser un colega más que un subordinado. Visita las oficinas y cubículos de los empleados con más poder, invítalos a almorzar, pasa tiempo con ellos. El poder positivo es contagioso.

- Fíjate en la separación que hay normalmente entre tus pies. Ahora sepáralos un par de centímetros más para crear una estabilidad y una presencia como las de un león.
- Cuadra los hombros y relájalos para comunicar fuerza y estabilidad.
- Cuando estamos ansiosos, a menudo nos movemos nerviosamente o nos tocamos para darnos seguridad. Disminuye esos actos, como manosearte el pendiente o el bigote, torcer las manos, echarte el pelo hacia atrás, etc. Las investigaciones indican que la gente poderosa también se mueve, da golpecitos con los pies o hace clic con sus bolígrafos con impaciencia, pero este no es un comportamiento que te convenga imitar.

Algunos aspectos de la comunicación no verbal que generan una impresión de poder están establecidos desde siempre. Por supuesto, habrás oído que una gran altura y volumen le da a la gente más poder, y los estudios demuestran que quienes tienen la voz más profunda son más propensos a tener poder o a ser percibidos como más creíbles y que hay más probabilidades de que se escuchen sus peticiones. Si no posees esos atributos físicos, ¡esfuérzate más en trabajar los puntos que hemos visto en la lista anterior!

Soy una mujer rubia de baja estatura. Al principio de mi carrera, el público solía decirme que cuando me presentaban, y aún no había empezado a hablar, no daba la impresión de ser una fuente de información creíble. Descubrí que aunque sabían que era una experta acreditada, estaban pensando:

«¿Qué es lo que me va a enseñar a mí esta rubita?». Muy pronto aprendí a parecer «más grande» a base de proyectar mis gestos hacia fuera y hacer mi voz más grave y más alta.

Al contrario, alguna gente muy alta tiene que suavizar su apariencia. El poder de la altura puede ser tan abrumador que los demás se echan atrás, se alejan o simplemente no interactúan. El poder no consiste en intimidar.

¿Observar o participar?

El entorno empresarial en el que te encuentras puede tener gente poderosa que se sienta en la fila de atrás o incluso en sillas colocadas tras esta fila para que sus espaldas se apoyen en la pared. Lo extraño es que estos parecen ser los sitios donde se sientan los poderosos, como parte de las normas de ese ambiente. Lamentablemente, esta posición puede indicar una falta de participación o hacer que parezca como si estuvieran allí para criticar o juzgar los eventos. Estas no son las cualidades de la gente verdaderamente poderosa.

CARISMA

La palabra «carisma» viene del griego *charis*, que significa «gracia». Los estudios muestran que las personas con carisma son capaces de persuadirnos elegantemente para que les compremos, les votemos o salgamos con ellas. El carisma nos intoxica y nos persuade.

El carisma se basa en tres de los cuatro factores que causan una primera impresión: simpatía, atractivo y poder. Una persona que presente un nivel alto de estas tres características también tiene carisma. La gente carismática ocupa su espacio, se relaja, mira a los ojos con una mirada tan concentrada como un rayo láser, se centra por completo en sus interlocutores —convirtiéndolos en su foco de atención— y sonríe todo el tiempo. ¿Conoces a alguien así?

La investigación dice que cuando el carisma de alguien es elevado, anula nuestra capacidad de ver si esa persona tiene el cuarto factor importante a la hora de crear una primera impresión: la credibilidad. En otras palabras, a un individuo con un carisma elevado le resulta fácil mentir sin que se note. ¿Puedes pensar en alguien de tu vida o en algún personaje público que tenga carisma pero carezca de integridad?

No toda la gente carismática es deshonesta, pero tienes que entender los efectos potencialmente cegadores del carisma. Cuando conozcas a alguien que posea esta característica, haz una pausa, examina su credibilidad y acuérdate de usar tu «norte verdadero» como guía.

El carisma sin credibilidad puede ser extremadamente poderoso. De hecho, a veces es mucho más poderoso y persuasivo que lo que escuchas o que aquello en lo que crees. Observa un debate político televisado apagando el sonido y fíjate en qué candidato te atrae. O la próxima vez que veas a una estrella carismática del cine en una entrevista, apaga el sonido y fíjate en lo que destaca. Los investigadores Daniel J. Benjamin, profesor asistente de Dartmouth y miembro del Institute for Social Research de la Universidad de Michigan, y Jesse M. Shapiro, de la Universidad de Chicago, examinaron los efectos del carisma en los políticos en un estudio llevado a cabo con alumnos universitarios de Harvard. Doscientos sesenta y cuatro estudiantes vieron vídeos de diez segundos sin sonido de candidatos desconocidos de cincuenta y ocho elecciones gubernamentales anteriores. Tenían que «ser capaces de elegir al candidato ganador en una proporción significativamente superior a la de la casualidad. Cuando se ponía el sonido y los participantes podían escuchar lo que los candidatos estaban diciendo, su capacidad para predecir el ganador no era superior a la de la casualidad».

Los investigadores descubrieron que tenían que usar vídeos sin sonido para medir el carisma porque, como señaló Benjamin: «Descubrimos que las decisiones inmediatas basadas en el carisma son un buen pronosticador de los resultados de la elección. Pero hay que medir el carisma con vídeos sin sonido en lugar de con él porque conocer las posiciones políticas del candidato altera la capacidad de la gente para juzgar los indicios no verbales que realmente importan».[15]

De manera que para determinar si alguien tiene carisma quizá no necesitemos escucharle hablar. Sin embargo, no te dejes engañar por alguien que es a la vez carismático y deshonesto. ¿Cómo puedes identificar a quienes presentan ambas características? Tendrás que escucharlos y observarlos con mucha más atención. Como mencioné en mi explicación sobre la credibilidad, la coordinación temporal y la congruencia de los comportamientos no verbales con las palabras habladas puede revelar si alguien está mintiendo. Cuando una persona dice la verdad, su cuerpo entero se alinea con sus palabras. Además, la gente creíble exhibe al hablar una simetría facial entre las mitades superior e inferior de su rostro. Fíjate en esto cuando pienses en tus impresiones a nivel social, de negocios y políticas, y al tratar con alguien que sea altamente carismático. Ve a www.snapfirstimpressions.com para ver el vídeo *Charismatic People: The Good, the Bad, and the Both.*

A continuación vamos a explorar la manera de interpretar y transmitir los cuatro factores de las impresiones inmediatas (credibilidad, simpatía, atractivo y poder) en nuestras vidas personales y profesionales.

3

CONOCER Y SALUDAR

Cómo causar una gran impresión con un
apretón de manos y otros saludos

*Mi amigo Jerry es formador del servicio al cliente desde hace
más de una década, y una y otra vez el público ha valorado
extraordinariamente su capacidad. No obstante, al principio de su carrera se encontró con que necesitaba muchísimo
tiempo para ganarse al público y conseguir que le prestara
toda su atención.*

*Un día, una formadora invitó a Jerry a que viera cómo
impartía sus cursos. Él se sentó en la parte de atrás de la
sala y observó que su colega más experimentada se asegu-
raba de saludar a todos los que entraban en su taller. Le
daba la mano a cada uno, se presentaba, le preguntaba el
nombre y luego lo repetía. A todos les daba personalmente
la bienvenida al programa.*

Cuando comenzó el taller, la colega de Jerry parecía tener una confianza inmediata con los participantes. Se prometió a sí mismo que iba a probar la «técnica del apretón de manos» en su nueva presentación.

Lo hizo, y las diferencias fueron increíbles. Para cuando el taller comenzó, Jerry sentía que ya había establecido una conexión personal con cada uno de los que estaban en la sala y ellos con él. La gente empezó a participar a los primeros quince minutos de clase, mientras que antes hacía falta al menos entre media hora y una hora para hacerles involucrarse y participar en el coloquio. No podía creérselo.

A lo largo de su vida una persona corriente da la mano un promedio de quince mil veces.[1] Pero la elección de dónde, cuándo y a quién dar la mano, o de hacerlo o no, ha cambiado durante los últimos años a medida que el ambiente empresarial se ha vuelto más informal. Además, estamos en contacto con más frecuencia con gente que tiene normas distintas en lo que se refiere al contacto físico y el saludo basadas en una religión o una cultura diferente, y también con miembros de la generación Purell* marcados por la fobia a los microbios que se incorporan a la fuerza laboral o ascienden a los puestos de liderazgo. Darse la mano sigue siendo un ritual importante que tenemos que entender, emplear con soltura y apreciar como fuente de información en una primera impresión. Recientes estudios indican que un apretón de manos firme (con toda la mano) mostrando fuerza y vigor, acompañado

*. N. del T.: Purell fue el primer gel desinfectante para manos, o gel limpiador bactericida, que se popularizó en hospitales, edificios públicos y empresas. Por tanto, los miembros de la generación Purell son quienes se han acostumbrado al uso de este producto antiséptico.

de una mirada a los ojos de la duración apropiada, crea una impresión favorable en Norteamérica. De hecho, dar la mano es la forma más rápida y efectiva de desarrollar confianza con alguien.

La investigación realizada en los Estados Unidos demuestra también que para desarrollar el mismo nivel de confianza que se consigue *instantáneamente* con un apretón de manos se necesita una media de tres horas de continua interacción cara a cara. Sí, un apretón de manos equivale a tres horas de interacción. Es sorprendente que puedas darle la mano a al-

Tomar confianza al instante con un apretón de manos

Cuando estaba en la universidad y leí el estudio que llegaba a la conclusión de que se precisa una media de tres horas de interacción continua cara a cara para desarrollar el mismo nivel de confianza que se alcanza instantáneamente con un apretón de manos, este dato se me quedó grabado. La reacción del público en mis charlas y seminarios ha validado ese descubrimiento en muchas ocasiones. Parece sorprendente y al mismo tiempo es perfectamente creíble que un apretón de manos le pueda hacer sentir a alguien tan cómodo en tu presencia como si llevara horas hablando contigo. Haz la prueba por ti mismo dando la mano y no dándola, y observa lo que sucede.

guien y, en ese momento, hacerle sentir tan seguro y tan cómodo como si hubiera estado hablando contigo durante horas.

LO PRIMERO ES DAR LA MANO

Tantos clientes y tantos miembros del público me han preguntado sobre apretones de mano que durante muchos años he dirigido una encuesta de investigación sobre este tema. No me sorprende que los resultados de esta investigación muestren que el apretón de manos sigue siendo el saludo generalmente preferido en los encuentros iniciales por un ochenta y cuatro por ciento de las mujeres y un noventa y ocho por ciento de los hombres.

Muchas culturas tienen rituales de saludo que van de apretones de mano a inclinaciones de cabeza y *namastes*. En todas existe una posición en la que quienes van a saludarse se detienen y guardan una distancia segura entre ambos que le da a cada uno una visión total del cuerpo del otro desde los pies hasta la parte superior de la cabeza. Las reglas básicas para dar la mano en Norteamérica son: caminar hacia el otro, detenerse a unos cuarenta centímetros y darle la mano. En los negocios saludamos de esta manera y luego retrocedemos y nos situamos a una distancia de, como mínimo, setenta y cinco centímetros para hablar.

A menudo esta es la única forma de contacto físico que se produce en los cuatro primeros minutos, que son importantísimos, de una interacción. Si no das la mano, te pierdes mucha información. En mi experiencia, muchos primeros encuentros torpes que terminan en malentendidos ocurren porque las partes no pasaron por el examen de seguridad del apretón de manos. No estoy seguro de por qué esto es así, pero si repasas tus propios encuentros, es probable que descubras que aquellos en los que no hubo apretones de mano no transcurrieron de una forma tan positiva como aquellos en los que los hubo. Dar la mano proporciona una información vital y una oportunidad para conectar; por ese motivo no debes saltarte este importante saludo.

¿CUÁNDO SE DA LA MANO?

Esta es una de las principales preguntas que me hacen los miembros del público. Las directrices generales para saber cuándo dar la mano son las siguientes:

- Cuando te presentan.
- Al decir adiós.
- Cuando alguien de fuera te visita en tu oficina o en tu lugar de negocios.
- Cuando cerramos un acuerdo o terminamos de firmar un contrato.
- Cuando das la enhorabuena.
- Cuando te encuentras con alguien que conoces por una relación de negocios o social fuera de los confines de tu oficina.
- Cuando entras por primera vez en un entorno social o de negocios y saludas a gente que ya conoces.
- Cuando sales de una reunión de negocios, especialmente cuando asiste gente de fuera.
- Cuando quieres señalar que tu interacción con un desconocido se ha vuelto más significativa de lo que era al principio. (Si alguna vez has tenido una conversación con un desconocido en un avión, probablemente no le diste la mano hasta que supiste que querías seguir hablando más. A veces la gente no lo hace hasta llegar al final del vuelo; entonces se dan la mano para indicar que disfrutaron la conversación y que les gustaría volver a hablar.)

- Cuando quieres mostrar a otros que respetas y aceptas a cierta persona y para demostrar que la ves como alguien seguro.
- Cuando deseas mostrar a otro que el espacio en el que está entrando y el grupo al que se está uniendo son seguros.

Hay muchas oportunidades de dar la mano, y cada una ofrece un cúmulo de información.

EL LENGUAJE CORPORAL Y LOS APRETONES DE MANO

De forma subconsciente, interpretamos las palmas abiertas, vacías, como indicaciones de que la persona será honesta, abierta y fiable. No tiene nada de extraño que a través de los tiempos se haya representado a las figuras y a los líderes religiosos con las palmas de las manos abiertas y hacia el frente.

Biológicamente, la temperatura y humedad de las manos también comunican una información importante. Por regla general, se vuelven frías por el estrés. Cuando le damos las manos a alguien y las suyas están frías, nuestro cerebro primario reacciona con una respuesta de peligro: «Esta persona no está tranquila. ¿Eso es porque está nervioso, porque tiene miedo o porque está a punto de atacar?». Las palmas de las manos sudan como respuesta al estrés; por eso, si las tienes sudorosas, esto será una señal para los demás de que estás nervioso y puedes ser peligroso.[2]

Por último, al dar la mano, intercambias instantáneamente a través de la piel sustancias químicas, y esto te da una lectura química del otro, además de proporcionarte un

dispositivo mnemotéc-
nico, una manera de re-
cordar a la persona, o
incluso su nombre, en
el futuro. Esta es otra
buena razón más para
dar la mano. (La lectu-
ra química se produce
en la parte más primiti-
va del cerebro, que crea
enlaces de memoria más
fuertes, mientras que los
nombres se almacenan
en el neocórtex.)

¿EN QUÉ TE BENEFICIA ESTO?

¿Has llegado alguna
vez tarde a una reunión
y no has tenido la opor-
tunidad de estrechar la
mano de los demás par-
ticipantes? ¿O has llega-
do a un acontecimiento
social después de que

La historia del apretón de manos

En la cultura occidental estrechamos la mano para saludar a otro o para sellar un contrato o una promesa. La mayor parte de los historiadores cree que este acto en un principio demostraba que ninguna de las dos partes iba a usar un arma. En la antigua Roma los hombres levantaban la mano derecha para saludarse porque esa era la mano que sostenía las armas y la izquierda, la que protegía el corazón. Cada uno agarraba el antebrazo del otro y lo sujetaba firmemente de manera que ninguno de los dos pudiera atacar. ¡Mantenerse sujeto el brazo mutuamente hacía más difícil que se mataran! Los caballeros medievales pasaron de sujetarse el antebrazo a agarrar la mano del otro y más tarde a sacudirla. Esta costumbre de sacudir la mano empezó cuando algunos caballeros comenzaron a esconder armas en la manga. Esta pauta de sacudir la mano con un movimiento vertical fue creada para hacer que las armas escondidas en la manga cayeran al suelo. La intención era clara: los apretones de mano eran controles de armas.

todos se hayan saludado y dado la mano y tú no has podido hacerlo? ¿Has extendido alguna vez la mano para saludar a alguien y esa persona no te ha correspondido? ¿Qué sensación has tenido al verte obligado a interactuar con alguien en esas circunstancias? En las encuestas por escrito que he dirigido con un total de más de dos mil sujetos, la respuesta número uno a la pregunta: «¿Cómo te sientes (en cualquier situación) cuando extiendes la mano para estrechar la de alguien y no hay reciprocidad por la otra parte?» es que el individuo se siente incómodo. Las siguientes respuestas más frecuentes son, por orden, que el que iba a dar la mano se siente excluido, desairado o desconectado.

El apretón de manos señala la aceptación en la «tribu», y cuando un miembro te lo da, les muestra a todos los demás que tienen que aceptarte. Si no consigues esta aceptación, es natural que te sientas torpe, incómodo, desconectado o incluso desairado. Con un apretón de manos puedes llegar a tener una conexión con alguien en cuestión de segundos. Date esa oportunidad.

Un estudio sobre apretones de mano llevado a cabo por el Income Center for Trade Shows demostró que la gente tiene el doble de probabilidades de recordarte si le das la mano. La investigación también mostró que reaccionamos ante aquellos a quienes les hemos estrechado la mano mostrándonos más abiertos y amistosos. Otras investigaciones señalan que dar la mano te hace más agradable, aumenta tu capacidad de persuadir a otros e incrementa la probabilidad de una venta. Mi propia investigación muestra que mi amigo conferenciante Jerry tenía razón: el público escucha con más intención, es más educado y le concede una mayor credibilidad al conferenciante si este les da la mano a todos o a una parte representativa de él. ¡En otras palabras, *vale la pena* dar la mano!

Una participante de uno de mis programas se tomó muy en serio lo que dije. Trabajaba en la sede social de su empresa y empezó a situarse cerca de la puerta en las reuniones de los viernes y a darle la mano a todo el mundo, presentándose a aquellos que no conocía conforme entraban por la puerta. Tres meses más tarde la ascendieron a un puesto de ensueño que ni siquiera había solicitado. Le llegaron rumores de que cuando el trabajo surgió, los ejecutivos comentaron que ella sería perfecta. Explicaron que tenía seguridad en sí misma y que se llevaba bien con todos. Aceptó el trabajo y consiguió un aumento de diez mil dólares al año.

SALUDOS MASCULINOS

Aunque los hombres han estado dándose la mano durante miles de años, las mujeres solo empezaron a hacerlo en las mismas condiciones que ellos en la década de 1980. Los hombres en la cultura norteamericana emplearon durante mucho tiempo lo que yo denomino un «apretón de manos secreto». Hasta hace muy poco el secreto era sacudir la mano de arriba abajo de dos a cinco veces.

¿Por qué tantas sacudidas? Al igual que sucede con otras especies, los modernos machos humanos norteamericanos participan en un ritual de poder cuando se encuentran. Usan el apretón de manos para medirse el uno al otro. Para esto se necesita tiempo y proximidad, de ahí las numerosas sacudidas. Buscan signos no verbales para ver quién será el macho alfa (si uno de los dos controlará la interacción) o si su relación será de iguales.

Sin embargo, en las décadas de los ochenta y los noventa, los hombres de las culturas más avanzadas o relajadas, como California, empezaron a darse la mano con una sola sacudida, y si lo hacías de forma diferente se te colocaba la etiqueta de forastero. Ese estilo se ha convertido ahora en la norma. Excepto en unas cuantas ciudades metropolitanas, en interacciones muy formales y en reuniones internacionales de negocios, el apretón de manos con una sola sacudida es el nuevo apretón secreto de manos.

SIN TOCAR

Una autora muy conocida fue a hablar ante un público formado por estudiantes de gestión empresarial. Les dio la mano a algunos de ellos antes de la charla. Durante la charla, fue a estrecharle la mano a un estudiante del público que iba a participar en un ejercicio con ella. Él arrugó la nariz, torció la boca con un gesto de asco, se dio la vuelta y dijo:

—Yo no doy la mano.

La autora estaba estupefacta. Se quedó de piedra con la mano extendida. El estudiante no se sintió avergonzado por su comportamiento, sino que en lugar de eso añadió:

—Tienes gérmenes.

Más tarde, la autora me confesó: «En un instante, eso afectó a la reputación de ese estudiante a mis ojos, y a mi impresión del resto de los estudiantes y también de la institución. Normalmente me encanta ofrecer asesoramiento y tutoría a cualquiera que lo desee del público. En esa ocasión no lo hice».

Los ejecutivos de recursos humanos y los dueños de pequeñas empresas a los que asesoro aseguran que últimamente acude gente a las entrevistas que se niega a dar la mano. Algunos clientes cuyas empresas se encuentran entre las quinientas de Fortune me han pedido que forme a sus empleados menores de treinta y cinco años en la etiqueta básica para los saludos. Me informan de que en este grupo de edad hay

Las reglas del juego

Todos los años recorro el país hablando con los taquígrafos judiciales, esas personas, predominantemente mujeres, que a diario registran todas las palabras que se dicen en el tribunal o en una declaración jurada. Tienen muchas historias sobre los abogados con los que trabajan.

Muchos de ellos hablan sobre un determinado ritual de apretón de manos que ven al principio y al final del juicio o de la declaración jurada. Los abogados que se conocen desde hace años entran y se dan la mano los unos a los otros. Luego esos mismos abogados se pasan el día entero o todo el juicio pronunciando lo que para alguien de fuera podrían parecer palabras horribles, despectivas, los unos sobre los otros, sacudiendo los puños y mirándose con desdén, poniendo cara de aburrimiento o enfado. Efectivamente, entablan una batalla. Pero cuando la declaración o el juicio ha terminado, se levantan, se reúnen, se sonríen, se dan la mano y dicen: «Vamos a tomar una copa». Vuelven a ser amigos.

Los taquígrafos judiciales me cuentan que están desconcertados. ¿Cómo puedes darle la mano a alguien que te ha tratado tan espantosamente y volver a ser su amigo?

Lo que están viendo es a hombres que observan los rituales de las reglas del juego. Las reglas del juego dicen: «Dale la mano a tu oponente y sal a luchar». Cuando el juego ha terminado, termina realmente, y por eso dejan los rencores en el campo de juego y vuelven a darse la mano. Los hombres repiten una y otra vez este ritual en los campos de juego mientras van creciendo, de manera que al llegar a adultos darse la mano y salir a luchar es como una segunda naturaleza para ellos. Solo en las dos últimas décadas las investigaciones han mostrado que ahora hay mujeres que entienden el principio de las reglas del juego. ¿Quiénes son estas mujeres? Las que cuando eran jóvenes practicaban deportes en equipos mixtos frecuentemente.[3] Seas hombre o mujer, si no te atienes a las reglas del juego y das la mano al principio y al final de la interacción, podrías perder la ocasión de empezar de nuevo o de tener una segunda oportunidad para causar una primera impresión la próxima vez.

un aumento de gente que se niega a dar la mano a los compañeros de trabajo durante la jornada laboral, o que se siente incómoda al hacerlo. Incluso se encuentran con nuevos vendedores que dicen que no les darán la mano ni a los clientes ni a los posibles clientes.

A pesar de que un apretón de manos confiere enormes ventajas, hay gente que prefiere evitarlo. La principal razón citada es el miedo a los gérmenes. Los jóvenes menores de veinticinco años son especialmente aprensivos. Una investigación realizada en 1997 por Market Facts, de Chicago, reveló que el cincuenta y uno por ciento de los norteamericanos desea poder lavarse las manos después de estrechársela a alguien. Este sondeo también indicaba que las mujeres están más preocupadas que los hombres con respecto a los gérmenes. El cincuenta y siete por ciento de las mujeres desea poder lavarse las manos, frente al cuarenta y cuatro por ciento de los hombres (las cifras se redondearon).

Es interesante que este cambio ocurriera después de 1997, cuando el desinfectante de manos Purell se introdujo como producto de consumo. Sus ventas lideraron rápidamente el mercado creciente de geles desinfectantes con una base de alcohol, que actualmente está valorado en noventa millones de dólares anuales. Fue por esas fechas cuando, después de haber pasado años hablando sobre primeras impresiones, los universitarios que asistían a mis charlas fueron los primeros en empezar a preguntarme cómo podían *evitar* dar la mano.

La realidad: puedes contraer gérmenes al dar la mano, y los desinfectantes pueden reducir la cantidad de ciertos tipos de bacterias. Pero muchas cosas que tocamos durante todo el día (los pomos de las puertas, los grifos, los botones de los ascensores, las teclas de la fotocopiadora...) están llenos de gérmenes. ¡Una circular pasada de mano en mano por la oficina los contiene durante unas doce horas! Sin embargo, no vas a formar una relación personal estrecha con el pomo de una puerta. Al menos, espero que no. Adelante, da la mano —es una forma de reconocer que estás interactuando con un ser humano— y luego lávate o desinféctate, si tienes que hacerlo. Si deseas obtener más información sobre apretones de mano, ve a www.snapfirstimpressions.com.

SECRETOS DEL APRETÓN DE MANOS PERFECTO

Pocas cosas pueden crear una primera impresión eficaz tan claramente como un apretón de manos elegante y dado con soltura. Pero a menos que tu padre te haya llevado a un lado para darte algunos

Si no quieres dar la mano

Si sientes que te estás resfriando o que es la época de la gripe y que tu sistema inmunitario está afectado debido a una enfermedad crónica, o si simplemente no soportas que te den la mano, a continuación te muestro cómo hacer un saludo que esté libre de gérmenes en lugar del apretón de manos.

Da un paso adelante con el pie izquierdo y presenta el lado izquierdo de tu cuerpo. Normalmente se presenta el lado derecho para dar la mano, por eso esto corta la señal que muestra que estás abierto a ello. Puedes detenerte ahí y saludar verbalmente para evitar tocar a la otra persona enteramente, u obtener algunos de los beneficios del contacto físico, de la siguiente manera: con la mano izquierda, toca a la otra persona en su brazo izquierdo.

Al hacerlo, procura que sea únicamente en un punto a lo largo de la «zona de seguridad», es decir, en cualquier lugar entre el codo y la punta de los dedos. Toca brevemente y con solo la punta de los dedos. Un toque que dura menos de una cuadragésima de segundo tiene un efecto positivo.

consejos cuando eras adolescente, lo más probable es que nadie te haya enseñado la manera ideal de dar la mano. Basándome en mis investigaciones, esta es la mejor manera (en la cultura norteamericana) de dar el apretón de manos perfecto:

LEVÁNTATE, SI ESTÁS SENTADO. Esta regla se usaba solo con los hombres, pero ahora también las mujeres deben levantarse. Si permaneces sentado cuando te presentan a alguien, la indiferencia que comunicas es inequívoca. La única excepción que se permite es cuando estás comiendo. Y en ese caso no solo puedes esperar a levantarte sino que también puedes esperar a dar la mano hasta que hayas terminado.

ACÉRCATE AL OTRO CON CONFIANZA. Mantén la cabeza erguida y las manos a los costados.

MANTÉN LAS MANOS LIBRES. Asegúrate de tener las manos fuera de los bolsillos, ya que las investigaciones indican que no confiamos en la gente que lleva las manos en los bolsillos. Asegúrate de que tu mano derecha está libre para ofrecérsela a la persona que tienes delante. Siempre pasa cualquier objeto que puedas llevar (un bolso, un maletín, papeles, una bebida, un teléfono móvil u otros aparatos electrónicos) a la mano izquierda antes de empezar a saludar. Lo ideal es que mantengas fuera de vista los aparatos electrónicos durante toda la interacción.

SONRÍE BREVEMENTE. No lo exageres. Si sonríes mucho o durante demasiado tiempo, puedes dar la impresión de ser sumiso. Una sonrisa excesiva normalmente crea una impresión negativa, y te cataloga inadvertidamente de demasiado entusiasmado, fácilmente manipulable o poco inteligente. Las mujeres deben tener un cuidado especial a la hora de sonreír excesivamente, ya que puede reducir su poder personal e incluso malinterpretarse como una incitación sexual.

MIRA A LOS OJOS. Saber mirar a los ojos incrementa el sentimiento de confianza. No te quedes mirando fijamente, pero tampoco te contemples los zapatos. Mirar a los ojos a la persona conforme te aproximas le hace saber que quieres interactuar con ella. Los hombres tienen que prolongar esta mirada durante al menos tres segundos sin pestañear o sin mirar a otro lado mientras se dan la mano. Las mujeres no han de mantenerla más de cinco segundos con hombres que no conocen. La investigación muestra que el sexo masculino percibe una mirada prolongada de una mujer a la que aún no conocen como una provocación sexual.

PONTE FRENTE AL OTRO CORAZÓN A CORAZÓN. Cuando te sitúas delante de alguien formando un ángulo en lugar de ponerte frente a frente, le estás mandando el mensaje simbólico de que no estás siendo recto ni abierto. Puede que des la impresión de que tienes que protegerte, de que no te gusta la otra persona o de que deseas reducir la intimidad o la duración de la interacción.

ASEGÚRATE DE QUE TIENES LAS MANOS LIMPIAS Y SECAS. Si tu problema son las manos sudorosas, límpiatelas con un pañuelo o un papel antes de dar la mano. En eventos sociales, lleva las bebidas con hielo en la mano izquierda para que tu derecha no esté fría y húmeda cuando tengas que saludar a alguien.

ALARGA LA MANO Y EL BRAZO DERECHOS CRUZÁNDOLOS AL LADO IZQUIERDO DE TU CUERPO. La energía y seguridad del movimiento permite al otro saber que no solo quieres darle la mano sino que estás deseando hacerlo.

ASEGÚRATE DE QUE EXTIENDES TODO EL BRAZO. Un brazo pegado al cuerpo indica timidez y falta de seguridad.

OFRECE LA MANO CON EL PULGAR HACIA ARRIBA. Este gesto es simbólico: indica que quieres igualdad en la interacción. Ninguno de los dos dominará. Respetarás al otro y esperarás de él que te respete.

AL EXTENDER EL BRAZO, SEPARA BIEN EL PULGAR DEL ÍNDICE. Esto asegura que puedas deslizar la mano fácilmente entre el pliegue de la mano del otro. Asegúrate de que tus demás dedos están juntos y de que tu palma está recta en lugar de curva para que las palmas puedan tocarse. Inclina los dedos hacia abajo y curva la mano hacia arriba en la mano de la otra persona para evitar llegar solo a la punta de sus dedos y terminar con un apretón débil.

HAZ CONTACTO PALMA CON PALMA. Abrir las palmas muestra simbólicamente un deseo de ser abierto y honesto en tus interacciones; una palma cerrada comunica falta de apertura y honestidad.

UNA VEZ QUE HAS HECHO CONTACTO, RODEA LA MANO DEL OTRO CON LOS DEDOS. La presión que ejerces debe ser igual a la del otro o ligeramente superior. Nunca aprietes la mano del otro en una competición machista para ver quién puede hacerlo más fuerte o durante más tiempo. Es conveniente dar un apretón firme, pero la regla es igualar la presión o añadirle solo un poco más.

AFÍRMALO

En muchas ocasiones los hombres me cuentan que sus padres les enseñaron a dar la mano. Lo normal es que digan que sus padres ponían énfasis en dar un fuerte apretón. Un apretón firme es importante. Los estudios demuestran que indica positivamente tu extroversión y tu expresividad emocional. La mayoría de la gente no quiere hacer negocios con alguien que ofrece solamente un saludo débil. Las

Diferencias culturales

No todos los que dan la mano creen que deberías dar un apretón firme. En ciertos lugares del mundo, entre ellos la India, algunas partes de Malasia, varias zonas de África y determinadas culturas islámicas, la regla es dar un apretón suave para mostrar respeto y demostrar que no tienes intención de herir al otro. Un apretón firme indicaría que no confías en él. ¿Puedes imaginar el malentendido al que podrías dar lugar?

Un representante de ventas de una empresa farmacéutica que llevaba un nuevo medicamento para la epilepsia sabía que los médicos se resistían a recomendar un nuevo fármaco para la epilepsia de sus pacientes o a cambiar el que ya estaban tomando por miedo a que provocara espasmos. Era consciente de que tenía que vender a los líderes más duros de ese campo, y su reto era persuadir a esa gente bien informada para que viera las investigaciones del medicamento de su empresa. Supo que tres de los líderes intelectuales eran de origen indio, y había escuchado que en India se da la mano con suavidad para mostrar respeto. Deliberadamente cambió su apretón, y no solo uno ni dos, sino los tres, inmediatamente le dijeron: «Eres el único representante de ventas que muestra respeto».

Estos médicos estaban ahora dispuestos a consultar las investigaciones y a recomendar la medicación a sus colegas. Ese año el representante de ventas ganó el premio al vendedor del año para su empresa. Dijo en su discurso de aceptación que había descubierto que sentía veneración por reconocer las diferencias culturales.

investigaciones muestran también que los hombres tienden a dar apretones más firmes que las mujeres, y que la gente ve a aquellos que dan apretones firmes como más extrovertidos, «abiertos a experimentar» y menos neuróticos y tímidos.[4]

Es fundamental que las palmas se toquen

Investigando el tema de los apretones de mano durante muchos años, he descubierto que el contacto de las palmas es todavía más importante que la firmeza del apretón. Queremos que se dé un contacto total entre ellas porque cuando estás leyendo el lenguaje corporal observas las palmas de las manos para descubrir si alguien es sincero contigo y está dispuesto a abrirse. Si alguien choca la mano contigo y te da solo los dedos y no toda la palma, a un nivel subconsciente puedes pensar: «¿Qué ocultará? ¿Qué estará escondiéndome?». No es una sensación agradable.

Del mismo modo, he descubierto que muchas mujeres arquean las manos cuando saludan, imposibilitando el contacto palma con palma. Dan numerosas razones para explicarlo, como la timidez, la falta de confianza en sí mismas o en su saludo, o, más a menudo, no querer que los hombres piensen que son descaradas o que les están enviando una señal sexual. Reconozco que el contacto palma con palma puede ser interpretado como íntimo, pero es así por un motivo. Simbólicamente dice: «Seré abierto contigo». De hecho, los hombres reconocen que les desagrada que las mujeres arqueen la mano, y califican a esas mujeres como engreídas o frías.

La conclusión más importante de mi sondeo es que la gente, sobre todo los hombres, no quiere interactuar con quien les da un apretón débil y podrían incluso preferir relacionarse con alguien que les dé uno que les haga crujir los huesos. ¡Al menos con el «rompehuesos» sabes lo que te vas a encontrar! Tras un saludo débil, los hombres y mujeres que participaron en el sondeo sentían que no habían recibido suficiente información de quien los saludó.

CÓMO LEER LOS APRETONES DE MANO Y RESPONDER APROPIADAMENTE A UNO MALO

Probablemente habrás conocido muchos de los siguientes tipos de apretones en tus encuentros sociales y de negocios. Ahora entenderás mejor lo que significan y cómo formar (o no) una buena relación de trabajo con esa persona. A partir de ahora tendrás una rápida indicación de tu interlocutor antes de empezar realmente la reunión.

¡AY! EL «ROMPEHUESOS»

¿Alguna vez alguien te ha dado un apretón de manos de esos que hacen crujir los huesos? Querías hacer crujir los suyos también, quizá incluso deseabas hacerle sufrir, pero no podías porque tu mano estaba agarrotada en una especie de pinza de presión.

¿POR QUÉ LA GENTE APRIETA TANTO AL DAR LA MANO? Se dan esa clase de apretones «rompehuesos» por varios motivos. Uno de ellos es la ignorancia: esas personas sencillamente no tienen ni idea de que su apretón es doloroso. Otro es la costumbre. Lo normal es que la forma de dar la mano se nos quede grabada y se practique durante muchos años. Quizá el apretón rompehuesos lo dé alguien que recuerde esa primera práctica con su padre y el deseo de impresionarlo.

Con frecuencia la impresión inmediata que nos produce un rompehuesos es: «Este individuo tiene un gran ego». Pero el verdadero motivo de la mayoría de esta clase de apretones quizá te sorprenda. He descubierto que alrededor del ochenta por ciento de la gente que aprieta mucho al dar la mano tiene poca autoestima. El miedo y la inseguridad los motivan a empezar con una fuerza exagerada. O bien tienen una autoestima baja que compensan dando apretones de mano que los hacen parecer seguros de sí mismos.

¿CÓMO TRATAR CON UN ROMPEHUESOS? Cuando estás tratando con un gran ego, por lo general lo mejor que puedes hacer es dejarle que te apriete la mano y disfrute con ello. Si de verdad debes empezar una relación con él en términos de igualdad, de manera que ambos tengáis el mismo poder, usa la siguiente técnica. Cuando alguien te dé un apretón muy fuerte, la mano que te están apretando no podrá responder, pero tienes la otra totalmente libre y disponible. Así que alarga la mano libre y rodea con ella la que te está haciendo daño. Esto manda el mensaje: «Eh, te tengo rodeado. Aligera la presión». Lo curioso es que he descubierto que los rompehuesos no se dan cuenta a un nivel consciente de lo que has hecho, pero a nivel subconsciente se percatan de que tienes una fuerza que no pueden ignorar.

Las mujeres pueden plantearse golpear ligeramente con su mano libre la mano que las aprieta, mandando el mensaje «niño malo» o «niña mala». Casi por arte de magia el que aprieta suelta esa especie de pinza que ha formado. Sin embargo, si eres un hombre que está dándole la mano a otro, no te recomiendo que le des golpecitos.

En lo que al apretón de manos se refiere, ten en cuenta que tu fuerza de carácter no es directamente proporcional a la fuerza con la que aprietas. No tienes que romper ningún hueso para demostrar que eres poderoso, franco y honrado.

El apretón de dos manos

Lo que significa: la técnica de las dos manos te permite saber, en un nivel subconsciente, que el otro se ve a sí mismo como alguien poderoso e influyente, y también puede servir para otros propósitos. Dependiendo de la cantidad de presión, la posición y la manera en que el otro coloca la mano que queda en el lado externo, puede mandar diferentes mensajes. Por ejemplo, colocar suavemente la mano izquierda bajo las manos que se están apretando dice simbólicamente: «Estoy aquí para apoyarte». Puede que hayas recibido alguna vez este tipo de gesto por parte de tu médico o de un líder religioso. Alguien que coloca con suavidad la mano izquierda sobre tu mano mientras te sonríe cálidamente puede comunicarte esa calidez y extender un sentimiento de cordialidad. Esto es algo que se ve principalmente en el sur de los Estados Unidos.

Sin embargo, ejercer una presión fuerte cambia la dinámica, dando lugar a una pinza de dos manos, y esto puede hacerte sentir no solo rodeado sino abrumado o controlado. La posición de la mano izquierda puede transmitir otro mensaje si levanta tu brazo en lo que se ha llamado «el apretón de manos del político». Cuanto más alejado el brazo, más control está ejerciendo la otra persona y más está tratando de controlarte física y simbólicamente.

Lo que puedes hacer: conforme el otro te agarra la mano derecha (y posiblemente el brazo) con sus dos manos, puedes elegir colocarle la mano izquierda sobre las manos para mostrar que no te dejas abrumar. La presión de arriba hacia abajo suele comunicar el deseo de ser dominante, pero en este caso muestra tu deseo de ser iguales.

ARRIBA Y ABAJO

LO QUE SIGNIFICA: una mano ofrecida con la palma hacia abajo muestra que para la otra persona el poder es importante y que en esa interacción contigo quiere estar «arriba». Cuando alguien te ofrece la mano de esta manera, puedes pensar que no te queda ninguna opción; si quieres tocar su palma, tienes que colocar la mano en la parte de abajo al chocársela.

LO QUE PUEDES HACER: sin embargo, tu mano no tiene por qué permanecer debajo. Un truco sutil del que te puedes valer: cuando el otro se aproxime con la palma hacia abajo, puedes tomarle la mano y proyectar el peso de tu cuerpo hacia delante, sobre la pierna derecha, como se hace normalmente al darle la mano a alguien. En el momento en que proyectas tu peso, suave y rápidamente dale media vuelta a tu palma conforme toca la del otro de manera que ambos terminéis con los pulgares arriba en un apretón igualado. No tienes que girar la mano del todo y poner la del otro debajo. ¡Notará el cambio inconscientemente igual que notaría si intentaras hacerle una llave de judo y lanzarlo al suelo! En lugar de eso, simplemente deja que las dos manos se sitúen en una posición recta igualada.

Si alguien pone su mano con la palma hacia arriba, muestra que quiere apoyarte y que puede estar de acuerdo con tus ideas. Este es el apretón de manos que con más frecuencia veo en sacerdotes, médicos, enfermeras, consejeros y otros que quieren mostrar su deseo de ayudarte.

El apretón interminable

«Y entonces fui a verlo y le di la mano, y no me la soltaba. Y aunque ya no las movíamos, seguía apretándomela. ¡Qué desagradable!». ¿Alguna vez has escuchado a alguien decir esto? ¿O quizá te ha sucedido a ti? El ritual del apretón es tan específico que hasta podríamos contar en segundos lo largo que debería ser. Cuando alguien no suelta la mano, provoca una sensación desagradable.

LO QUE SIGNIFICA: en los saludos entre hombres, cuando uno apresa la mano del otro y no la deja ir, subyace una corriente competitiva. Hay una gran escena en la nueva versión de *Ocean's 11* en la que un personaje hace trizas la confianza de un vendedor de coches simplemente manteniendo su mano apresada en un prolongado apretón.

La competitividad puede darse también en saludos entre hombres y mujeres. Sin embargo, muchas mujeres afirman haber sentido que el hombre que no las dejaba soltarse de su apretón de manos en realidad les estaba haciendo una insinuación sexual. A veces llegan a sentir ese largo apretón que las retiene como una especie de violación.

LO QUE PUEDES HACER: la respuesta natural sería tirar de la mano o dar un paso atrás. Pero esto solo hace que la otra persona apriete con más fuerza. Además, al tirar hacia atrás estás demostrando miedo y debilidad. En lugar de eso sigue las reglas de «suéltame, ego»:

1. Apoya tu peso en el pie derecho (en el que se apoya naturalmente tu peso cuando estás dando la mano) y adelántalo. No levantes el pie. Tan solo lleva tu peso hacia delante para que la parte superior de tu cuerpo quede en la parte superior del espacio íntimo de la otra persona. Ahora te encuentras en el espacio que normalmente reservamos para atacar a alguien. Es un ataque sutil, breve pero potente, justo lo bastante largo para desarmar al otro. No inclines la cabeza, ni te dobles por la cintura, ni des un paso adelante. Inclinar la cabeza o doblarte te hace parecer débil, y dar un paso adelante llama mucho la atención hacia tu movimiento.

2. Al mismo tiempo que apoyas tu peso en el pie derecho, extiende los dedos y saca la mano por abajo. Como has descentrado al otro con tu sutil movimiento, momentáneamente habrá soltado su apretón lo suficiente para que te liberes de él.

3. Vuelve a echar hacia atrás tu peso. Si permaneces más tiempo en la zona de ataque, la otra persona sabrá lo que has hecho y será una señal de tu intención de permanecer agresivo.

¿QUÉ MÁS PUEDES APRENDER DE UN APRETÓN DE MANOS?

A veces la persona no tiene más que tocarte la palma de la mano para que tengas una impresión inmediata. Hay varios detalles que puedes distinguir con ese primer roce entre la piel de ambas palmas.

MANOS FRÍAS Y PEGAJOSAS

¿Alguna vez le has dado la mano a alguien y has notado que estaba tan mojada que después querías secártela? No nos gustan los apretones húmedos. Asociamos manos sudorosas con miedo. Cuando le damos la mano a alguien con las palmas sudorosas, nos preguntamos de qué puede tener miedo o qué estará ocultándonos. Ten en cuenta que las manos son la única parte del cuerpo que transpira solo en respuesta al estrés. El resto de nuestro organismo transpira por el estrés, pero también como reacción a la temperatura.

Las manos secas indican que te sientes socialmente seguro en lugar de nervioso, y esto hace que sea más fácil relacionarse contigo. Si las palmas sudorosas son un problema habitual para ti, podrías intentar usar un antitranspirante especial para manos diseñado para golfistas y otros entusiastas de deportes que requieren un agarre seco.

MIRA, MAMÁ, SIN MANOS

¿Qué haces cuando el otro no te ofrece la mano? Sabes que vas a perderte todos los maravillosos beneficios del apretón de manos y que tendrás que lidiar con la dificultad de establecer esa relación de confianza sin ese acto. Si encaja con tu personalidad o con la situación, podrías decir mientras extiendes la mano: «Me gustaría darte la mano». Esta técnica, que he enseñado desde hace años, funciona realmente. Alguien que no acceda en absoluto a tu petición está mandándote un mensaje. Un apretón de manos es una manera de compartir información, establecer poder y mostrar respeto. Digamos, por ejemplo, que eres un representante de ventas y tu posible cliente no te ofrece la mano. Puede ser una

Al dar la mano, nota la impresión inmediata que recibes y la que causas

1. Conforme te acercas a alguien para darle la mano, percibe desde lejos su movimiento de cejas (un rápido alzamiento de las cejas), que señala reconocimiento y precede al saludo.
2. Observa quién de los dos ofrece antes la mano, quién la suelta antes y cómo cada uno de estos detalles afecta a tus sentimientos hacia la otra persona.
3. Presta atención al tipo de apretón de manos que recibes y al que tú devuelves.
4. Fíjate en cómo responde la gente a tu apretón.

En www.snapfirstimpressions.com, puedes participar en una detallada encuesta sobre tus conocimientos de este tipo de saludo.

indicación de que quiere tener la sartén por el mango y deshacerse de ti fácilmente.

A menudo puedes predecir el resultado de una negociación, o lo difícil que será, fijándote en si las dos partes empiezan dándose la mano o no. Por ejemplo, un artículo del *Boston Globe* de 1999 contaba que en una charla reconciliatoria entre israelíes y palestinos que habían perdido a un miembro de sus familias en el conflicto del Medio Oriente, «el saludo inicial fue cauteloso e incómodo. Los israelíes tomaron asiento sin dar la mano. Los palestinos, sentados alrededor de una larga mesa, no se levantaron para saludarlos. Luego ambas partes comenzaron a hablar».[5] Esta charla en concreto terminó bien, después de que los participantes fueran más allá de los signos iniciales y se disculparan y perdonaran unos a otros.

ALTERNATIVAS AL APRETÓN DE MANOS: SALUDOS Y DESPEDIDAS MODERNOS Y LO QUE SIGNIFICAN

¿Está obsoleto el apretón de manos? Recuerda que este gesto significa: «Vengo en son de paz». Al negarse a dar la

Cuando no es posible dar la mano

A veces la gente evita dar la mano por motivos religiosos. A los judíos ortodoxos, por ejemplo, no se les permite tocar a las mujeres. Muchos musulmanes tienen la misma prohibición entre ambos sexos.

He hablado con médicos, directores y otros profesionales de atención sanitaria de un gran hospital de Detroit, la ciudad con mayor población musulmana de Estados Unidos. El personal del hospital debe lidiar diariamente con reglas religiosas que prohíben a los hombres tocar a las mujeres. Esta prohibición afecta a las relaciones del personal musulmán con sus compañeros de trabajo y, en mayor medida, a la capacidad de los médicos u otro personal masculino para desarrollar una relación de confianza con sus pacientes musulmanes y judíos ortodoxos. La política de no tocar tiene sus raíces en creencias religiosas profundas, de manera que, ¿qué puedes hacer?

En este caso, como hay incertidumbre acerca de cómo comportarse, además de miedo a la prohibición, la mayoría de la gente se paraliza. Recomiendo a los miembros del personal que procuren no dar un paso atrás cuando les presentan a alguien ni quedarse muy alejados y paralizados. En lugar de eso deberían dirigirse a los pacientes musulmanes o judíos ortodoxos y permanecer a una distancia no superior al medio metro, quedarse cara a cara junto a ellos al menos durante unos siete segundos y dejar que vaya creciendo la confianza. Tenemos que ir más despacio en el proceso de saludo a fin de crear el tiempo suficiente para que las personas se sientan seguras y cómodas en la relación. Si te encuentras en una situación cara a cara en la que no puedes dar la mano, sigue estas recomendaciones. Y si eres médico o cualquier otro profesional de la atención sanitaria, o encargado en cualquier ámbito laboral, debes saber que si entras en una habitación y te sientas, en lugar de quedarte de pie, tu aspecto será menos amenazador, más profesional y más compasivo, por lo que será más probable que te escuchen y te entiendan.

mano, sea en la sala de juntas, en el tribunal o en la cancha de juego, los oponentes no tienen una forma de establecer una relación aparte de la de adversarios. Sin el apretón al principio y al final de la reunión, o del juego, las situaciones pueden volverse más peligrosas. No se ha establecido una confianza. La animosidad no se queda a un lado. Los rituales de saludo nos permiten crear una primera impresión positiva y conectar; el hecho de no dar la mano ni realizar ningún otro ritual alternativo tiene un coste.

El uso del apretón de manos está declinando (aunque, con suerte, no va a desaparecer por completo); sin embargo, hay alternativas a este saludo. No todas ellas permiten la misma primera impresión capaz de establecer un vínculo de confianza, porque carecen del intercambio químico del contacto entre las dos palmas. De todas formas, estas alternativas al apretón de manos tradicional pueden ser un símbolo significativo de amistad y conexión grupal, especialmente entre gente que ya ha desarrollado una cierta confianza. Entender lo que significan los rituales alternativos de saludo y cómo participar en ellos puede ofrecerte un conocimiento y una «pertenencia al club» en las interacciones iniciales. Los siguientes son los rituales alternativos de saludo más frecuentes.

EL DAP

El *dap* (chocar y juntar los dos puños, nudillo a nudillo) se originó en los campos de batalla de la guerra de Vietnam. Sin embargo, no era solo una manera de mostrar amistad. El puño contra el puño simbolizaba: «Estamos juntos en esta lucha». Además, el hecho de que el otro conociera el «ritual de saludo secreto» ayudaba a distinguir a un amigo de un enemigo.

El puño es un símbolo de batalla: «Tengo poder, estoy dispuesto a luchar y soy capaz de hacerlo». Dos puños moviéndose el uno hacia el otro simbolizan determinación y poder. Como mencioné antes, el lenguaje corporal erguido, como los brazos alzados del ganador al final de la carrera, indica victoria y alegría, como cuando se levanta el brazo en señal de victoria después de una intensa batalla. Cuando dos o más levantan los puños al unísono, es un símbolo de unidad y crea el sentimiento de «venceremos juntos».

Durante la campaña presidencial de Obama de 2008, los medios de comunicación mostraron fotos suyas y de Michelle Obama haciendo el *dap*. La pareja chocó los puños horizontalmente cuando supo que tenía suficientes delegados para presentarse a la nominación. Cuando sus puños se tocaron, sus brazos quedaron a la misma altura. Él no estaba haciendo el saludo de arriba abajo. Se miraban el uno al otro frente a frente. La posición horizontal de sus puños, sus brazos extendidos a la misma altura, su mirada a los ojos y sus sonrisas demostraban la igualdad de la relación, así como la alegría por la reciente victoria y un compromiso permanente de seguir luchando.

CÓMO HACER EL DAP: levanta la mano como si fueras a dar el apretón de manos tradicional pero encoge los dedos formando un puño. Manteniendo el brazo paralelo al suelo con el dedo meñique abajo y el pulgar arriba, extiende el puño desde l altura del pecho y suavemente golpea el puño del otro. Para un primer encuentro, bajo, horizontal, de igual a igual entre amigos, solo tienes que rotar el puño noventa grados, para que los dedos cerrados estén de cara al suelo, y golpear. (Si deseas ver fotos y vídeos, ve a «Cool Handshake Alternatives», en www.snapfirstimpressions.com.)

LA MUÑEQUERA PULGAR SOBRE PULGAR

Mi amiga Pat estaba investigando para su nueva novela, que transcurre en la pasada década de los sesenta, y me habló sobre esta variación del apretón de manos. La vio una y otra vez en noticieros y en fotos. La muñequera pulgar sobre pulgar, un saludo consistente en agarrar la mano del otro a la altura de la muñeca y engarzar los pulgares, surgió entre la contracultura de los años sesenta cuando los pacifistas y la juventud en general buscaban una manera de diferenciarse de la cultura dominante. Hoy en día puedes verla con un complejo conjunto de variaciones y combinada con otros movimientos, pero el mensaje y el significado ritual son el mismo: «Somos diferentes de los demás».

Uno de mis clientes es una empresa de seguridad de Internet. Chris Klaus, que en sus propias palabras era un chico raro durante su juventud, fundó la empresa con otros chicos raros cuando estaba en el segundo año de la universidad. Cuando empecé a asesorar a la empresa, noté que algunos de los empleados usaban una variación de la muñequera pulgar sobre pulgar. Me dijeron que al principio, cuando empezaron, sentían que eran unos «chicos raros marginales» en un inmenso mundo empresarial de traje y corbata. El ritual secreto que usaban para saludarse unos a otros al principio de la jornada de trabajo y fuera de las reuniones les hizo sentir que podían comerse el mundo. En el año 2006 vendieron la empresa a IBM por mil trescientos millones de dólares. ¡Me imagino que el saludo secreto funcionó!

CHOCAR EL PECHO

El origen de esta alternativa al apretón de manos es desconocido. Algunos creen que primero surgió entre las tribus africanas cuando bailaban y se movían juntos para ganar energía y coraje antes de la batalla. Es más probable que hayas visto su versión moderna en los deportes profesionales, especialmente desde la década de los noventa.

Chocar el pecho simboliza a la vez vulnerabilidad y alborozo. Los que lo hacen saltan, demostrando su júbilo. Dejan caer los brazos a los costados y abren las manos revelando que no llevan armas. Empujan hacia arriba y hacia fuera con el pecho, exponiendo y tocando corazones, mostrando que se sienten seguros exteriorizando su vulnerabilidad y que quieren unir sus corazones. El poderoso movimiento de choque cuando los pechos se juntan hace que fluyan la alegría y la testosterona. Es una combinación genial: los corazones tocándose con un golpe violento. Para los hombres (y la mayoría de los que chocan el pecho lo son), el movimiento dice: «Te quiero, amigo, pero de una forma totalmente masculina». Porque el ritual es, eso sí, para «amigos íntimos»: ¡no lo intentes con alguien que acabas de conocer!

CÓMO SE HACE: acércate a tu compañero, echa hacia atrás los hombros y extiende los brazos, con las palmas abiertas, a los costados. Salta hacia delante y choca contra su pecho.

CHOCA ESOS CINCO

El «choca esos cinco» se desarrolló en los años setenta como una extensión del apretón de manos. Mientras que este puede ser neutral y mecánico, el choca esos cinco simboliza alegría, euforia y poder. Es muy diferente del *dap*. Como en el choca esos cinco la palma está abierta y los dedos extendidos, transmite una victoria abierta y sin adulterar, en otras palabras: «Lo hemos conseguido». Puedes verlo como un gesto sencillo de victoria en cualquier partido de baloncesto. A menudo los jugadores se miran a las manos y luego apartan la mirada inmediatamente, indicando que es un mero movimiento de victoria, no un ritual de saludo y vínculo. Puede que hayas notado que los hombres les dan a los niños que están empezando a andar un choca esos cinco. Este saludo inicia a los niños en la alegría de jugar que es parte de ser un chico. El apretón de mano en contraste simboliza para algunos hombres su entrada en el mundo adulto, especialmente en el mundo empresarial.

Cómo chocar esos cinco: levanta la mano por encima de la cabeza y, mostrando la palma abierta, golpea con ella la palma de tu compañero. Cuando más ruidoso el golpe, mejor.

El signo de la paz o la victoria (V)

Mi amigo Carl es motorista. Es elegante y moderno, y saluda a los demás motoristas en la carretera con el signo de la paz. ¿Quién iba a decir que el saludo de los *hippies* seguiría siendo moderno hoy día? La V es importante no solo porque es un gesto reconocido universalmente que identifica a alguien que viene en son de paz; para algunos también muestra una victoria contundente sobre otros y significa hermandad; en el caso de Carl, la hermandad de los motoristas.

Recuerda que nos gusta la gente que es como nosotros. Las distintas versiones del símbolo de la paz que hacen los motoristas muestran a los demás que tienen algo en común. Levantan ligeramente los dedos de los manillares mostrando el signo de la paz para saludar a sus compañeros de carretera, especialmente a los que montan la misma marca de moto o usan el mismo tipo de casco. Un saludo más fuerte que significa hermandad total se realiza cuando la mano y el brazo enteros se levantan del manillar y el motorista hace el signo de la paz con la V inclinada de lado.

Sin embargo, lo que consideramos el signo de la paz no se reconoce como tal en todas partes. Si al hacerle el signo de la V a alguien en el Reino Unido, Irlanda, Nueva Zelanda o Australia, la palma de la mano está dirigida hacia dentro, puede que recibas una mirada de desprecio. En esos países este gesto se considera un insulto. Algunas culturas ven la V vertical como un signo obsceno parecido a lo que sería aquí hacer la peineta. Esto quizá tenga sus orígenes en un simbolismo sexual o transmita un deseo de luchar. En el siglo XIV el signo de la V simbolizaba la imagen de un arco a punto de soltar una flecha.

Carol y Jeff son unos amigos míos que se separaron en circunstancias no precisamente amigables. Cada uno marcó su territorio y empezaron a discutir por la posesión de todo, desde las televisiones de plasma hasta las amistades. Un año más tarde ambos fueron invitados a una barbacoa en un jardín. Cuando Jeff entró por la puerta, primero asomó su cara sonriente mirando a Carol y luego hizo el signo de la paz. Ella le devolvió la sonrisa y rió con ganas haciéndole saber que estaba a salvo.

Hoy día, en los Estados Unidos, mostrar el signo de la paz puede transmitir una primera impresión que a veces es actual, a veces es cómica o nostálgica y a veces es una petición de apertura. Se trata de un saludo que muestra a los demás tus propias creencias y deseos, y a cambio les pregunta: «¿Eres parte de mi tribu? ¿Te relacionarás conmigo sin problemas?».

CÓMO HACER EL SIGNO DE LA V: levanta la mano, con la palma dirigida hacia fuera. Baja el pulgar, el anular y el meñique, y deja el índice y el corazón extendidos en forma de V.

Guerra y paz

Durante la Segunda Guerra Mundial, Victor de Laveleye, un refugiado belga, pidió durante una emisión de onda corta a sus compatriotas que usaran la letra V como un signo de unión. V es la primera letra de *victoire* (victoria) en francés y *vrijheid* (libertad) en holandés. Muy pronto se pudo ver la V en grafitis pintados por toda Bélgica, y luego en toda la Europa ocupada por los nazis. Y este signo empezó a hacerse también con la mano. Era un mensaje que dejaba al ocupante saber que estaba «rodeado de una inmensa masa de ciudadanos esperando ansiosamente su primer momento de debilidad».[7]

Asimismo, durante la Segunda Guerra Mundial, el primer ministro británico Winston Churchill popularizó el uso de la V por todo el mundo como símbolo de la victoria. Puedes encontrar fotos icónicas de este personaje formando una V con los dedos con la palma hacia fuera. Como el símbolo belga, era un ritual de saludo para ayudar a la gente a sentirse victoriosa durante la guerra.

En 1958 el artista británico Gerald Holtom empezó a usar una representación gráfica de la V como símbolo de paz en lugar de victoria por medio de la batalla.[8] Con el tiempo, los movimientos en contra de la guerra nuclear y de la guerra de Vietnam adoptaron esta V como signo de paz y amor. Más recientemente generó controversia en el Medio Oriente cuando los palestinos alzaron el signo de la V y los israelíes y otros debatieron si simbolizaba victoria o paz. Algunos argumentaron que indicaba *hudna*, término arábigo que significa «tregua temporal». Otros aseguraron que significaba que los palestinos querían tiempo para hacer una pausa en lugar de atacar o que deseaban una paz duradera. Sí, un sencillo ritual de saludo puede significar mucho.

Abrazos masculinos

En los años ochenta, veinte años después de que el movimiento feminista animara a las mujeres a aceptar su lado más fuerte, tradicionalmente masculino, los hombres empezaron su propia revolución. Comenzaron a abrazarse unos a otros para mostrar su lado más tierno. Antes de esto, en los Estados Unidos, lo normal es que solo pudieras ver a los hombres abrazándose cuando jugaban algún deporte, asistían a un funeral o se casaban.

He visto un aumento de abrazos masculinos desde que se emitieron dos series de televisión por cable, *Los Soprano* y *El séquito*, que mostraban que los hombres de verdad podían abrazarse siempre que se dieran un «abrazo de hombre». Primero vi estos abrazos entre los atletas de mis clases de comunicación de la Universidad de Auburn. Los jóvenes veían a un compañero de atletismo por el pasillo o por el campus y querían darle un abrazo cálido y amistoso, pero estaban a la vista de todo el mundo. Los estaban viendo. Por eso se daban una combinación de apretón de manos y abrazo. En el apretón-abrazo, primero se saca una mano para darse un apretón y luego, con las manos derechas agarradas (para impedir que ambos se acerquen mucho), pasan el brazo izquierdo alrededor del hombro del otro y se abrazan. De este modo, los dos hombres se rozan solo con la parte superior del cuerpo mientras que la parte inferior se mantiene separada y alejada. Finalmente, para asegurar que nadie pueda interpretar ese abrazo parcial como afeminado, cada uno separa la mano que brevemente apoyó sobre el hombro del otro y le golpea tres o cuatro veces la espalda.

De hecho, se podía adivinar fácilmente si eran amigos íntimos. ¡Los que lo eran se golpeaban *más fuerte* para demostrar la intensidad de su afecto! La manera de mostrar afecto de los hombres por medio de golpes viene a decir: «Te quiero, pero no de esa forma». Al contrario que el abrazo tradicional, que de un modo simbólico y real transporta a la gente a la zona íntima de espacio, elimina las barreras y une a los dos que se abrazan, este abrazo con palmadas lleva a la parte superior del torso a una proximidad íntima. El acto agresivo de golpear la espalda asegura que cada uno sabe que el otro sigue siendo rico en testosterona y llevando consigo la tarjeta de miembro del «club de los hombres».

El abrazo masculino, o abrazo con palmadas, se da exclusivamente entre dos hombres. Se puede denominar de varias formas, entre ellas, apretón con palmadas, abrazo de colegas, *shug* o abrazo fraternal. Es un ritual de saludo o de despedida que demuestra un cierto nivel de intimidad que por lo general se reserva a los amigos íntimos y la familia.

Aunque hay diferentes nombres para el abrazo masculino que han pasado a formar parte del léxico, el significado del abrazo se ha expandido para cubrir otras situaciones. Ahora los hombres pueden «arreglarlo con un abrazo» en otras circunstancias. Esta expresión, «arreglarlo con un abrazo», alcanzó difusión entre el público por primera vez en un episodio de la serie televisiva *Friends* hace décadas y significa que una persona, por lo general un hombre, le da a otra, que suele ser un hombre también, un abrazo con palmadas para ayudarle a superar una situación difícil o triste. En lugar de ser una muestra espontánea de afecto, para este abrazo se pide permiso antes de darlo. De manera que la conversación sería más o menos así:

Hombre 1: «Me acaba de dejar mi novia, chico».
Hombre 2: «¿Lo arreglamos con un abrazo?».

En un episodio de *El séquito*, dos de los chicos están discutiendo a gritos en un ascensor. Cuando las puertas se abren y están a la vista de todos, uno de ellos se vuelve al otro y le dice:

—¿Lo arreglamos con un abrazo?

En este uso, el abrazo con palmadas, precedido por la frase: «¿Lo arreglamos con un abrazo?» significa: «Mira, estábamos peleando, pero ahora que nos encontramos en público vamos a mostrar que somos amigos, por ahora. Luego podemos proseguir la discusión en privado». La frase: «Arreglémoslo con un abrazo» quiere decir: «Volvamos a ser amigos» tras una discusión, o cuando un hombre siente que ha insultado a otro.

EL ABRAZO DE TODA LA VIDA

Cuando enseñaba lenguaje corporal y comunicación no verbal en la Universidad Estatal de Florida, los estudiantes que acudían a mí antes y después de la clase, o bien en el campus, siempre abrían los brazos para recibir un abrazo. Quizá se sentían motivados por mis sondeos de investigación sobre los beneficios del contacto físico. Además, los profesionales que asistían a mis charlas y sesiones de formación me reconocían en un restaurante o en la cola para pagar en unos grandes almacenes, y normalmente me saludaban con un cálido y amistoso abrazo.

Un abrazo cruza por completo las fronteras de la zona íntima corporal, mientras que otros saludos, desde el apretón de manos hasta la inclinación de cabeza o las palmas en alto en un choca esos cinco, están concebidos para mantener la distancia entre las personas y fuera de la zona de intimidad, que va de los cero a los cuarenta y cinco centímetros. Un abrazo es un saludo entre amigos.

Puede que pienses que el abrazo es solo un saludo sensiblero. Te sorprendería saber que en realidad se originó en Egipto como una manera de que los hombres pudieran controlar que no había dagas escondidas bajo sus largas túnicas. Siguió como una inspección manual por medio de palmadas para controlar las armas en los saludos árabes (y en las emisiones de televisión sobre policías y en el control de seguridad del aeropuerto). Solo en el pasado siglo se convirtió el abrazo frontal completo en un signo que muestra calidez y afecto. Este abrazo cara a cara indica a los demás que creemos en ellos y estamos dispuestos a darles un acceso inmediato y total a nuestros vulnerables corazones.

¿Las reinas se abrazan?

A finales de 2009, Michelle Obama le dio a la reina Isabel de Inglaterra un abrazo en el palacio de Buckingham. Esta falta de formalidad rompió el protocolo real. El periódico británico *The Guardian,* informando sobre el incidente, hizo saber que la señora Obama no fue la «primera persona en haber iniciado un contacto físico con la reina sin que terminaran encerrándola en la Torre de Londres. Al menos se sabe de otros cuatro que han roto esta regla».[9] A la reina Isabel II le sorprendió el gesto de Michelle Obama, y fue un poco forzado. Sin embargo, posteriormente mostró su aceptación del gesto saltándose ella también el protocolo para pasar un brazo alrededor de la espalda de la señora Obama.

Mientras que la gente está empezando a evitar los apretones de mano, el abrazo parece ir aumentando en popularidad. Algunos aseguran que esto vino después de la tragedia del 11S, porque incrementó la necesidad de consuelo y de vinculación afectiva. Otros defienden que el cambio a una ropa más informal en las empresas norteamericanas en la primera década de este siglo trajo consigo el deseo de un ritual de saludo también más informal. Yo creo que es una reacción que se ha producido en algunas partes del país por la influencia positiva de las culturas hispanas, en las que el abrazo es habitual, y que es también una reacción a la influencia negativa de una cultura altamente tecnológica en la que apenas nos tocamos y tenemos muy pocas conexiones físicas con los demás.

Los estudiantes de los institutos y las universidades me cuentan que abrazar los hace sentirse aceptados y queridos por sus amigos de un modo que no sienten con sus padres. En cuanto a los profesores y directores de escuela que asisten a mis charlas, señalan que en las familias en las que tanto el padre como la madre trabajan fuera, el hecho de que los chicos se abracen unos a otros les ayuda a conseguir ese contacto físico sano que les falta en sus hogares. Recuerdo con cariño los abrazos cálidos, plenos, de corazón a corazón, que compartía con los otros miembros de mi iglesia cuando estaba en el instituto.

ESQUIVAR EL ABRAZO

Si a ti no te va lo de abrazar y todo este contacto físico te pone un poco nervioso, debes saber que hay muchos motivos para esquivar un abrazo, y más de un método para hacerlo.

En la prensa irlandesa salió en primera página la noticia de que Bono, del grupo de rock U2, admitió que había esquivado un abrazo del entonces presidente George W. Bush saltando tras un podio cuando el cariñoso Bush se acercó a él. Bono dijo que no le apetecía recibir un abrazo de alguien con quien discrepaba tanto.

A mí me gusta abrazar, por eso no me importa que la gente lo haga. Pero sé que ha habido ocasiones en las que alguien no quería abrazarme. No a todo el mundo le gusta este gesto. Cuando abrazas, expones la parte delantera de tu cuerpo, abriendo todas tus ventanas corporales. A algunos los puede hacer sentirse vulnerables. Para otros, los abrazos son muy personales e íntimos e incluso muy sexuales para usarlos en las interacciones diarias y con simples conocidos. Por suerte, los indicios de su lenguaje corporal te harán saber muy rápidamente si les gusta abrazar o no.

Carol, una representante comercial que asistió a mi clase de habilidades para las presentaciones de ventas, me preguntó:

—¿Qué sucede si no quiero que me abracen? Algunos de los clientes que visito en seguida me dan un abrazo, y la verdad es que eso no va conmigo.

Esta es una pregunta que con frecuencia hacen las mujeres de negocios. La buena noticia para Carol y el resto de la gente que siente que «eso de abrazar» no va con ella es que hay una técnica sistemática para evitar el abrazo. Mira el apartado «Instrucciones para esquivar un abrazo».

Macey, una de mis clientas, increíblemente bella, vino a una sesión de *coaching* tras recibir en la anterior un entrenamiento para evitar los abrazos. Dijo:

Instrucciones para esquivar el abrazo

Si ves a alguien que se aproxima a ti con ambas manos y brazos levantados y el pecho hacia fuera, en la postura de «abrazar», y quieres evitar ese posible abrazo, haz lo siguiente:

1. Deja de mirarlo a los ojos.
2. Adelántate con el pie derecho (este es tu «pie del apretón de manos», el que normalmente mueves primero cuando vas a dar la mano).
3. Presenta solo el lado derecho de tu cuerpo, que cierra eficazmente tus ventanas corporales.
4. Extiende la mano derecha para estrecharle la suya. (Puedes elegir mirarlo a los ojos de nuevo en este punto.)
5. Después, da un paso atrás, fuera de la zona íntima de espacio, para señalar que has terminado, y que no quieres seguir el apretón con un abrazo. Este paso también manda la señal de que no solo es que no deseas dar un abrazo ahora, sino tampoco en el futuro.

Si extender el brazo y presentar el lado derecho no detiene al que te quiere dar un abrazo, agarra con el brazo izquierdo el hombro de la persona. De esta manera se convierte en un abrazo de costado en lugar de un abrazo frontal. También puedes darle unas palmadas en la espalda o en el hombro para asegurarte de indicarle que no quieres una interacción sexual.

Este movimiento para evitar el abrazo consigue dos objetivos: señala en esos primeros importantes milisegundos que tu intención es darle la mano, y cierra y protege tus ventanas corporales.

—Me sentí llena de fuerza. Ayer estuve en una reunión. El jefe de mi jefe, al que le gusta ese tipo de abrazo realmente incómodo, y muy íntimo, se acercó a mí con los brazos abiertos en la reunión. Fui capaz de evitar el abrazo cambiándolo por un apretón de manos mucho más cómodo. Me di cuenta en seguida de lo impotente e incómoda que solía sentirme cuando tenía que relacionarme con él tras uno de sus abrazos inapropiadamente sexual.

CONOCE A QUIEN ABRAZAS

El hecho de que un abrazo sea apropiado depende con frecuencia de lo que se percibe como bueno o malo. A medida que la gente se ha vuelto más concienciada, y fóbica, incluso sobre lo que es el contacto físico políticamente correcto y adecuado a cada sexo, a algunos los besos y los abrazos les resultan incómodos porque perciben o temen alguna intención sexual. Las mujeres me cuentan que a veces los hombres (a propósito o no) presionan mucho el pecho contra sus senos, unen la pelvis al cuerpo de la mujer o prolongan excesivamente el abrazo.

Los hombres raramente me han confesado que abrazar a una mujer fuera incómodo. Y los que lo han hecho, dijeron que era porque no la conocían bien.

Las vendedoras son las que suelen tener los mayores problemas con los abrazos inapropiados de sus clientes. En las ventas, a la gente a veces le gusta abrazar y besar para mostrar que la relación va más allá de los negocios. Es una manera de decir: «Eh, no estoy aquí solo para venderte algo. Somos amigos de verdad».

Se pueden evitar también los besos incómodos que se dan con un abrazo usando los movimientos para esquivar el abrazo. Por supuesto, un beso puede ser más difícil de evitar que un abrazo si es parte del ritual de saludos de una cultura. Evitar esta tradición puede perjudicar seriamente los negocios de las vendedoras o ejecutivas. Por ejemplo, en Francia

EJERCICIO

Examina tu apretón de manos

Nota cómo la gente que te rodea que viene de distintas culturas, religiones, edades, entornos e intereses, así como la que aparece en los medios de comunicación, se saludan unos a otros. Prueba con algunos de los modernos apretones de mano alternativos descritos en este capítulo, y fíjate en los resultados. Pregúntales si han notado cambios en la manera en que nos saludamos en la actualidad.

suelen besar tres veces. Primero en una mejilla, luego en la otra y después de nuevo en la primera. En los países hispanoamericanos a veces te dan un par de besos y luego te abrazan. Tienes que saber dónde te encuentras y con quién estás interactuando, y sopesar los beneficios y los costes.

Si sueles abrazar, por favor, ten en cuenta los movimientos que la gente hace para evitar abrazos. Debes estar pendiente para no forzar a nadie a un abrazo indeseado. Fíjate en las miradas al suelo y en las ventanas corporales cerradas.

Cuando conocemos y saludamos a otros, un caudal de comportamientos no verbales afecta a nuestras impresiones inmediatas. Vamos a examinar algunos de ellos en el próximo capítulo.

4

EL ROSTRO DE LAS PRIMERAS IMPRESIONES

Leer y mejorar otros aspectos de las expresiones
además de mirar a los ojos y sonreír.

Era el día de San Valentín, y estaba inmovilizada por una tormenta de nieve en un aeropuerto abarrotado, en Chicago. Mientras permanecía en la larga cola que llevaba al control de seguridad observando a la multitud, me fijé en un hombre detrás de mí que me echaba miradas y luego miraba hacia otra parte. Eran unas miradas un poco más persistentes que las normales. Su repetición me dijo que el hombre estaba interesado en mí. Me mandó un mensaje de una forma que no era agresiva ni directa. Pensé: «Qué agradable». Era una invitación, pero no le devolví la mirada.

Recordando que tenía una botella de agua en mi equipaje de mano, le di un tirón y la abrí. Como era agua con gas, salió a presión y me dejó empapada y con un ataque de risa.

Miré al chico que estaba detrás de mí, pensando: «¡Ahora mirará para otro lado porque parezco una boba!». En lugar de eso, se me quedó mirando directamente a los ojos. Sonrió y se rió conmigo. Avanzamos hasta el control de seguridad hablando, intercambiándonos miradas y sonrisas. Fue un «gustarse» a primera vista, y ese mismo 14 de febrero empezamos a salir juntos.

En este capítulo descubrirás cómo mirar a los ojos, sonreír y el conjunto de las expresiones faciales afectan a la primera impresión que causamos en los demás. También aprenderás pasos para mejorar esas primeras impresiones y leer las expresiones de quienes nos rodean.

MIRAR A LOS OJOS

Mirar a los ojos influye enormemente en la primera impresión que causas en un desconocido y en las posteriores al principio de una interacción con alguien que conoces. Las «impresiones de tu mirada» —pequeños comportamientos que tienen un gran impacto en la impresión inmediata— determinan cómo te ven los demás. Por ejemplo, un nuevo encargado se quejó de que sus empleados no parecían tomarse en serio las tareas que les encomendaba:

—¡O me las entregan tarde o simplemente no me entregan nada y soy yo el que termina haciendo todo su trabajo!

Estuve entrenando a este nuevo encargado para que aprendiera a interactuar con sus empleados, y noté que, en esos momentos, su cuerpo se volvía hacia mí. Pero cuando hice de empleado, comenzó a hablarme sin mirarme a los ojos. En lugar de eso, miraba al documento que tenía en sus manos, señalándome las tareas que debía hacer. Conforme hablaba de detalles y plazos, fijaba los ojos en cualquier parte excepto en los míos: sus zapatos, los míos, la pared que había detrás de mí...

Trabajando juntos descubrimos que eso no ocurría solo porque estuviera nervioso al principio del entrenamiento. Era su forma habitual de relacionarse con sus empleados. Estos no le seguían porque no conectaba con ellos. Su forma de mirar (o más bien el hecho de no mirarlos a los ojos) era en realidad sumisa. Nadie sentía la necesidad de tomarse sus directrices en serio.

Las impresiones que causas con tu mirada pueden determinar cómo te responden los demás. En este caso, la mirada del encargado indicaba una falta de poder y confianza. Tu mirada te da control de la conversación, tanto si estás hablando como si eres el que escucha. Para establecer la confianza, necesitas mirar a la otra persona del sesenta al setenta por ciento del tiempo mientras estás escuchando, y el cuarenta por ciento cuando estás hablando, apartando intermitentemente la mirada.[1] Mirar a los ojos comunica el mensaje de que eres serio y estás seguro de ti mismo, y de que crees en lo que estás diciendo.

Si vieras una casa con las ventanas cubiertas con tablones, lo normal sería que no entraras –¡has leído muchas novelas terroríficas de Stephen King para hacer eso!–. Cuando no miras a los ojos, eres como esa casa con las ventanas tapadas. Por algo se usa con frecuencia la metáfora «los ojos son las ventanas del alma». Del mismo modo que una ventana abre tu casa al exterior, el contacto visual te abre a los demás.

Las impresiones de la mirada influyen en nuestra credibilidad, suscitan emociones y señalan nuestra intención. Aunque cada cultura interpreta el contacto visual de una forma distinta, en todos los casos es una parte significativa de la impresión inmediata que causamos.

EXAMEN DE MIRADAS

Imagina que eres un supervisor. Tu departamento ha crecido y tienes que seleccionar a uno de los empleados para encomendarle más responsabilidades. Sabes que el que elijas ha de poseer capacidad de liderazgo. Has acotado la búsqueda hasta quedarte con cuatro empleados igualmente valiosos. Al hablar con ellos, descubres que dicen lo correcto pero notas que su contacto visual varía significativamente.

El empleado A mira fijamente, sin pestañear, con las pupilas contraídas (pequeñas).

El empleado B te mira aproximadamente la mitad del tiempo cuando está hablando y alrededor del setenta y cinco por ciento cuando eres tú el que habla. Tiende a enfocarse en tus ojos y en el puente de tu nariz.

La empleada C te mira normalmente (el sesenta o setenta por ciento del tiempo). Su mirada tiende a posarse sobre tu boca y tu nariz. La frecuencia con la que parpadea se incrementa cuando hablas de trabajar un mayor número de horas y supervisar a los demás.

La empleada D te mira alrededor de la mitad del tiempo con la mirada centrada en tus ojos y en tu nariz. De forma ocasional, sus párpados se aplastan ligeramente cuando estás hablando.

¿Cuál de ellos elegirías? Vamos a desvelar los secretos de los elementos de estos contactos visuales, indicios a los que estamos todo el tiempo respondiendo a un nivel subconsciente. Recuerda que tus ojos «hablan» tan alto como tu voz. Subconscientemente observamos el comportamiento de las miradas de los demás para predecir lo siguiente que van a hacer.[2] Durante un juego de póker con grandes apuestas transmitido por televisión, por ejemplo, un juego en el que participan jugadores profesionales, uno de ellos lleva gafas de sol. ¿Es solo un accesorio llamativo? ¿O las gafas le proporcionan una ventaja? La investigación demuestra que los jugadores profesionales de póker ganan menos cuando sus oponentes llevan gafas negras. ¿La razón? No pueden observarles los ojos, que les darían pistas sobre su próximo movimiento. ¡Me sorprende que se permitan estas gafas en los juegos profesionales, porque le dan a quien las lleva una ventaja clara sobre los demás jugadores! Para mí es como usar esteroides en una competición deportiva.

Los estudios sobre el contacto visual y sus efectos en la comunicación y la credibilidad nos dicen que mantener una mirada firme mientras nos comunicamos fomenta la credibilidad.[3] Al contrario, esquivar la mirada la perjudica. Los estudios sobre el contacto visual han arrojado datos sobre sus efectos en los tres componentes de la credibilidad de los que he hablado: dinamismo, capacidad y fiabilidad. En las pruebas en las que se separaban estos tres componentes, el comportamiento ocular apenas contribuyó a que se diera el efecto de dinamismo. Sin embargo, sí estaba estrechamente ligado a la aparición de la capacidad y la fiabilidad.

Cuando se pidió a unos voluntarios que calificaran el grado de capacidad de los comunicadores con niveles bajos y altos de contacto visual, las calificaciones fueron significativamente superiores en los sujetos que mostraban contacto visual con el público. La misma prueba produjo idénticos resultados al medir la fiabilidad.

Hay seis músculos que trabajan conjuntamente para mover cada globo ocular y que todos los animales vertebrados tenemos en común. Los nervios de los músculos se conectan tanto con el inconsciente como con las partes pensantes de nuestro cerebro. Conscientemente controlamos a dónde se dirige nuestra mirada, pero además nuestros ojos tienen una fuerte programación primordial que les hace mirar lo que consideramos interesante, especialmente los rostros. Y a veces, como consecuencia de esa programación primordial, apartamos la mirada de la gente y miramos hacia abajo o hacia otra parte, porque una mirada intensa podría señalar un deseo de atacar. Numerosos estudios han mostrado que una mirada firme en los primates evolucionó hasta convertirse en signo de dominación y amenaza, mientras que la evitación de la mirada evolucionó hasta pasar a ser una indicación de sumisión.

CÓMO SER CARISMÁTICO

Un comportamiento no verbal constante que he descubierto en toda la gente altamente carismática es mirar a los ojos con una gran intensidad. Hace años salí en el programa *Live with Regis and Kelly* para hablar sobre cómo la posición de las parejas al dormir puede mostrar cómo transcurre su relación. Mientras estaba, por así decirlo, en la cama con Regis (¡me encanta decir eso!) en el escenario del estudio, descubrí que se trata de una persona carismática. Es increíble la intensidad con la que mira a los ojos. El contacto visual empezó antes del programa mientras me hacía preguntas y escuchaba atentamente entre el ruido del público y de los bastidores. Durante las pausas de publicidad, mantuvo su mirada concentrada fijamente en mis ojos, como si fuera la única persona de todo el planeta, el centro del universo. Estaba, tengo que admitirlo, hipnotizada. Este tipo de atención hace que el que la recibe se sienta visto, escuchado y comprendido. He descubierto en mi trabajo que esta es la descripción más común de comportamiento no verbal que suele hacer la gente para describir a alguien carismático.

Mirar a los ojos es la manera más poderosa de establecer contacto con otra persona. Piensa que mirarse a los ojos es como un cargador de pilas; a menos que te conectes con el otro, no habrá corriente entre los dos. Tu boca se mueve, pero no puede oírte ni te oirá. Cuando te encuentras con alguien, es tu responsabilidad conectarte con él.

Mirar a los ojos tiene un efecto sobre cada una de las personas con las que te relacionas. La investigación demuestra que establecer un buen contacto visual con el oyente hace que el hablante se exprese de forma más animada. Incluso la realizada sobre el contacto visual en videoconferencias muestra que los participantes de

¿Qué significa esa mirada persistente?

Incrementar tu contacto visual con alguien puede:

- Hacer la conversación más animada al aumentar la energía.
- Ayudar a las personas de una en una y en grupo a abrirse y compartir vivencias.
- Ayudar a otros a entender tus sentimientos.
- Mostrar que estás escuchando y que sientes empatía.
- Permitirte conectar más rápida y profundamente con los demás.

los debates de grupo hablan más frecuentemente si reciben una mayor cantidad de contacto visual de otros miembros del grupo, con independencia de si el contacto se establece cuando el sujeto está hablando o aleatoriamente.[4]

Además, mirar a alguien a los ojos puede facilitarle entender lo que sientes. El contacto visual parece actuar como una invitación a la mímica, ya que pone en marcha mecanismos de la región frontal del cerebro que controlan la imitación.[5] Piensa en la última reunión a la que asististe y qué individuos te miraron a los ojos. ¿Cómo influyó esto en la marcha de la reunión?

Jane tuvo una entrevista positiva con Claire, la directora de recursos humanos de una empresa que estaba contratando personal. Jane se había sentido nerviosa (¿quién no lo está antes de una entrevista laboral?) pero Claire la recibió con una sonrisa acogedora y mirándola a los ojos. Como la mirada de Claire se iluminó mientras Jane le hablaba de su experiencia laboral, e incluso parecía sonreír cuando le contó que había estado investigando en profundidad el trabajo y la empresa, fue capaz de sacar a relucir la mejor parte de sí misma y la más natural.

Volvieron a llamarla para que se entrevistara con tres de los encargados con los que trabajaría en ese empleo, y los encargados la saludaron pero en seguida bajaron la mirada hacia sus notas y las copias de su currículum. Mientras le hacían preguntas, seguían leyendo y mirando hacia abajo o mirándose los unos a los otros. Por suerte, Claire estaba en la sala. Cuando Jane titubeó un poco, la miró, vio interés y aliento en sus ojos, y fue capaz de volver a ser quien había sido en la anterior entrevista. (En el capítulo 8 aprenderás más acerca de las entrevistas de trabajo.) La enseñanza: busca lo que yo denomino «el bueno». El bueno es quien te mira a los ojos, lo que se traduce por aceptación.

EJERCICIO

La mirada carismática

Esta semana fíjate en cómo te miran los demás a los ojos:

* ¿Quién te hace sentir que se te ve, se te escucha y se te comprende?
* ¿Qué hace para crear este efecto? ¿Puedes modelarlo?
* ¿Hay alguien que te parezca carismático? Fíjate en cómo mira a los ojos. Estudia la duración de su mirada cuando está hablando y escuchando.
* Observa unos cuantos programas de debate y de entrevistas. Busca entrevistas en las que puedas ver al entrevistador y al invitado en una sola imagen y estudia cómo miran a sus invitados los mejores entrevistadores.

ES DE MALA EDUCACIÓN MIRAR FIJAMENTE A LA GENTE

Hay una diferencia clara entre el contacto visual carismático que muestra que alguien está centrado en ti mientras interactúas y alguien que te está mirando como si tuviera hambre y tú fueras un bocadillo de jamón serrano.

Si te consideran arrogante, apostaría a que en parte se debe a tu manera de mirar. Si mantienes la mirada mucho tiempo y no apartas la vista lo suficiente, puedes intimidar. Cuando estás hablando tienes que mirar, pero no quedarte mirando fijamente. Si lo haces más del estándar reconocido del setenta por ciento del tiempo, tus interlocutores van a pensar que eres un bravucón o un tipo raro, o que tienen restos de espinacas en los dientes. Un participante de mi taller sobre primeras impresiones se acercó a mí tras el programa y se quejó:

—No lo entiendo. Parece que no les gusto a las mujeres. No tengo ningún problema para acercarme a ellas y empezar una conversación, pero dan la impresión de sentirse realmente incómodas. Algunas incluso tuercen el gesto o se van. He leído todo lo que he encontrado en internet sobre el tema de la seducción, pero no puedo averiguar en qué estoy fallando.

Lo curioso es que había notado su problema con las impresiones inmediatas en cuanto entró en la clase. Mantenía el contacto visual con las mujeres atractivas durante mucho rato. No eran miradas corrientes, se las quedaba mirando fijamente. Parecía más una agresión que una «invitación a bailar». Hasta que hablamos, sin embargo, no tenía ni idea de que su contacto era tan agresivo.

En realidad he notado este comportamiento en varios clientes masculinos a los que asesoro. Si tienes problemas con el contacto visual, profundiza en las emociones que estás sintiendo y explóralas. Puede que estés culpando a otras personas por las reacciones que presentan a un comportamiento del que no eres consciente. De manera que profundiza un poco. He asesorado a varios clientes que terminaron dándose cuenta de que miraban fijamente a los compañeros de trabajo porque, en lo más hondo de su ser, estaban enojados por su carga de trabajo o quizá incluso por asuntos del pasado que nada tenían que ver con su mundo laboral actual.

ENSEÑAMOS BIEN A NUESTROS HIJOS

Cuando nació mi sobrino Craig, nuestra familia se reunía a su alrededor y lo miraba, jugaba al cucú-tras* con él y normalmente miraba a sus ojos azules de bebé con lo que llamamos con cariño «adoración del bebé». Ahora Craig ha crecido y tiene un bebé llamado Simon, con el que repetimos lo que hacíamos cuando nació su padre: nos sentamos alegremente en el suelo, nos inclinamos y lo arrullamos mirando sus grandes ojos azules.

Al bebé le encanta. Se ilumina, se queda boquiabierto y se ríe. Es genial. A dondequiera que vamos, ya sea un restaurante, una farmacia o una tienda, o sencillamente mientras caminamos por la calle, la gente se detiene para hacerle la adoración del bebé al pequeño Simon. Hace poco Craig, su esposa y Simon, que tenía seis meses, fueron a California, para lo cual tuvieron que hacer dos largos viajes en avión. Craig me contó:

—Patti, fue graciosísimo. Nos montábamos en el avión y Simon sonreía. Trataba de establecer contacto visual con la gente que nos rodeaba. No lo miraban. Él lo intentaba y lo intentaba, pero no importa a dónde dirigiera la mirada, la gente miraba hacia abajo y apartaba la vista. Probablemente pensarían: «Oh, Dios. ¡Estoy sentado junto a un bebé que va a estar llorando durante las próximas cuatro horas!».

Simon se sintió frustrado porque estaba acostumbrado a conectar instantáneamente. Era lo bastante inteligente para saber que mirar a los ojos funciona, ¡y ahora nadie le estaba dando su bien merecida adoración del bebé! Sin embargo,

---

* N. del T.: Juego que consiste en esconderse y reaparecer para hacer reír a un bebé.

por su edad, el pequeño Simon tenía una ventaja en el contacto visual. Los bebés parpadean menos (aproximadamente una vez o dos por minuto) y por eso su contacto visual es más intenso. Esto no supone ningún problema, porque los bebés no son amenazadores.

El cerebro del bebé

En su controvertido libro *The Female Brain*, la neuropsiquiatra Louann Brizendine recalca que los cerebros de las niñas están programados de otra manera que los de los niños desde antes de nacer. Describe cómo ellas «salen programadas para las miradas recíprocas», y asegura que «durante los tres primeros meses de vida, las habilidades de contacto visual y miradas recíprocas de una niña aumentan más de un cuatrocientos por ciento, mientras que las habilidades de mirar al rostro de los niños durante este tiempo no aumenta en absoluto. Las niñas están interesadas en la expresión de emociones desde su nacimiento».[6]

LA SABIDURÍA DE LOS BEBÉS

Desde el nacimiento, los bebés prefieren mirar a las caras de quienes los miran. Cuando tienen de dos a cinco días, pueden distinguir entre una mirada directa y una desviada. Empezamos a amar las miradas recíprocas desde muy pequeños. Los bebés sanos muestran más actividad en el cerebro como respuesta a una mirada directa que a un vistazo. Algunos investigadores defienden la teoría de que si juegas con tu bebé en juegos que implican miradas recíprocas, ayudas a que crezca su cerebro. La mirada recíproca (ser «visto» literal y metafóricamente) facilita realmente el desarrollo cerebral.[7]

Los pediatras indican que para incrementar la capacidad de un bebé de mirar a los ojos, puedes agitar las manos delante de tus ojos o llevar un maquillaje de ojos exagerado, con pestañas falsas grandes, como de payaso, o con gafas cómicas, para dirigir su mirada hacia esa zona. Puedes regalarle una sonrisa gigante cuando te mire a los ojos, o darle un juguete o un pequeño trozo de caramelo tierno si es lo bastante mayor para masticar. Lo más importante es que mires a tu bebé a los ojos.

QUÉ SIGNIFICAN LOS DIFERENTES COMPORTAMIENTOS OCULARES

De los distintos comportamientos oculares se pueden extraer muchos significados y hay muchos detalles a los que prestar atención. Veamos algunas variaciones de cómo miramos a los demás, y hablemos sobre cuándo usarlas y sobre cómo afectan a la manera en que otros te ven; decide si deberías añadir algunas o eliminar otras de tu repertorio.

Mirada en triángulo

Mirar a los ojos despierta nuestras emociones. Nuestro ritmo respiratorio y nuestra frecuencia cardiaca se elevan, y si el contacto visual se mantiene durante mucho tiempo, nuestras palmas sudan. Las miradas recíprocas en las que ambos miran exactamente la misma parte de los ojos raramente duran más de tres segundos antes de que uno de los dos sienta la urgencia de romper el contacto mirando hacia abajo o hacia un lado. Por eso es por lo que usamos una mirada de triángulo: romper el contacto visual disminuye nuestros niveles de estrés.

Para darte un ejemplo del grado en que el contacto visual puede variar de una cultura a otra, en Japón la norma es que el oyente se fije en el cuello del que está hablando con objeto de evitar la mirada directa a los ojos, ya que mirar de ese modo a los ojos se considera de mala educación.

(Encontrarás vídeos de diversos tipos de miradas en www. snapfirstimpressions.com.)

Mirada en triángulo superior

En las conversaciones de negocios, deberías centrarte principalmente en los ojos del otro tanto si estás hablando como si estás escuchando. Un truco para causar una impresión de poder o para mantener el control es tener siempre la mirada en el triángulo formado por los ojos del otro y el área situada justo por encima del puente de su nariz.

Mirada en triángulo medio

En la conversación diaria interpersonal deberías mirar a la base de la boca y a la punta de la nariz. Sin embargo, si normalmente este es el único triángulo de enfoque que utilizas y nunca miras al triángulo superior, parecerás sumiso.

Mirada en triángulo inferior

Este es un gran triángulo que va desde los ojos hasta el centro del pecho. Digamos que estás negociando con alguien y tus ojos bajan del triángulo superior y se quedan en el pecho del negociador mientras está exponiendo una determinada idea. Puede que le mandes una señal de que estás dispuesto a ceder en ese punto. La mirada en el triángulo inferior parece un signo de sumisión.

Parpadeo

Nuestra frecuencia normal de parpadeo es de veinte veces por minuto. Si alguien parpadea con una frecuencia ligeramente superior, puede ser señal de que está agitado o nervioso. Incluso si lo haces porque tienes los ojos secos o las luces son demasiado brillantes, tu parpadeo puede interpretarse como: «Me imagino que parpadea porque se siente nervioso». Al parpadear con más frecuencia, simbólicamente nos protegemos de una situación estresante. Parpadear es como una prueba de polígrafo de nuestra agitación. La agitación provoca que el cerebro segregue dopamina, y eso nos hace parpadear con más rapidez. Cuando algo nos pone ansiosos o tensos, nuestro parpadeo aumenta de forma natural en intervalo de frecuencia

Cuando estás relajado, la frecuencia de parpadeo es de diez a veinticinco por minuto. Cuando estás hablando, aumenta y pasa de veinte a veinticinco por minuto. Conforme la frecuencia sube por encima de cincuenta parpadeos, y especialmente cuando supera los setenta, indica un incremento del nivel de estrés. Este aumento es algo muy común. Cuando alguien se encuentra enfrente de una cámara de televisión, su parpadeo aumenta a treinta o cincuenta veces al minuto debido al «estrés ante el público».

Parpadear lentamente de manera que los ojos se cierren durante un segundo puede señalar desde desinterés hasta una actitud de superioridad, pasando por aburrimiento. El parpadeo rápido señala incredulidad, falta de aceptación y, en ocasiones, atracción o nerviosismo.

Pestañeo rápido

Cuando el antiguo presidente de Estados Unidos, Richard M. Nixon pronunció su discurso de renuncia en 1974 por televisión, aparentaba estar tranquilo, distante y sereno. Pero mostró ataques episódicos de parpadeos por encima del límite de los cincuenta por minuto de un parpadeo normal. Este rápido parpadeo durante el estrés se conoce ahora como el «efecto Nixon» o pestañeo rápido, y puede incrementarse hasta más de ochenta parpadeos por minuto.

En el pestañeo rápido, el ojo no se cierra completamente y el parpadeo se hace a una velocidad increíble. Es importante el momento en el que se produce el pestañeo. Una llamada de ventas, una entrevista de trabajo o una entrevista de televisión estresantes pueden causar un pestañeo rápido. Si alguien parpadea rápidamente durante toda una entrevista, puede que sencillamente esté estresada por la entrevista. Pero si no hace ningún parpadeo rápido hasta que se le hace una determinada pregunta, presta mucha atención a la respuesta. Al analizar un vídeo de entrevistas de televisión y de interrogatorios de la policía, me fijo en la frecuencia normal de parpadeo del sujeto, a ser posible cuando no está estresado. Si ante cierta pregunta parpadea, es una indicación de que está incómodo con la pregunta y que la próxima declaración que haga puede ser falsa. Cuando estoy entrenando a abogados litigantes y mediadores, les sugiero que les den a los

Los triunfadores no parpadean

Desde que por primera vez se conoció el efecto Nixon, los investigadores han usado la frecuencia de parpadeo para analizar a los oradores. El investigador J. J. Tecce, de la Universidad de Boston, descubrió que «de los siete debates televisados para las elecciones presidenciales estadounidenses de que disponemos, en seis elecciones el candidato que parpadeó con más frecuencia durante el debate terminó perdiendo».[8]
(Ve a www.snapfirstimpressions.com si quieres conocer más maneras de leer a los candidatos y a la gente de tu entorno, y para consultar vídeos que muestran diferencias en la frecuencia de parpadeo.)

testigos o a los clientes varias opciones. En el momento en que vean que sus ojos pestañean, habrán dado con el punto del estrés y tendrán la verdadera respuesta.

Puedes usar la misma técnica que yo empleo cuando entreno a vendedores, encargados y jefes de equipo para descubrir el verdadero problema o conflicto cuando alguien se niega a exponerlo. Para llegar a la verdad al hablar con alguien, enuncia varias posibilidades y nota cuándo reacciona pestañeando.

¿Cómo afecta tu frecuencia de parpadeo a tus primeras impresiones? Si estás dando una conferencia, pidiendo un número de teléfono o presentándote a ti mismo en una reunión, tu frecuencia de parpadeo puede convertirte en un triunfador o en un fracasado.

Cuando a la gente le gusta lo que ve, aumenta el tamaño de su pupila y quizá también la frecuencia con la que parpadea. Cuando quieras que una persona sepa que te gusta y se sienta más excitada estando a tu alrededor, intenta aumentar su frecuencia de parpadeo al hablar con ella. Parpadea más. Si le gustas, inconscientemente tratará de igualar tu frecuencia de parpadeo para mantenerse en sintonía contigo, lo que a su vez os hará sentir a los dos más atraídos el uno por el otro. De hecho, al imitar la frecuencia más rápida de parpadeo, esa persona probablemente también se sentirá más excitada.

Mirada de soslayo

Las miradas de soslayo hay que examinarlas junto con otros indicios. Si alguien te mira de soslayo, mira hacia arriba y sonríe, puede estar diciendo: «Estoy interesado en ti o en lo que dices», o sencillamente puede estar mostrando que está contento. Esto es distinto de los movimientos oculares involuntarios a la derecha o a la izquierda que hacemos al procesar información.

Frotarse los ojos

Cuando alguien se frota los ojos, puede significar que le pican. Pero también puede ser un indicio de que te está intentando engañar. Recuerda que, como vimos en la sección sobre la frecuencia del parpadeo, lo que cuenta es el momento en el que se hace. Si alguien se frota los ojos y luego mira hacia abajo y aparta la mirada, es un signo claro de que miente. Si lo hace cuando estás hablando, puede que no te crea. También puede mostrar incomodidad con el tema, como si dijese: «No quiero ver nada malo, de manera que me frotaré los ojos».

Voltear los ojos

A Tina la mandaron a mi clase de tres días de duración sobre habilidades interpersonales con la advertencia de que los nuevos clientes aseguraban que causaba una impresión inmediata de maleducada e irrespetuosa. En el primer ejercicio grupal del taller, su compañero de entrenamiento identificó un comportamiento ocular que contribuía a esa mala impresión que causaba: Tina volteaba hacia arriba los ojos cada vez que estaba escuchando a alguien. Su compañero declaró que había hecho ese gesto cinco veces en tres minutos. Durante el entrenamiento Tina exclamó:

—¡Dios mío! No puedo aguantar a la gente que me parece pretenciosa. ¡Pero no tenía la menor idea de que ponía los ojos en blanco solo con escuchar a alguien que parece inteligente!

Todos hemos vivido alguna vez una situación en la que estamos explicándole algo a alguien y el que nos escucha gira los ojos hacia arriba. Si sientes una sensación de inferioridad al mirarlo, estás en lo cierto: es eso lo que cree en ese momento. Voltear los ojos hacia arriba es un gesto de falta de interés que indica superioridad. Se trata de un comportamiento que suele darse sobre todo entre los adolescentes.

Desviar la mirada

Las técnicas de programación neurolingüística dicen que la gente te indica lo que está pensando según hacia donde mira: arriba o abajo, a la derecha o a la izquierda. Lo que quizá no sepas es que la manera menos intimidatoria de apartar la mirada en una buena conversación es bajarla. Nota cómo tiendes a apartar la mirada al causar una impresión inmediata. Desviarla mirando hacia abajo muestra sumisión. No te hará parecer poderoso, pero de esta manera la gente se sentirá más cómoda a tu lado y se abrirá más.

Mirar fijamente

Cuando nos miran fijamente, se activa el sistema nervioso simpático y puede hacer que se ponga en marcha la reacción de parálisis-huida-lucha o palidez. Que alguien te mire fijamente con las pupilas agrandadas puede significar que quiere atraerte o simplemente que te desea. Solemos pensar que mirar a los ojos es una muestra de interés, pero no es siempre así. Una mirada sin pestañear, con las pupilas contraídas (pequeñas), indica que tu interlocutor en realidad no está interesado en lo que estás diciendo o no está de acuerdo con tu punto de vista.

DOCE CLAVES DEL CONTACTO VISUAL PARA CAUSAR
UNA MEJOR PRIMERA IMPRESIÓN

1. Piensa que los ojos que te miran fija y prolongadamente se parecen a unas manos levantadas apretándose para formar puños que están deseando empezar a pelear.

2. Eres una mujer y estás hablando con un hombre que conoces. Quizá sea un cliente o un compañero de trabajo, un amigo o un novio. Mientras hablas, él está participando, pero no te mira. En lugar de eso, mira hacia delante, al proyecto que tienes sobre el escritorio o la mesa, o hacia la pantalla de televisión. Piensas: «No me está mirando mientras hablamos». Pero los hombres pueden concentrarse en la conversación sin mirar a los ojos. En realidad, incluso lo prefieren. Puede ser una señal de camaradería y cooperación, mientras que mirar a los ojos puede poner en marcha la respuesta parálisis-huida-lucha o palidez.

3. Aunque normalmente mirar a los ojos es el mejor comportamiento para escuchar, mirar a otro lado o cerrar los ojos mientras escuchas es un proceso natural que en ocasiones tal vez sea útil, ya que puede evitar que la estimulación visual te distraiga. Del mismo modo que he notado que los adultos con trastorno de déficit de atención cruzan los brazos para concentrarse (para cerrarse a las distracciones mientras escuchan), también he visto que los mayores de sesenta y cinco y quienes tienen ligeros problemas auditivos miran a otro lado cuando escuchan.

Puede parecer ilógico, pero la falta de contacto visual les ayuda a centrarse en las palabras y en el paralenguaje.

4. Si alguien miente, sus ojos contactarán con los tuyos un treinta por ciento menos, pero, como he explicado, una falta de contacto visual no indica necesariamente falsedad. Es más, un mentiroso puede mirarte directamente a los ojos. De hecho, a los mentirosos patológicos se les da muy bien mirar a los ojos.

5. Seas hombre o mujer, si quieres que una mujer se sienta más cómoda cuando empieza a relacionarse contigo, trata de mantener tu mirada ligeramente bajo la de ella. Esto tiene una importancia crítica en el caso de un hombre que quiera conseguir que una mujer con menos poder se sienta importante o más cómoda. La mirada directa a los ojos puede parecer muy agresiva.

6. Cuando estés hablando a solas con alguien, cambia tu forma de mirar. Podrías mirarle a los ojos, pasando de uno al otro, no con la regularidad mecánica de un metrónomo, sino como si estuvieras plantando un mensaje en cada ojo. En realidad este es un comportamiento de contacto visual que observamos de manera subconsciente cuando escuchamos intensamente; transmite sinceridad.

7. Al escribirle un correo electrónico a un amigo, podemos resaltar en negrita una palabra para mostrar que realmente lo estamos diciendo en serio o que se trata de algo de verdad importante. También usamos nuestras voces y nuestros gestos para enfatizar determinados vocablos, pero podemos fijarnos en un indicio más sutil, y es que los ojos se agrandan al pronunciar una palabra específica.

Las cejas o las pestañas superiores, o ambas, se elevan, y la parte inferior de las pestañas baja. Este indicio es como una cursiva o negrita no verbal. El parpadeo puede ser un indicador similar. Si observas cuidadosamente a alguien, verás cómo parpadea al principio y al final de una palabra importante. Esto le da a la palabra un énfasis especial.

8. Puede que en algunas ocasiones quieras mantener una buena impresión pero acortando la interacción. La próxima vez que estés en una reunión o en una fiesta, nota cómo la gente se saluda verbalmente, se da la mano o se abraza y luego da un paso atrás y desvía la mirada. El antropólogo Adam Kendo denomina a esto «el cortocircuito».[9] Cree que lo usamos para mantener el equilibrio cuando ninguno de los que participan en la interacción tiene poder sobre el otro. Si lo piensas, al saludar a tus amigos y conocidos, existe un cierto nivel aceptable de contacto físico y de duración del abrazo y la mirada basado en el grado de intimidad que compartes con cada uno. Cuando no seguís este pequeño ritual y os miráis durante mucho tiempo, se produce una sensación incómoda. Para que todo pueda volver rápidamente a la normalidad, es necesario algún tipo de cortocircuito tras el saludo.

9. Cuando estás recibiendo asesoramiento y escuchando opiniones y también críticas sobre ti, es normal que quieras apartar la mirada y escuchar mientras miras hacia abajo. Pero mirar hacia abajo hace que quien está hablando piense que no le escuchas. En lugar de eso, mientras escuchas, mantén un contacto visual normal o aparta la

mirada hacia un lado. Mirar hacia abajo con menos frecuencia te hace parecer seguro de ti mismo y profesional y, según los estudios realizados, es probable que acorte la duración de la crítica porque el que habla sabe que le estás escuchando y aceptando la información.

10. Mirar hacia abajo puede significar derrota o reflejar culpa, vergüenza o sumisión. Cuando nos sobresaltamos, mirar hacia abajo rápidamente es una reacción refleja. En un interrogatorio o en el estrado del testigo, los agentes de policía y los abogados miran hacia dónde se dirige la mirada del sospechoso cuando se declara inocente. Si dice: «Soy inocente» e inmediatamente después mira hacia abajo y hacia otra parte, eso significa que no confía en su propia inocencia. Cuando decimos la verdad, solemos mirar a una altura normal, cara a cara, y mantener la mirada durante tres segundos o más.

11. Los ojos que de repente se achican o se entrecierran pueden revelar desacuerdo o incertidumbre. En realidad el cerebro nos está protegiendo del malestar de escuchar un mensaje desagradable, y lo hace tensando rápidamente el ojo, que de esta manera esconde el globo ocular, como si lo cubriese con una capucha. En los estudios sobre el contacto visual en las entrevistas de trabajo, los investigadores descubrieron que los candidatos cuya mirada no es asertiva (la denominada mirada desviada, abatida, lacrimosa o suplicante) o con miradas agresivas (con los ojos entrecerrados, o con una mirada fría o fija) obtuvieron calificaciones significantemente más bajas que los candidatos que tenían una mirada asertiva (abierta, franca y directa).[10]

12. La primera vez que vemos a alguien que nos atrae, nuestras cejas se alzan y se bajan. Si la atracción es mutua, las cejas del otro repetirán este movimiento. ¿Te has dado cuenta alguna vez? Esto no es nada sorprendente, porque el inicio de esta especie de aleteo de cejas se produce normalmente tras una pausa del resto de los movimientos faciales, pero tarda solo unos cien milisegundos en tener algún impacto. El aleteo de cejas se da en las diferentes culturas de una forma homogénea en cuanto a la acción del músculo y el momento en que se produce, conjuntamente con otros movimientos faciales, entre ellos la elevación de los labios en una sonrisa y el levantamiento del párpado superior.[11]

¿Qué sucede si te resulta difícil mantener la mirada de otro? A mucha gente le ocurre, y hay muchas razones que lo explican. Puede ser el resultado de tu tipo de personalidad, tus experiencias pasadas o incluso tu estructura genética.[12] Aquí tienes algunas ideas sobre lo que puedes hacer. Primero, pregúntate a ti mismo por qué crees que te resulta difícil. ¿Te sientes asustado, subyugado, estresado o cohibido al mirar a los ojos? Apartar la mirada o resistirse a mirar a los ojos temporalmente reduce la información que llega al cerebro, lo que impide que la intensidad de las emociones siga aumentando. Es como bajar las luces cuando están demasiado fuertes. Quizá apartes la mirada para recuperar el control de tu estado emocional. Por eso antes de una interacción estresante, pregúntate a ti mismo: «¿Qué es lo peor que puede suceder? ¿Qué se marchen? ¿Qué se den cuenta de que soy tímido? ¿Qué me frían en aceite?».

Si todavía sigues teniendo dificultad para mirar a los ojos, divide tu atención y mira por turnos a la boca, los ojos y las mejillas de tu interlocutor. En las interacciones cotidianas normalmente dividimos nuestra mirada de esta forma, aunque pasamos la mayor parte del tiempo mirando a los ojos del otro. Dividir la mirada es más natural y hace que no mirar a los ojos resulte menos obvio.

EJERCICIO

Reconsidera tu decisión

Vuelve a los cuatro empleados (A, B, C y D) que mencioné antes en la página 126 como candidatos para un ascenso en el trabajo. Reevalúa tu decisión y comprueba si la información que hemos cubierto en el capítulo te ha hecho cambiar de idea. En seguida descubrirás al empleado que se merece el ascenso.

SONRISAS

Aunque en un encuentro cara a cara lo más importante es la mirada, hay otros elementos aparte del contacto visual. Mi amigo Kary se pregunta por qué tiene experiencias tan negativas en los restaurantes. Su esposa sabe por qué. Kary siempre va con el ceño fruncido listo para pelearse con quien sea por conseguir una buena mesa y un servicio rápido, y es muy exigente con los camareros. Piensa en cuando te presentas en la oficina, en un restaurante, una tienda local o una cena familiar. Lo más normal es que si entras con una gran sonrisa en la cara, la gente responda haciendo lo mismo y te trate mejor. Es un fenómeno social bien establecido.

De hecho, se ha demostrado que el mero hecho de mirar fotos de gente feliz provoca cambios en el cerebro. Las imágenes por resonancia magnética muestran que cuando una madre ve fotos de la cara de su bebé, se encienden los centros de gratificación de su cerebro de forma parecida a la observada en estudios de cerebros de adictos a las drogas. Los centros de gratificación de la madre también se encienden cuando mira fotos de otros bebés sonrientes, aunque no con tanta fuerza como cuando mira a su propio bebé.[13]

Podemos llegar a perder la capacidad de sonreír socialmente. Cuando estamos trabajando, llega alguien a la oficina y pregunta cómo va el día, y hacemos una mueca. No sonreímos, ni siquiera cuando necesitamos alguien que nos ayude, que vaya a por café, que se quede hasta tarde o que repase unas cifras. Fíjate en la impresión inmediata que causas. Nota cómo afecta a los demás tu sonrisa o tu mueca.

CÓMO ATRAPAR UNA SONRISA

Las neuronas especulares nos ayudan a sentir lo que nuestros semejantes están sintiendo. Existe una clase especial de células cerebrales que se activa no solo cuando pones una expresión o gesto facial, o cuando te mueves, sino también cuando observas a alguien haciendo lo mismo. En menos de un segundo las neuronas pueden activar músculos para imitar los del sujeto que estás observando. Estas neuronas te permiten sentir lo que está sintiendo.

Cuando ves a alguien sonriéndote, tus neuronas especulares, minúsculas como un grano de arena, se activan para sonreír también, recreando en tu mente el sentimiento asociado a ese acto. No tienes que pensar en lo que el otro pretende al sonreír; inmediatamente y sin esfuerzo experimentas lo que significa.[14]

LA MAGIA DE UNA SONRISA

De los treinta y seis músculos que usamos para crear expresiones faciales, el número preciso de músculos utilizados para sonreír varía, dependiendo de cómo los investigadores definan una sonrisa. Normalmente vemos la sonrisa como un movimiento que extiende los labios y tira de ellos hacia arriba. Entre los músculos que la producen, el risorio, que levanta la comisura de la boca, es específico de los seres humanos, según Rui Diogo, especialista en músculos faciales del departamento de antropología de la Universidad de Washington, en Washington, D.C.[15] La sonrisa cambia significativamente el rostro, tanto que puede ser detectada y reconocida inmediatamente desde una gran distancia: noventa y un metros, prácticamente la longitud de un campo de fútbol americano.[16]

Sonrisas y tipos de personalidades

Tu sonrisa señala algunos de los secretos de tu personalidad. Cuando era la portavoz nacional de la pasta de dientes y enjuague bucal Natural Dentist, realicé un estudio acerca de cómo tu sonrisa refleja tu tipo de personalidad. En ese estudio confirmé mi teoría de que tu sonrisa comunica cuál de los cuatro tipos de personalidades CISC tienes.

CONDUCTOR: alguien a quien le gusta llevar a cabo las cosas.
INFLUYENTE: alguien a quien le gusta especialmente que lo aprecien.
SUSTENTADOR: alguien a quien le gusta llevarse bien con los demás.
CORRECTOR: alguien a quien le gusta hacer las cosas bien.
(Consulta www.snapfirstimpressions.com para hacer la evaluación de la «Smile Personality». Sigue el tutorial en fotos para aprender cómo identificar el tipo CISC de un individuo. También puedes ver fotos de famosos y adivinar su tipo de personalidad examinando sus sonrisas.)

Nuestros antecesores cavernícolas, a pesar de que no asistían a cócteles en los que había que sonreír y hablar de cuestiones triviales, se encontraban con otros cavernícolas que no conocían. Por eso, al acercarse a un desconocido, sonreían para decir: «Soy inofensivo». La sonrisa es la forma más antigua de expresión para mostrar un deseo de cooperar. De manera que incluso cuando se mostraba a noventa y un metros de distancia, los cavernícolas sabían que implicaba seguridad. Solo tardamos 0,1 milisegundos en decidir si un rostro está feliz o triste, según el investigador J. Antonio Aznar-Casanova, de la Universidad de Barcelona. [17]

Lo creas o no, hay más de cincuenta tipos distintos de sonrisas. Sonreímos no solo cuando estamos contentos, sino también cuando vivimos otro tipo de sensaciones.

¿ES UNA SONRISA VERDADERA O FALSA?

Para distinguir si la sonrisa de alguien es sincera, míralo a los ojos en lugar de solo a la boca. Fíjate en la sonrisa que usa el músculo cigomático mayor, que va de la mejilla a un ángulo de la comisura de los labios. En una «sonrisa cigomática», los labios se levantan significativamente en las comisuras y las mejillas parecen elevarse, lo que nos hace parecer felices. Una sonrisa que usa solo la parte inferior de la cara es más probable que sea falsa. [18]

Fíjate en las pequeñas arrugas en la esquina exterior de los ojos. La mayoría las denomina patas de gallo; ¡yo las llamo patas de la felicidad! Normalmente cuando alguien está feliz de verdad, sus cejas descienden y sus ojos parecen más pequeños. Fíjate especialmente en los músculos que rodean las cuencas de los ojos. Los músculos que tenemos alrededor de la parte exterior del ojo son muy difíciles de controlar de forma consciente; en mi trabajo y en debates con otros observadores profesionales de las expresiones faciales, he descubierto que solo muy pocos, menos de un diez por ciento de la población, pueden hacerlo.

Cuando estés con alguien y se le ilumine la cara con una sonrisa, busca la ola. Una sonrisa verdadera parece crecer sobre el rostro como una ola, cambiando muy rápidamente de un pequeño movimiento facial alrededor de los labios a levantar los lados de la cara y los ojos, y luego las cejas, en una expresión amplia y abierta. Colócate las manos planas sobre la cara. Deja que tu cara se relaje y luego piensa en algo que te haga feliz: tu mascota, margaritas amarillas, helado de chocolate... O simplemente di: «Dinero». De cualquier modo, permítete a ti mismo sonreír. ¿Sentiste cómo se te levantaban las manos?

Sonrisas de bebés

Los bebés forman los músculos de la sonrisa en el útero. Aproximadamente a las tres semanas del nacimiento, y probablemente tras un buen eructo, los bebés ofrecen sonrisas fugaces en respuesta a estímulos de tacto o sonido y a indicios visuales como las caras graciosas que suelen ponerles los adultos que los rodean. Igual que Simon, mencionado anteriormente, los bebés empiezan a reconocer caras y a sonreír socialmente (es decir, sonreír para hacer que les sonrías y los trates bien) aproximadamente de las ocho a las doce semanas. ¡Más o menos en el momento en que estás harto de levantarte a las tres de la mañana a cambiar pañales!

Lo mismo que con las demás expresiones faciales, una sonrisa puede hacerte saber que es sincera. ¿Qué palabras y emociones acompañan a la sonrisa? Lo normal es que alguien se sienta feliz, luego sonría y después diga algo positivo. Sentir, mostrar, decir.

La investigación demuestra que por la voz de alguien podemos distinguir si su sonrisa es sincera. Cuando sonreímos de verdad, la voz cambia. Amy Drahota, una investigadora en este campo, señala: «Cuando escuchamos un discurso, oímos el tono general, y la gente asocia una subida de tono con voces que suenan más sonrientes». Añade que «también podríamos fijarnos en indicios más sutiles, como la extensión de las frecuencias de la voz y su intensidad». El timbre de la voz que acompaña a una sonrisa genuina es muy diferente del de una sonrisa falsa. Los ciegos no tienen ningún problema para distinguir entre una risa verdadera y una fingida. Por eso es por lo que podemos sentir si alguien está sonriendo cuando hablamos con él por teléfono.[19]

LAS SONRISAS Y LOS SEXOS

¿Sonríen de manera distinta y por diferentes razones las mujeres y los hombres? Sospecho que cualquier hombre que haya oído a su esposa decir: «No pasa nada» mientras aprieta los labios levantando solo la comisura de los labios ligeramente sabe que las mujeres fingen sonrisas más a menudo que los hombres. Sin embargo, las sonrisas fingidas tienen un precio. En un estudio, unos expertos examinaron las sonrisas de las mujeres en las fotos de sus anuarios y codificaron los diversos tipos que encontraron. Luego compararon las vidas cotidianas actuales de las mujeres que habían sonreído de verdad con las vidas de las que habían fingido. Concluyeron que, años más tarde, las que habían sonreído con sinceridad llevaban vidas significativamente más felices.

A menudo a los hombres les preocupa que sonreír les haga parecer menos poderosos. Esto tiene sentido, porque aquellos con altos niveles de testosterona sonríen con menor frecuencia.[20] Y aunque los hombres tienden a sonreír menos en privado, suelen sentirse incómodos con mujeres que no estén sonriendo.

¿Existe una sonrisa cien por cien norteamericana? Los norteamericanos sonríen más frecuentemente pero también es más habitual que se limiten a separar los labios y extender las comisuras de la boca para sonreír. ¡De hecho, mostramos muchas sonrisas falsas! Aunque los británicos tienen una sonrisa altiva, son más dados que nosotros a sonreír estirando los labios hacia atrás y hacia arriba, enseñando la dentadura inferior y ofreciendo una sonrisa genuina. Los franceses no suelen sonreír a desconocidos, y tienden a pensar que los norteamericanos, que sonríen todo el tiempo, están locos. Pero una vez que te conocen, sonríen tanto como cualquiera. En algunas culturas la gente se tapa la cara con las palmas de las manos para cubrir el vergonzoso despliegue de emociones que revela la sonrisa. En Corea sonreír se ve como algo que hace la gente superficial, mientras que en Indonesia es muy frecuente que la expresión habitual de la cara sea una sonrisa. (Para conocer más diferencias culturales en las sonrisas y en otras expresiones faciales, consulta www.snapfirstimpressions.com.)

Todo el mundo tiene una «expresión habitual» facial que lleva en la cara la mayor parte del tiempo. ¿Sabes cómo es la tuya? Si puedes ver algún vídeo en el que salgas, míralo; si no es así, pídeles opinión a otros.

Una clienta me dijo que, varias veces a la semana, gente que no conocía de nada le preguntaba qué le ocurría.

—No soy una mujer irascible –insistió Sarah–, pero estas preguntas están empezando a atacarme los nervios.

Le expliqué un detalle importante: su expresión habitual parecía indudablemente de enojo. Tuvimos una conversación para averiguar el porqué. Resulta que Sarah trabajaba todo el día, cuidaba a una madre anciana con alzhéimer y tenía una hija adolescente y un marido con problemas de salud. Lo llevaba todo con humanidad y amor, pero bajo la superficie misma guardaba un sentimiento comprensible de ira por soportar una carga tan pesada. Es más, no tenía ninguna salida para expresar su frustración. Pero su cara la exteriorizaba. Conforme trabajaba para encontrar maneras saludables de mostrar sus sentimientos, la expresión habitual de Sarah se volvió más plácida para todos los que la rodeaban. Lo mismo que el gato de Cheshire de *Alicia en el País de las Maravillas* dejaba una misteriosa sonrisa a su paso, nuestras sonrisas (o nuestra falta de sonrisas) tienen un efecto permanente en las personas de nuestro entorno.

5

CONEXIONES DE UNA IMPRESIÓN INMEDIATA

Cómo igualar, reflejar, escuchar y
usar las ventanas corporales

Mientras estaba en la universidad, trabajaba haciendo encuestas telefónicas para la oficina del gobernador. Sí, yo era quien interrumpía tu cena para preguntarte cuántos frigoríficos tenías, si eras propietario de un barco y lo que pensabas del tratamiento de aguas residuales de tu zona, ya sabes, esos temas tan divertidos y estimulantes.

Tenía que leer un guion y había un supervisor escuchando para asegurarse de que lo hacía, y las encuestas duraban de veinticinco minutos a una hora. Me encantaba ese trabajo. Lo digo en serio. A la mayoría de los demás encuestadores no les gustaba. Odiaban que la gente a la que llamaban por teléfono les colgase y odiaban las frecuentes maldiciones que les soltaban. Me preguntaba por qué les tocaba esa gente tan antipática; los que yo llamaba me parecían muy agradables.

Pronto empecé a encargarme de aquellos que no habían querido hablar con los otros encuestadores. Telefoneaba a los que habían colgado cuando les llamaron. Conseguí que completaran nuestra encuesta y me subieron el sueldo.

No sabía por qué sucedía eso hasta que asistí a mi primera clase de comunicación no verbal con diecinueve años y aprendí sobre «igualar y reflejar». Este fenómeno natural te hace igualar el movimiento del cuerpo, el tono de voz, la respiración y otros aspectos de la gente que te gusta. Eso era lo que estaba haciendo sin darme cuenta.

Si alguien respondía al teléfono con una voz ligera y alegre, yo lo saludaba de la misma forma. Si me daba un rápido y enérgico «¿diga?», lo igualaba. Si alguien hacía muchas pausas y respiraba profundamente, yo también lo hacía. Se sentían seguros y cómodos conmigo porque yo igualaba y reflejaba su comportamiento. A un nivel subconsciente, sentían que éramos parte de la misma «tribu». ¡Por eso se quedaban al teléfono, hablándome de sus refrigeradores, sus embarcaciones y las plantas de tratamiento de aguas residuales!

Has dicho «hola» y has dado la mano o intercambiado un *dap*. ¿De qué manera influye el resto de tu persona en la impresión inmediata?

Como vimos en el último capítulo, las sonrisas pueden ser contagiosas. Y lo mismo sucede con otros aspectos de nuestra conducta. Cuando alguien llega a la oficina realmente de mal humor, puede atravesar un corredor de cubículos y, sin mirar a nadie, contagiar su estado de ánimo como si fuera la gripe.[1]

Isopraxismo es la atracción hacia la energía de los que nos rodean, una tendencia que tienen los animales a imitar el comportamiento del resto de su especie. Sus efectos se ven claramente en, por ejemplo, grandes bandadas de aves volando juntas en formación, bancos de peces nadando juntos o gente en un grupo que bosteza tras ver a alguien bostezar. El isopraxismo es lo que hace que el estado de ánimo sea contagioso. Piensa en la última vez que algún compañero te contagió un ataque de risa, incluso sin estar muy seguro de por qué os estabais riendo, o aquella ocasión en la que, en un grupo grande, te sentiste arrastrado por la tristeza o el entusiasmo. En este fenómeno, también llamado contagio emocional, sentimos lo que los demás están sintiendo incluso aunque no seamos conscientes de que estamos «transmitiéndonos» emociones unos a otros. (Para ver vídeos con demostraciones de este efecto y para obtener más información, consulta «Isopraxism: Matching, Mirroring», en www.snapfirstimpression.com.)

Cuando estaba en la Universidad Estatal de Florida, llamábamos a nuestros partidos de fútbol de los sábados «fiebre

> **Lo sentimos por ti**
>
> «Cuando de forma inconsciente y automática imitamos las efímeras expresiones de emoción de nuestros compañeros a menudo llegamos a sentir un pálido reflejo de sus sentimientos. Al estar pendiente de esta corriente de reacciones que se van produciendo en minúsculas porciones de tiempo, momento a momento, la gente puede llegar a 'sentirse dentro' del paisaje emocional que habitan sus parejas, y de hecho lo hace.»
>
> Elaine Hatfield, John T. Cacioppo, y Richard L. Rapson, «Emotional Contagion»

del sábado noche». ¡Eran emocionantes! Sentados todos juntos, mirábamos un mismo lenguaje corporal lleno de fuerza en el campo y contraíamos una especie de fiebre. Sosteniendo una bebida y un perrito caliente, veía acercarse la ola y pensaba: «Esto es patético; no voy a hacerlo». Luego, cuando la ola llegaba más cerca, me atraía y me arrastraba con ella, como si hubiera una verdadera corriente marina, lo que con frecuencia hacía que la bebida se me derramara encima.

Contagiarse de la mala impresión de otro

Cuando un candidato político mira con disgusto a un candidato contrario, podemos «contagiarnos» de ese disgusto y, por consiguiente, obtener una mala impresión de su oponente. De igual modo, un presentador de noticias o un viejo amigo pueden hablar sobre alguien que no está presente y poner una expresión facial que denote disgusto, y nosotros posiblemente nos contagiemos de esa sensación y nos formemos una mala impresión de esa persona.

Nos «contagiamos» las emociones. Algunos investigadores hablan de «paquetes de información», que contienen muchos elementos, entre ellos las expresiones faciales, vocales y posturales de los demás; la percepción consciente; la actividad neurofisiológica y la del sistema nervioso autónomo y los comportamientos instrumentales.[3] Asimilamos estos paquetes de información de una manera que crea empatía en nosotros y nos comunica la empatía de los demás.

Las neuronas especulares, de las que hablé al final del capítulo 4, nos permiten contagiarnos de las emociones de quienes nos rodean. La sensación de «saber algo porque sí», llamada «conocimiento de abajo arriba», surge de la interacción de las neuronas especulares que impulsan a nuestros rostros y cuerpos a imitar lo que los demás hacen. Una de las consecuencias de esto es que sentimos lo que otras personas están sintiendo. El «conocimiento de arriba abajo» es el esfuerzo consciente de leer el lenguaje corporal y subconsciente o, en ocasiones conscientemente, imitar a los otros para entenderlos. Cuanto mejor interpretas de forma consciente el lenguaje corporal, más activo se vuelve tu sistema de neuronas especulares. Así puedes entender a quienes tienes delante más a fondo y crear primeras impresiones positivas. Esta es la magia de la impresión instantánea.

EJERCICIO

Cambiar una primera impresión negativa por una primera impresión positiva

Dedica un minuto a pensar en la última vez que entraste en algún lugar con una cara tensa, constreñida o cansada y suspiraste, te lamentaste o te quejaste del tiempo, el tráfico, el mal día que habías tenido o lo cansado que estabas, o de cualquier otra forma «contagiabas malestar». Ten en cuenta que tal vez no has dicho nada en voz alta, pero puedes haber causado una impresión con tu expresión facial de irritación y con tu lenguaje corporal «hundido».

¿Haces esto con frecuencia, algunas veces o rara vez?

Jamás se te ocurriría entrar en un lugar y estornudar sobre alguien ni entregarle tu pañuelo sucio. Las emociones negativas son exactamente igual de desagradables, de manera que, en lugar de eso, contagia bienestar. Durante los próximos días, antes de encontrarte con alguien, detente y deja ir tus emociones negativas. Procura pensar positivamente, sentirte bien y parecerlo, cuando cruces esa puerta. Lleva contigo esas buenas sensaciones para causar una buena impresión positiva.

ESPEJITO, ESPEJITO

La verdadera comunicación (verbal y no verbal) implica ser capaz de ver el mundo a través de tus ojos y a través de los ojos de los demás. La comunicación consiste en crear comprensión. Si quieres conectar con alguien en un instante, la confianza es la manera más rápida y eficaz de hacerlo, y eso es exactamente lo que se consigue igualando y reflejando comportamientos: desarrollar confianza. Quizá hayas oído el término «igualar» antes y te haya preocupado que se trate de un acto no natural, o que puedas hacerlo mal. Vamos a disipar esas preocupaciones.

La confianza es la sensación de creer en alguien y sentirse seguro. En una buena relación, el otro se siente escuchado y comprendido. Cuando estableces confianza con alguien, tienes la oportunidad de entrar en su mundo y ver las cosas desde su perspectiva. La palabra «empatía» viene del alemán *Einfühlung*, que significa «sentir dentro». Al igualar tienes la oportunidad de sentir, literalmente, de la manera en que se siente el otro y llegar a comprender por completo cuáles son sus razones para comportarse como se comporta. Esto mejora espectacularmente vuestra relación.

¿CÓMO FUNCIONA?

Cuando sostenemos y movemos el cuerpo de cierta manera, nuestro cerebro segrega determinadas sustancias químicas. Estamos acostumbrados a pensar que la conducta refleja los sentimientos, pero lo contrario también es cierto: sentimos y pensamos según la manera en que sostenemos el cuerpo. Permanecer de pie erguidos y cuadrando y relajando los hombros no solo nos hace parecer más seguros; realmente nos hace sentir así.

Si llevamos esto un poco más lejos, cuando igualamos y reflejamos la fisiología de alguien, obtenemos un equivalente químico de lo que está sucediendo en su interior. Empezamos a sentir lo que está sintiendo.

Prueba a igualar o reflejar

Aunque parece cosa de magia, no lo es, y tú puedes hacerlo. Estás siempre igualando y reflejando; es un fenómeno natural. Si por un momento lo haces de forma consciente, el estado químico de tu cuerpo y la otra persona te ayudarán a realizar el movimiento espontáneamente. Esto sucede muy deprisa; no tienes que igualar ni reflejar de manera consciente durante más de un minuto.

Pero primero distingamos entre reflejar e igualar. Ambos tienen efectos positivos. Igualar «vengativamente» es un poco más sutil.

- **Reflejar** es actuar como si fueras un espejo del otro. Si mueve el hombro derecho y se inclina a su izquierda, lo reflejas moviendo el hombro izquierdo e inclinándote a tu derecha. Si levanta la mano derecha, levantas la izquierda.
- **Igualar** es lo contrario de reflejar. Cuando mueve el hombro derecho y se inclina a la izquierda, tú mueves el hombro derecho y te inclinas a la izquierda. Cuando se echa hacia atrás, te echas hacia atrás. Cuando *reflejas* a alguien conscientemente, por lo general reflejas sus movimientos al mismo tiempo. *Igualar* es más parecido a bailar: haces una pequeña pausa y esperas

antes de igualar un movimiento. O puedes esperar más, quizá hasta que sea tu turno de hablar.

* **IGUALAR VENGATIVAMENTE** es cuando igualas los movimientos de la otra persona con otro tipo de acción o sonido. Alguien con las piernas cruzadas puede agitar el pie arriba y abajo; en respuesta, tú haces otro movimiento, como tamborilear con los dedos al mismo ritmo. O quizá él toma una taza de café y juega con ella, y tú lo haces con las gafas de sol.

IGUALAR Y REFLEJAR EL LENGUAJE CORPORAL

Dentro del lenguaje corporal están las expresiones faciales, los movimientos oculares, los gestos y las posturas. Pero empieza por igualar o reflejar un solo comportamiento cada vez con una persona. Gradualmente, podrás ir igualando múltiples posturas corporales y movimientos de forma consciente, conforme te vaya resultando más fácil. Cuando igualas y reflejas espontáneamente, respondes a miles de indicios en milisegundos, una auténtica sinfonía de sonidos y movimientos. Pero mientras estés aprendiendo, solo podrás tocar los instrumentos de uno en uno.

IGUALAR LA VOZ

Llamé a mi amiga Pat, y su voz no igualó la mía de esa manera increíble en que suele hacerlo. Me di cuenta de que realmente no tenía tiempo para hablar conmigo aunque estuviera haciéndolo. Cuando se lo pregunté, me dijo que tenía razón. Probablemente habrás tenido la misma experiencia: estás hablando con alguien, pero hay algo que falla. Tu cliente, amigo o novia no está igualando tu voz ni tu ritmo.

Al igualar una voz, puedes ajustarte al tono de otra persona (por ejemplo, puede ser duro, sarcástico o asertivo), a su velocidad (de rápida a lenta), a su volumen (de bajo a alto), a su acento, claridad o articulación (por ejemplo, cómo de claros o poco articulados son los sonidos «c» y «k»). No te ajustes tanto que suene como si estuvieras burlándote o haciendo una imitación. Quédate en un nivel en el que te sientas cómodo. Por ejemplo, si alguien habla mucho más fuerte que tú, eleva tu volumen solo un poco. No tienes que igualarlo completamente ni durante mucho tiempo. Como hice en mis encuestas telefónicas, puedes simplemente igualar en los primeros momentos de la interacción.

IGUALAR LA RESPIRACIÓN Y EL RITMO

Al principio es realmente difícil hacerlo bien, pero resulta bastante eficaz. De hecho, tienes que igualar los ritmos vocales de la persona, sus pausas (o la ausencia de ellas) y la frecuencia con la que respira, mientras habla. Clasifico a los comunicadores en «tortugas» o «liebres». Las tortugas hablan lentamente, en voz baja y haciendo muchas pausas; les encanta el silencio y lo necesitan en la conversación, porque les da tiempo para pensar. Por el contrario, a las liebres les encanta comunicarse hablando alto, muy rápido y sin dejar terminar de hablar al otro. Detestan el silencio. Para ellas es una especie de obligación llenar cada momento con sonido.

Para la tortuga, la liebre en estado puro es un ser grosero y dominante, mientras que a la liebre le frustra la tortuga, que le parece lenta y poco participativa. Ninguna de las dos tiene razón ni se equivoca. Se trata de dos estilos de comunicación y ambos son estupendos. El secreto para causar una buena impresión inmediata es darte cuenta de cuál es tu tipo y cuál es el de tu interlocutor y tratar de igualarlo. ¿Eres tortuga o liebre? Me apuesto lo que quieras a que ahora mismo puedes nombrar a alguien que identificas como lo contrario de tu tipo.

EJERCICIO

¿Tortuga o liebre? ¿Acelerar o frenar?

Con las tres próximas personas que conozcas, o en las tres próximas conversaciones que mantengas, averigua en qué punto te sitúas en una línea en la que uno de los extremos sería la tortuga y el otro la liebre, y en qué punto de esa línea se encuentra tu interlocutor. Para empezar a hacer esto conscientemente es mejor estar en un entorno tranquilo para que puedas concentrarte en el otro. ¿Cómo de rápido habla? ¿Cuándo hace pausas o cuándo no las hace? ¿Dice las frases rápidamente y luego respira? ¿Respira profunda y lentamente y luego habla despacio?

Si lo haces bien, casi inmediatamente sientes una ráfaga de la misma sensación que está sintiendo tu interlocutor. Cuando se hace con integridad –sin el deseo de manipular y con un interés genuino en el otro–, esta es una manera muy eficaz de conectar.

VENTANAS CORPORALES

El sospechoso de asesinato está sentado en la mesa. La policía le está interrogando sobre el asesinato con arma de fuego de su esposa. Ha declarado que la escopeta se disparó accidentalmente cuando la estaba limpiando en su dormitorio. Durante el interrogatorio, tiene los hombros encorvados, el pecho ladeado en dirección a la puerta y las manos cerradas. Sin embargo, cuando el policía cambia de tema para centrarse en la compra de la escopeta, despliega los brazos y gira el torso hacia los investigadores. El pecho se le expande y se abre mientras describe cómo recientemente decidió dedicarse a la caza, y cuenta los detalles de la compra de la escopeta y las balas. Cuando el policía le pregunta si planeó matar a su esposa, cierra sus ventanas corporales tomando una lata de refresco y acercándosela al cuerpo, cubriendo con ella su ventana del corazón.

Al analizar el vídeo del interrogatorio, veo claramente que el marido planeó y ensayó lo que quería decir acerca de la compra del arma. Sin embargo, cuando surgieron las preguntas sobre el disparo, cerró sus ventanas corporales para esconder su culpa ante los policías.

Cuando era niña, me sentaba en el césped del jardín y jugaba con las cochinillas. Si tocaba una, el insecto enroscaba su largo cuerpo en una bolita compacta para protegerse. Del mismo modo, cuando alguien no nos gusta o no nos sentimos seguros, nos enroscamos, encogiendo el cuerpo, o hacemos algo para protegernos. Podemos meter los hombros hacia dentro, cruzar los brazos, subirnos la cremallera de la chaqueta o ponernos unas gafas de sol. Cuando estamos nerviosos, cerramos a cal y canto las ventanas corporales. También podemos cruzar las piernas, los brazos o los pies, esconder las palmas de las manos, agachar la cabeza o parpadear con más frecuencia para cerrar momentáneamente los ojos.

Las barreras físicas en forma de objetos también nos proporcionan una manera de cerrar nuestras ventanas impidiendo que los demás vean nuestro cuerpo. Las mujeres pueden llevar el bolso pegado al cuerpo; las niñas, abrazar los libros de texto contra el pecho, y los hombres, ponerse una corbata o sostener una bebida a la altura del pecho. En los negocios escondemos nuestros corazones tras los ordenadores o ponemos un escritorio entre nosotros y el vendedor cuyo producto no nos interesa comprar. En las empresas pondrán un mostrador amplio y alto o un panel de cristal entre los empleados y los clientes molestos. Estas acciones crean primeras impresiones que mandan mensajes importantes y, con frecuencia, negativos.

Por ejemplo, estoy haciendo clic en las fotos de los perfiles de los hombres de Match.com que han expresado interés en conocerme. Tras mirar a treinta o cuarenta, identifiqué una tendencia. La mayoría de los de mi grupo de edad están fotografiados en el exterior junto a sus deportivos o sus embarcaciones. Bueno, no es solo que estén cerca de ellos; están mirándolos. De hecho, la mayoría tienen el torso y los pies apuntando hacia sus coches o hacia sus embarcaciones. Sí, mis posibles medias naranjas ya tienen pareja. ¡Están saliendo con sus vehículos!

MUY REVELADOR, TENLO EN CUENTA

Como ya hemos visto, tenemos ventanas en muchas áreas de nuestro cuerpo: la parte superior de la cabeza, los ojos, la boca, la garganta, la parte superior del pecho —o el corazón—, las palmas de las manos, las rodillas, los dedos y las plantas de los pies. La forma en que abrimos y cerramos estas ventanas afecta a nuestras primeras impresiones.

Empecé mi investigación sobre lo que he denominado «ventanas corporales» en mi curso de comunicación no verbal en la Universidad Estatal de Florida al darme cuenta de que mis estudiantes, los ciento cincuenta miembros de la clase, abrían sus ventanas cuando la información era convincente y ellos, por tanto, estaban completamente presentes. En los momentos en que no lo era, colocaban libros y mochilas frente a ellos y volvían las caras, los torsos y los pies hacia las puertas de salida que los conducirían a la luz del sol de Florida. Sus ventanas estaban cerradas.

Desde luego, tus ventanas corporales se abren y cierran por las tres razones principales que se aplican a todos los cambios del lenguaje corporal: por cómo te sientes sobre ti mismo, sobre el tema o sobre la situación. Cuando nos gusta alguien, queremos tener nuestro cuerpo abierto ante él. Por ejemplo, cuando estás sentado en una sala de conferencias, girarás la silla hacia la persona con la que estás de acuerdo y te alejarás de aquella con cuyas ideas no coincides.

Nuestras ventanas corporales les indican a los demás si estamos abiertos o cerrados. Cuando le estamos hablando a alguien con quien nos sentimos a gusto, podemos abrir la ventana de nuestro corazón y estar directamente cara a cara con él. Si tenemos los brazos sueltos y las manos relajadas a los costados, mandamos el mensaje: «Estoy abierto a que te acerques». Por el contrario, si cruzamos los brazos tensamente, mandamos el mensaje: «Estoy cerrado a acercamientos».

Estar abierto es permitirle a alguien que contacte contigo. Sin embargo, puede dar la impresión de que te tomas muchas confianzas si permaneces muy cerca, sentado o de pie, y abres mucho tu cuerpo a alguien con quien no tienes una relación cercana o a un desconocido que no responde a tu acercamiento abriéndose de la misma manera. Nota la impresión que causas. ¿La gente se abre o se cierra cuando te acercas a ella y comienzas una conversación? Fíjate en cómo tus acciones, tu estado de ánimo y el tema de conversación que eliges influyen en que las ventanas de alguien se abran o se cierren.

PRUEBA

¿Dónde te sentarías?

¿En qué lugar de la mesa te sentarías en las siguientes situaciones?

1. Alguien, sentado en el asiento A, está a punto de hacerte una entrevista de trabajo.
2. Le estás vendiendo un producto o una idea a alguien que está sentado en el asiento A.
3. Te encuentras en un entorno social y quieres tener una buena charla con alguien de tu mismo sexo que está sentado en el asiento A.
4. Te encuentras en un entorno social y quieres empezar una conversación con alguien que estás interesado en conocer, alguien con quien te gustaría flirtear, y salir, que está sentado en el asiento A.
5. Estás haciendo una presentación y tu jefe está sentado en el asiento B. Puedes permanecer de pie o sentarte para hablar desde cualquiera de los otros asientos. Todos los asientos restantes están ocupados por el público.

(Hallarás las respuestas están en la página 172).

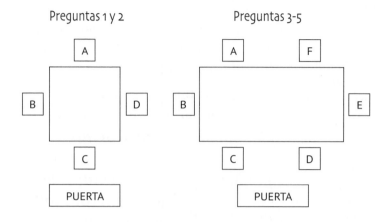

Por supuesto, no puedo concluir sin mencionar que, al igual que las ventanas de una casa, a las ventanas corporales les afectan los factores medioambientales como la temperatura. Piensa en lo que le sucede a tu cuerpo cuando tienes frío: los músculos se tensan, mantienes los brazos pegados al pecho y los dedos se cierran fuertemente. Cuando tu cuerpo está caliente, los músculos se relajan, te estiras, te echas hacia atrás en la silla y los dedos se abren. Es curioso que ese mismo lenguaje corporal con el que reaccionamos a las temperaturas frías o calientes nos muestre simbólicamente como fríos o cálidos a nivel emocional.

LOS HOMBRES DE LADO

Una de las maneras más efectivas de mejorar la impresión inmediata que causas es ajustar la posición que tomas cuando estás sentado o de pie con alguien. Aunque por lo general pensamos que la mejor manera de saludar a alguien e interactuar con él cara a cara, la verdad es que depende de tu sexo.

En una conversación personal, los hombres prefieren sentarse o estar de pie el uno al lado del otro, mientras que las mujeres se inclinan por charlar cara a cara. Ellos se sienten más cómodos y menos amenazados cuando no están frente a frente, y ellas piensan que es más fácil que las escuchen y las entiendan si se colocan cara a cara.

La ventana central se encuentra en el centro del pecho. Es lo que llamo la ventana del corazón. Cuando un hombre se sienta frente a otro en una mesa, mostrador o escritorio y su ventana del corazón está abierta, ambos se hallan expuestos a un ataque. Todo su cuerpo se siente desprotegido y vulnerable. Su miedo primordial al peligro se activa. Por eso es más probable que los hombres obligados a sentarse uno frente al otro se pongan a la defensiva, sus egos luchen entre sí y ataquen o critiquen al otro. Incluso los niños pequeños mueven sus sillas para trabajar codo con codo. En esa posición los hombres se sienten seguros y saben que el otro está «a su lado». Están mucho más cómodos en esta posición y por eso pueden comunicarse más abierta y eficazmente.

Sentarse en diagonal en una mesa es una posición magnífica porque te permite pasar con facilidad del lenguaje

---

Cinco razones para ponerte al lado de un hombre, de pie o sentado, al hablar con él

1. Te hace parecer más sociable.
2. Les permite abrir sus ventanas corporales (consulta la página 173 y siguientes).
3. Les hace abrirse o hablar más.
4. Crea más consenso entre los dos.
5. Te permite crear confianza más fácilmente.

informal, amistoso, no antagónico, a una posición que fomenta la cooperación y la apertura.

Hubo un tiempo en el que entrené al equipo de vendedores e ingenieros de una gran empresa de telecomunicaciones para que aprendieran a hacer presentaciones de ventas. Ed, un ingeniero, y Saul, un vendedor, estaban preparándose para ofrecerle una gran presentación de ventas a un posible cliente, dueño de un poderoso grupo de empresas industriales. Anteriormente, cuando hacían sus presentaciones, Ed y Saul se sentaban enfrente de sus posibles clientes. Se dieron cuenta del conflicto que generaba esa posición.

Saul quería crear una buena comunicación y confianza con este nuevo cliente potencial. ¿Qué podía causar la mejor impresión inmediata? Saul podía sentarse en el asiento lateral o en diagonal, y Ed en diagonal o incluso cara a cara con el cliente potencial. De esa manera Ed podría responder las preguntas difíciles y Saul podría estar al lado del cliente. Ed se sentía lo bastante seguro como para sentarse en el asiento opuesto durante la presentación de ventas, y todo fue bien.

Ver y que te vean

Las mujeres creen que es más probable que las demás las vean si se sientan o están de pie cara a cara. Sus cerebros están programados para sentirse más cómodas cuando están hablando en esta posición. La investigación sobre vínculos materno-filiales muestra que es óptima para escuchar las opiniones de los demás y para igualar su comportamiento. En los adultos, esta posición nos ayuda a ver todo el lenguaje corporal, lo que ayuda a la creación y mantenimiento de las relaciones. Para crear la mejor primera impresión con una mujer, al hablarle colócate frente a ella.

Firmaron un contrato de un millón de dólares con el grupo de empresas.

¿En qué lugar de la mesa te sentarías?

1. La tradición establece que te sientes en el asiento C. Pero recuerda que los hombres sentados frente a frente pueden ponerse a la defensiva y competir por poder. Si te entrevistara un hombre, el asiento B te permitiría moverte ocasionalmente y hablar colocándote junto al entrevistador, lo que haría que sintiera que formáis parte del mismo tipo y estáis trabajando juntos.
2. Una vez más, el asiento tradicional es el C. Sería una elección estupenda para venderle a la mayoría de las mujeres, que se sienten escuchadas y entendidas cuando te pones frente a ellas. Si estuvieras vendiéndole a un hombre, sin embargo, valdría la pena correr el pequeño riesgo de no tomar el asiento tradicional y elegir el B o el D. Podrías mostrarle tus materiales de ventas y decir: «Vamos a mirar esto juntos», mientras pasas a una posición en diagonal.
3. Simplemente piensa en lo que elegimos en los restaurantes: a los hombres generalmente les gusta sentarse en el bar; a las mujeres, en un reservado. Si quieres una conversación tranquila en una posición que le facilite al otro expresarse, elige el asiento F, si eres un hombre, y el C, si eres una mujer.
4. El B es un punto estupendo, ya que te da flexibilidad. Puedes volverte de lado o de frente a la persona basándote en cómo te responda. Como siempre, tienes una opción.

Puedes elegir un punto que te haga sentir más cómodo o uno que haga que el otro se sienta más relajado. Pero ten en cuenta que no importa dónde te sientes: si una mujer está interesada en ti, se volverá para tenerte de frente o seguirá mirándote de frente. Para hacer que un hombre se sienta más cómodo, elige el asiento F.

5. Como tú, como responsable de la presentación, tienes el «poder de la palabra», puede que tu jefe sienta la necesidad de competir, o que te interrumpa para hablar o hacerte preguntas en un intento de mostrarle su estatus al grupo. El punto E desde el que tradicionalmente se hacen las presentaciones es difícil, ya que sería como estar ante el «muro del castillo» con el jefe en la posición del «rey» libre para dispararte a voluntad. Si es una presentación formal, ponte de pie y muévete alrededor de la sala, para mostrar tu poder y conexión con todos. Si es posible, permanece entre los asientos A y F, y luego muévete desde ahí. Si tienes que sentarte, el asiento A es una buena posición que mantiene tu espalda lejos de la puerta, lo que te hace sentir más seguridad y confianza. Si tienes una relación estupenda con tu jefe pero sabes que hay alguien que puede estar en desacuerdo contigo, usa las reglas de los sexos: si es un hombre, siéntate a su lado, y si es una mujer, hazlo frente a ella.

LAS DIVERSAS VENTANAS CORPORALES Y LO QUE SIGNIFICAN

La localización de tus ventanas corporales va desde los pies (las ventanas más sinceras) hasta la boca, pasando por las rodillas, el centro de la pelvis, el estómago, el corazón, la parte superior del pecho, la parte frontal del cuello y las palmas de las manos. Cada ventana se abre y se cierra de forma distinta, y cada una manda diferentes tipos de mensajes instantáneos.

LA VENTANA DEL CORAZÓN

La ventana del corazón es justo lo que el nombre implica, una ventana al corazón. Está localizada en la parte superior del pecho, que contiene muchos órganos vitales, entre ellos el que le da nombre. Simbólicamente esta ventana refleja tu estado emocional. Es un indicador fundamental de cómo nos sentimos con nosotros mismos y con quienes nos rodean.

Prueba este experimento. Cruza las manos y colócate las palmas sobre el corazón. Ahora piensa en tus miedos, tus preocupaciones, tus secretos, tu ira y tu tristeza. Deja las palmas ahí un momento, como una cortina que te cubre el corazón. A continuación sepáralas. ¿Te sientes un poco más vulnerable?

Para entender el concepto de ventana del corazón, imagina que proteges esta ventana como la armadura de un caballero medieval o el peto acolchado de un árbitro de béisbol protegen el pecho. Deja volar tu imaginación, piensa en algo más abstracto, imagina que esa ventana da a la parte más íntima de tu ser: tu espíritu, tus secretos, todos tus sueños y miedos. Por eso, al abrir tu ventana a otro, te vuelves vulnerable.

Abrimos y cerramos nuestra ventana del corazón de cuatro formas: a través de la posición en la que la colocamos —dirigiéndola hacia alguien o ignorándolo—, de la ropa que

CONEXIONES DE UNA IMPRESIÓN INMEDIATA

vestimos, del uso de barreras físicas como libros y mostradores, y de cómo situamos el brazo y el hombro.

La ventana del corazón es una de las partes más significativas del cuerpo porque revela los verdaderos sentimientos de alguien. Para poder entender el significado de esta ventana, echemos un vistazo a cómo usamos barreras para cerrarla.

La ropa puede abrirla o cubrirla como una cortina. Imagina la diferencia entre una mujer con un suéter escotado y otra vistiendo una blusa de cuello alto. Imagina la estrella de un reality como Jersey Shore vistiendo una camisa tipo Oxford abotonada hasta arriba en lugar de la camisa abierta hasta la cintura que desnuda su pecho. ¿Puedes hacerte una idea mental del presidente haciendo un discurso con una camiseta sin mangas? Esconder o revelar la ventana del corazón con ropa de cuello alto o con escote te da la impresión de una persona estirada o relajada, reservada o alocada, enfocada total y únicamente en los negocios o en establecer relaciones personales y relajadas y pasarlo bien.

LA VENTANA DEL ABDOMEN

Me parto de risa viendo a la humorista Wanda Sykes hablar de Esther, el nombre que le ha dado a los michelines que luce en el abdomen. Esther la llama para que «la lleve a The Cheesecake Factory»[*] y más tarde le exige que la libere de Spanx, la faja que lleva Wanda para causar una buena impresión en un programa nocturno de debate.

---

[*] N. del T.: famosa cadena norteamericana de restaurantes famosa por la generosidad de sus porciones y sus tartas de queso.

Tanto si la denominamos estómago como tripa, barriga, zona del vientre o (ya que los michelines son parte de la ventana y pueden influir en si estás cómodo teniéndola abierta o cerrada) por mi nombre preferido, Esther, la ventana del abdomen es esa parte tan sensible al daño que metemos para dentro cuando nos miramos en un espejo. La ventana del abdomen es el área situada entre la parte inferior de las costillas y la parte superior de la cadera. Es una zona particularmente vulnerable a las agresiones. A menudo, cuando hay una pelea, esta es la zona que recibe puñetazos o puñaladas. Cruzar las manos sobre el abdomen puede ser un acto defensivo cuando tememos cualquier forma de ataque físico o emocional. Presta atención a cuando alguien se cubre o toca el estómago. Pregúntate qué puedes hacer o decir para hacerle sentir más cómodo.

Debido a la proporción ideal entre pecho, cintura y caderas del cuerpo «perfecto», todos deseamos tener un vientre plano. Denota buena forma física y salud, tanto en hombres como en mujeres. Sabemos que esta proporción corporal es deseable, y sabemos que para lograrlo se requiere esfuerzo e incomodidad. Por eso es por lo que los hombres usan sus músculos para meter el abdomen cuando una chica bonita pasa junto a ellos, y por eso es por lo que las mujeres llevan Spanx. Hace años, el libro y la película *Waiting to Exhale* (Esperando un respiro) reflejaron el deseo de las mujeres de poder relajarse del esfuerzo de resultar atractivas para los hombres. Tanto ellos como ellas descubren que «dejar que cuelgue todo» puede ser estupendo en el sofá, pero no tan estupendo en una reunión de negocios. Cuando nos sentimos incómodamente cerca de alguien, podemos tirar de la parte superior del cuerpo y la cabeza, que son tan vulnerables, para retirarlas de una situación y dejar sobresalir el abdomen para equilibrar el movimiento.

Frotarse o sujetarse la ventana del abdomen

La zona abdominal contiene el estómago y los intestinos, cuya función es procesar los alimentos. Cuando comemos en exceso, o cuando algo de lo que comemos o bebemos no nos sienta bien, esta zona puede sufrir diversos dolores. Frotarse el estómago puede significar que alguien tiene un problema digestivo o un dolor de barriga. Las paredes abdominales tienen músculos importantes, y podemos llevar la tensión hasta ellos. Frotar, sostenerse o cubrirse la ventana del abdomen puede también indicar tensión por la preocupación excesiva.

LA VENTANA DEL CUELLO

La ventana del cuello es la ventana del ego y la comunicación. ¿Te has preguntado por qué incluso después de todos estos años de ropa informal los hombres siguen llevando un pedazo de tela increíblemente caro anudado alrededor del cuello? Desde un punto de vista objetivo, parece ridículo. Pero una corbata es una cortina de diseño que cubre la ventana del corazón. La corbata solo se viste en situaciones formales de trabajo o sociales. Indica la seriedad del negocio que estamos llevando a cabo y muestra el estatus del que la lleva. ¿Qué hacen los hombres con corbata cuando salen del trabajo y van a casa o salen con los amigos? Se la aflojan o se la quitan, abriendo sus ventanas del corazón y del cuello.

La razón por la que los hombres visten algo tan incómodo es que se trata de un símbolo de formalidad en los negocios. A principios de los años ochenta, cuando las mujeres comenzaron a acceder a los puestos directivos, empezaron a llevar anchos lazos en el cuello de la blusa. Luego, a mediados de esa misma década, se anudaban al cuello grandes pañuelos que les cubrían el corazón. Tenían que demostrar que se tomaban en serio el trabajo, y necesitaban los lazos y los pañuelos para proteger las ventanas de su corazón, como la armadura de un caballero. Esas prendas cubrían y protegían física y simbólicamente su sexualidad.

LA VENTANA DEL YO

Entre la ventana del corazón y la del cuello se encuentra la ventana del yo. Coloca la punta de los dedos de la mano derecha sobre esa parte superior del pecho, en el esternón. Tras él se sitúa la glándula timo, que regula el sistema inmunitario y es donde maduran las células T. Este es un punto del lenguaje corporal que han estudiado muchas religiones y prácticas espirituales. En metafísica, se denomina chakra superior del corazón, o el punto «Soy». Tiene sentido que cuando alguien quiera «desaparecer» por miedo, sorpresa o vergüenza use la mano o la punta de los dedos para cubrir la ventana del yo. Y es interesante notar que cuando alzas las manos para rezar las coloques sobre las ventanas del corazón, el cuello y el yo.

Cuando se siente estresada, la gente, con frecuencia subconscientemente, se toca la parte del esternón que se apoya sobre la glándula del timo. Nota cuándo te cubres, tocas o frotas esta zona. Pregúntate qué te estresa de tu interlocutor, de la gente, de la situación o del tema, y qué puedes hacer para sentirte, y lograr que los demás se sientan, más cómodo.

SEÑALES DE LA PARTE SUPERIOR DEL CUERPO

La parte superior del cuerpo abarca los hombros, los brazos y las manos. Aunque estamos centrándonos en ventanas, recuerda que algunas zonas pueden hacerte captar información pero que tienes que leer el cuerpo entero, lo que llamamos un «ramillete de gestos», para obtener el mensaje completo.

En muchos casos los hombros y los brazos son unas de las partes más visibles del cuerpo. Normalmente pueden verse detrás de un escritorio, sobre un mostrador o al otro lado de una mesa. Durante una conversación, nuestra mirada se fija con más frecuencia en el triángulo formado por los ojos y la boca, pero pasamos bastante tiempo examinando la parte superior del torso para obtener información.

Dales la vuelta

Cuando enseño técnicas de entrevistas e interrogación, les pido a los agentes de policía que estudien las palmas de las personas a las que interrogan. A la gente le cuesta mentir con las palmas de las manos expuestas. Los mentirosos tienden a mantener las manos escondidas y quietas. Las meten en los bolsillos y las aprietan, o las colocan tras la espalda. Les pido a los policías que se imaginen que el sospechoso tiene la verdad en las palmas de las manos y que vean si se las muestra.

Simbólicamente los hombros y los brazos rodean el corazón y son extensiones de él. Sus movimientos son los barómetros emocionales más claros. A los hombros, brazos y manos se los considera también las «partes activas» del cuerpo. Fíjate en si la gente estira el brazo y se acerca a ti para conectar o retrocede y se retira. Hay un punto blando en la parte interior del codo que es una ventana a nuestra vulnerabilidad, y también tenemos ventanas en la palma de las manos.

Si alguien quiere esconder lo que está haciendo o ha hecho, o su estado emocional, cerrará las ventanas de las palmas de las manos escondiéndolas. La pregunta que me hacen con más frecuencia en mis clases para hablar en público es: «¿Qué puedo hacer con las manos?». Quieren esconderlas porque las manos revelan el estado emocional del orador. Hay quien se cubre o toca el interior del codo cuando está nervioso o se siente expuesto emocionalmente y le resulta violento expresarlo en voz alta.

Los hombros son la base de la cabeza, y el enlace con la válvula de escape emocional de las manos y los brazos. Si examinas las siluetas del hombre y de la mujer, verás que ellos tienden a tener hombros grandes y anchos, y ellas, pequeños y estrechos. Cuando las mujeres se hicieron cargo de los trabajos de los hombres durante la Segunda Guerra Mundial, las hombreras se volvieron populares en la ropa que vestían. La silueta femenina indicaba simbólicamente su capacidad de soportar el peso del trabajo mientras los hombres estaban fuera, en la guerra. Cuando las mujeres empezaron a hacerse cargo de un mayor número de puestos directivos en los años ochenta, las hombreras volvieron a estar otra vez de moda. Al igual que las poderosas actrices de los años cuarenta (Joan Crawford, Barbara Stanwyck y Bette Davis), las poderosas mujeres de los programas diurnos de televisión y las series nocturnas, como *Dinastía*, llevaban hombreras, como para decir: «Puedo ser tan fuerte y tan poderosa como un hombre». En los noventa, el estilo femenino eran las camisas y los suéters abultados y grandes con pantalones vaqueros apretados o mallas, que simulaban la silueta de un hombre bajo pero con los hombros anchos. Ahora se llevan grandes blusas y cinturones anchos con las mallas, y zapatos de tacón y botas altas. Hemos crecido.

La frase «parece como si llevaras todo el peso del mundo sobre los hombros» se dice a menudo de la gente con hombros redondeados. Las personas que parecen llevar encima demasiada carga o más responsabilidades de las que posiblemente pueden soportar, redondean los hombros y se doblan hacia delante por el peso acumulado. Al recibir tus impresiones inmediatas, nota que los hombros de la gente pueden bajarse cuando se siente juzgada o criticada y echarse hacia atrás y alzar la cabeza y el pecho en un lenguaje corporal «erguido» cuando se siente alabada y respetada. Los más mayores suelen encorvarse debido a la osteoporosis o a la falta de ejercicio. Yo tengo escoliosis, una curvatura de la columna que causa un aspecto encorvado. Una de las razones por las que me atrae tanto el lenguaje corporal es que he aprendido que mis gestos amplios y mi vivacidad ayudan a superar la imagen negativa que produce mi postura encorvada.

Los hombros pueden contar una historia sobre maltrato. Puedo entrar en una sala a dar una charla y adivinar inmediatamente qué miembros del público han sufrido largos años de maltrato. La gente que lo ha padecido tendrá tendencia a juntar los hombros para protegerse, cerrando sus ventanas del corazón. Si ese hábito continúa, afecta a la postura, de manera que puedes observar la postura habitual de alguien y ver evidencias de un desengaño sentimental o incluso de una relación actual en la que se produce un maltrato. Las chicas jóvenes inclinan los hombros hacia delante porque sus pechos las hacen sentir cohibidas y quieren ocultarlos a la vista. Esta postura de hacerse un ovillo, como la cochinilla, es un ramillete de gestos fundamental que menciono cuando enseño a los padres adoptivos cómo reconocer si los niños que han llevado a sus hogares han sufrido algún tipo de maltrato físico o abuso sexual. Los terapeutas señalan que uno de los indicadores más precisos de que un paciente ha tenido un padre opresivo, o que su pareja lo maltrataba o lo maltrata, son los hombros inclinados o encorvados.

EJERCICIO

Míralo por ti mismo

Piensa en tu propio cuerpo y en cómo llevas los hombros. Ponte de pie con la espalda apoyada en una pared en tu posición relajada normal. ¿Los hombros tocan la pared?

Ponte de pie y luego siéntate frente a un espejo de cuerpo entero y examina tu postura. ¿Qué ves? ¿Qué silueta estás mostrándole al mundo? ¿Qué crees que significa? ¿Crees que ha cambiado o puede cambiar? ¿Cómo te responden los demás? Encoge los hombros. ¿Qué aspecto tienes?

Examina tu postura y las ventanas de la parte superior de tu cuerpo, y date cuenta de cómo afectan a tu estado de ánimo y a las impresiones que los demás tienen de ti. Asegúrate de pedirles su opinión a tus amigos y colegas para que puedas entender la impresión que estás causando.

Busca fotos tuyas con distintas clases de ropa, informal o elegante. ¿Cómo afectan a tu postura y a la impresión que causas en los demás los distintos atuendos?

Como suele decirse, si la tortuga quiere ir a algún sitio, tiene que sacar el cuello. La tortuga se esconde metiendo la cabeza en su caparazón. Cuando estamos rectos con los hombros hacia atrás, presentamos un frente fuerte. Cuando nos encogemos alzando los hombros hasta las orejas, creamos un efecto parecido al de la tortuga, bajando y protegiendo la cabeza, metiéndonos en nuestra concha o distanciándonos simbólicamente de una situación que no queremos o no sabemos cómo afrontar. Con frecuencia verás unos hombros encogidos combinados con una inclinación de cabeza y unas palmas abiertas. Esta combinación grita a los cuatro vientos: «Soy incapaz».

LAS VENTANAS INFERIORES DEL CUERPO: LAS RODILLAS Y LOS PIES

Cuando leemos el lenguaje corporal, lo hacemos desde los pies, porque la parte más sincera del cuerpo es la que va desde la cintura hacia abajo. Cuando nos sentimos seguros, cómodos y relajados, solemos tener nuestras ventanas abiertas. Lo normal es que las cerremos solo cuando estamos tensos o asustados. Y como con frecuencia nos han inculcado que no debemos mostrar nuestras emociones negativas, esos indicios de nerviosismo, tensión o miedo se «filtrarán» a través de los pies.

Imagina que estás hablando con un hombre que tiene la parte superior del cuerpo dirigida hacia ti pero las piernas y los pies girados hacia la salida. Puede estar indicando que quiere marcharse. Cuando notes esto, deberías reflexionar sobre el tema del que estás hablando y sobre cómo se siente ese hombre contigo. Después de eso pregúntate si está nervioso y diciendo con su cuerpo: «La verdad es que quiero estar fuera de aquí». Si mueve los pies o da golpecitos con ellos, sobre todo en dirección a la salida, está simbólicamente escapando o se siente nervioso. ¿Qué puedes hacer para que la conversación sea más cómoda?

Un «cierre de pies» en el que un pie se cruza alrededor de la pierna, normalmente por la parte inferior de la pantorrilla, es como tener un signo de «cerrado» colgado en la puerta. La persona puede estar sentada con el resto de su cuerpo abierto, pero el cierre de pies muestra sus verdaderos sentimientos. La gente que está relajada tenderá a abarcar más espacio con sus piernas. Esto es especialmente cierto cuando los hombres se ponen de pie o se sientan con las piernas abiertas; están señalando que se sienten relajados y seguros de sí mismos.

La planta del pie también tiene una ventana. Una periodista de la India me estaba entrevistando en mi casa cuando descubrió el pequeño armario para el calzado que tengo cerca de la puerta.

—¿Se quita los zapatos al entrar en casa? —me preguntó.

—Sí —contesté—. Me encanta andar descalza de puertas para dentro, y además eso mantiene la suciedad fuera de la casa.

Empezó a hablarme sobre la costumbre que existe en algunas partes de la India de dejar los zapatos junto a la puerta y ponerse unas zapatillas para andar por la casa. Me contó que las calles de las ciudades como Bombay son muy sucias y que las casas son lugares sagrados; por eso la gente quiere dejar la suciedad de la calle fuera de su hogar.

Le hablé sobre el simbolismo de la ventana en la planta del pie y me dijo que en la cultura norteamericana los hombres con frecuencia cruzan los pies, mostrando la parte de la planta a la persona con la que están. El simbolismo dice: «Soy poderoso y fuerte; podría pisarte si quisiera». Le pregunté sobre el tabú cultural indio de mostrar esa parte del pie. Durante años le había contado a mi público que enseñarla se veía en la cultura india como algo tremendamente insultante, pero no sabía por qué. La periodista me dijo que, como las calles son muy sucias, mostrar la planta del pie equivale a decir: «Eres como la suciedad que hay en mis pies; no te tengo ningún respeto». Qué gran descubrimiento. Esta postura se considera de mala educación también en otros muchos países, entre ellos los que profesan la fe islámica. Es una postura sencilla, y sin embargo enormemente poderosa.

Imparto una clase llamada «Convergencia de opiniones». Como el título sugiere, entramos en ardientes debates relacionados con lo que la mayoría de la gente considera temas candentes, como la religión, el sexo y la política. Durante los últimos nueve años he notado que los debates más intensos empiezan con todos sentados con las piernas sin cruzar, las sillas arrimadas a la mesa de discusión, y los cuerpos doblados e inclinados hacia otros participantes. Observo con atención cuando se presenta el tema polémico. Entonces, con frecuencia veo que alguien se separa de la mesa, se reclina hacia atrás y cruza las piernas o aleja los pies del que está hablando. Inmediatamente puedo identificar al pensador disidente del grupo. La próxima vez que te encuentres en un debate acalorado, observa con atención.

Piensa en esto cuando estés sentado en una reunión. Aunque no le estés diciendo nada en voz alta al orador sobre sus palabras, las ventanas de tu cuerpo pueden estar contándoselo todo.

CRUZARSE DE BRAZOS: DISTINTAS FORMAS
DE HACERLO Y LO QUE SIGNIFICAN

En una ocasión me invitaron a una junta de empresa para observar la comunicación no verbal de los más altos ejecutivos de la organización, entre ellos el director ejecutivo, el director financiero, el director de información y los gerentes generales, y para capacitar a estos líderes en comunicación no verbal y en presentaciones.

Después de un descanso miré a mi alrededor y noté que, mientras estos ejecutivos regresaban a la sala y se sentaban, abrían las ventanas de su garganta, estómago y corazón al presidente. Pensé: «Esto es estupendo». Luego el presidente de la junta directiva llamó la atención de todos para anunciar un cambio en el orden del día: el nuevo director financiero iba a presentar los informes anuales de cada división. Inmediatamente, antes de que este comenzara a hablar, noté cómo varios directivos clave se tocaban el estómago o cruzaban los brazos. Cuando el director financiero se refirió a ciertas divisiones, vi a los encargados y a los miembros de equipo de esas divisiones cruzar los brazos y cerrar otras ventanas corporales. Cuando quiso saber si había alguna pregunta, se encontró con un silencio absoluto. Y cuando preguntó qué pensaban los otros sobre la información, hubo más silencio.

Lo irónico del caso es que, tras la junta, trabajé individualmente con los miembros del equipo. Ninguno de ellos recordaba nada de lo que se dijo; solo pensaban que el director financiero era «aburrido». No se habían dado cuenta de cómo se cerraron cuando habló sobre ellos. Cuando trabajé con el director financiero, me dijo que pensaba que su discurso fue bastante bueno porque nadie le interrumpió ni le hizo preguntas.

Para hacer que los oyentes se crucen de brazos no es necesario que hables sobre cifras económicas ni sobre el rendimiento de los empleados. A mis amigos les encanta presentarme como experta en lenguaje corporal. Y no importa a quien me presente, la persona inevitablemente cruza los brazos, me muestra una media sonrisa tensa, se aleja unos pasos de mí y luego dice: «Encantado de conocerte».

Hay docenas de interpretaciones del gesto de cruzar los brazos. En mi trabajo he clasificado más de cincuenta tipos diferentes de cruces de brazos, cada uno con su propia impresión inmediata. Estos son los más comunes:

CRUCE RÁPIDO: el brazo cruza la parte frontal del cuerpo y protege el tórax (el corazón y los pulmones) y el área del vientre (abdomen). Este movimiento oculta el nerviosismo, porque quien lo realiza parece estar haciendo otra cosa. Puede que se esté ajustando el puño de la camisa, la pulsera del reloj, un botón, el cuello, o mirando el móvil o cualquier otro aparato. A menudo veo este cruce rápido en los famosos cuando van a hacer una declaración para presentar sus disculpas. El brazo se cruza delante del cuerpo como un escudo.

CRUCE CON PUÑOS: los brazos están cruzados y las manos apretadas, formando puños. Este es un signo fuerte de hostilidad y de estar a la defensiva. Si el cruce con puños se combina con una sonrisa forzada o con los dientes apretados y la cara roja, podría producirse un ataque verbal o incluso físico. Es necesario un enfoque conciliatorio para descubrir lo que está causando esta postura, si la razón no está clara.

CRUCE DE MUÑECAS: los dos brazos se cruzan, formando una X en las muñecas, con los brazos relajados. Quien hace este gesto puede estar aburrido o no del todo presente.

CRUCE CON LOS CODOS SALIDOS: los codos apuntan hacia fuera, actuando como armas simbólicas que quieren lanzarse. Si la persona que te está escuchando cruza los brazos de este modo, puede indicarte que está enfadada o no está de acuerdo con lo que dices.

CRUCE DE PULGARES ARRIBA, AL ESTILO «A MÍ NO HAY QUIEN ME TOSA»: esta postura señala que alguien está a la defensiva, pero sintiéndose superior. Se ve en situaciones en las que el individuo quiere parecer tranquilo y controlándolo todo, al mismo tiempo que mantiene un nivel de protección tras sus brazos cruzados. ¡He visto tantos raperos en esta pose en sus vídeos que creo que debe de ser parte del entrenamiento de un pandillero!

CRUCE DEL ABRAZO MUSCULAR: consiste en cruzar los brazos y agarrarse los bíceps o los codos. Este gesto nos dice que quien lo está haciendo desearía que sus músculos estuvieran más desarrollados. Es alguien miedoso e inseguro. En estos momentos no es capaz de luchar contigo, pero le gustaría poder hacerlo.

CRUCE DE BRAZOS PARCIAL: un brazo cruza el cuerpo para sostener o tocar el otro, formando una barrera de un solo brazo. Las barreras parciales de un brazo se ven con frecuencia en reuniones en donde la persona puede ser un desconocido para el grupo o le falta seguridad en sí mismo.

¿Cielos amistosos?

Cuando me preparaba para enseñar habilidades de presentación a la Administración Federal de Aviación (AFA), asistí a una reunión entre este organismo y los residentes del vecindario que podían verse afectados por una nueva pista de aterrizaje y despegue en el aeropuerto de Atlanta. Cuando la reunión comenzó, veintiuno de los más de cien residentes tenían los brazos cruzados de alguna manera. Al empezar a hablar el oficial de la AFA, hubo más gente que cruzó los brazos. Cuando hicieron esto, el oficial de la AFA comenzó a hablar más rápido y más fuerte, tratando de abrirse paso a través del «muro» de brazos cruzados.

A lo largo de mis años de experiencia, he visto esto miles de veces. Cuando los oradores se sienten estresados o cuando parece que el público se ha cerrado, van más rápido. Algunos hablan más fuerte y de forma más agresiva, mientras que otros se vuelven más ansiosos y tienden a justificarse, pero todos ellos suelen acelerar. Cada vez que sientas que la gente no te está prestando atención, o está distraída o cerrada, intenta ir más despacio o hacer alguna pregunta.

Al final de la presentación de la AFA, solo había tres miembros del público que no tuvieran los brazos cruzados. Los tres eran de la AFA. No fue ninguna sorpresa, pero cuando los primeros residentes se levantaron para hablar, todos los miembros del grupo de residentes, menos siete, descruzaron los brazos ¡y los cuatro miembros de las AFA los cruzaron!

CRUCE DE LA CREMALLERA ROTA: también se denomina «la hoja de parra». La mano cubre el centro de la pelvis. Ni que decir tiene que protegemos las partes vulnerables del cuerpo. Este es un gesto típicamente masculino. Los niños pueden usarlo cuando se les reprende. Lo he visto en los sintecho que hacen cola para comer en los comedores públicos y en los ejecutivos, cuando sus jefes entran en la habitación.

La gente con frecuencia me dice que no cruza los brazos para cerrarse a los demás, sino porque se siente más cómoda. Hay dos razones por las que te puedes sentir más cómodo con los brazos cruzados. La primera, porque puede hacerte sentir más calor. La ciencia nos dice que la respuesta paralizarse-huir-luchar o palidecer empieza con células nerviosas especializadas que están en el hipotálamo. Una cascada de señales químicas e impulsos nerviosos da lugar a una descarga de adrenalina, que prepara al cuerpo para emplear la fuerza. La sangre de la piel se canaliza hacia los grandes músculos de las extremidades (y también hacia los órganos vitales para que el corazón lata más rápido y los pulmones absorban más oxígeno). Sin la sangre que calienta la superficie de la piel, nos sentimos más fríos. ¿Qué conclusión sacamos de esto? Que a menudo cruzamos los brazos para calentarnos porque estamos estresados. La segunda razón es que el cerebro está programado para sentir que si cubrimos el corazón, lo protegeremos de cualquier daño.

(Para ver más interpretaciones sobre el cruce de brazos, con fotos, consulta «Arm-Cross Interpretations», en www.snapfirstimpressions.com.)

ESCUCHAR CON CONSIDERACIÓN

Estás sentado en la oficina con un posible cliente o comprador que te está hablando de sus necesidades o de sus problemas. Quieres que sepa que estás escuchándole. Sabes que es importante mostrar interés, pero estás cansado y preocupado. Quizá habla y habla sin parar, o quizá está diciendo algo negativo y tú te sientes un poco a la defensiva. ¿Qué podrías

Necesitamos nuestro espacio

En muchas culturas el sentido del yo (lo que consideras parte de ti y de tu espacio) se extiende más allá del cuerpo físico y llega a la zona de espacio llamada íntima. Esto lo determinó el antropólogo Edward T. Hall, uno de los padres de la comunicación no verbal, que publicó por primera vez su teoría en los años cincuenta. Cuando asistí a mi primer curso universitario sobre lenguaje verbal y comunicación no verbal en los años setenta, se seguía citando el clásico trabajo de Hall sobre los espacios personales y territoriales que llamó parámetros de zona como la investigación definitiva. Los investigadores actuales de la comunicación no verbal continuamos usando esos nombres de zonas, pero he comprobado cómo los parámetros de cada zona cambiaban ligeramente con los años. Mis siguientes definiciones de las zonas representan una amalgama de descubrimientos de la investigación publicada y de mi propia investigación y observaciones en escenarios públicos, privados y de negocios.

Zona íntima: la que se sitúa entre los cero y los cuarenta y cinco centímetros. En los años cincuenta dejábamos que la gente se acercara más a nosotros. El límite más alejado de esta zona era solo de treinta y cinco centímetros. Cuando la gente está al alcance del brazo, o más cerca, podemos tocarla. También podemos observar más detalles en su lenguaje corporal y mirarla a los ojos. En este espacio los demás es como si no existieran. Aquí es donde se producen relaciones amorosas de todo tipo. Sin embargo, entrar en la zona íntima sin una invitación puede percibirse como una amenaza: cuando alguien se acerca mucho, te está diciendo que puede invadir tu terreno cuando quiera.

Zona personal: entre los cuarenta y cinco y los ciento veinte centímetros, la gente es más directa en sus conversaciones que cuando está más separada. Esta es la distancia ideal para que dos personas hablen en serio sobre algo. Si te acercas más, no podrás ver el cuerpo entero, de los dedos de los pies a la parte superior de la cabeza. Esta es también la distancia que la gente parece mantener cuando está de pie en un grupo. En el capítulo 9 explicaré cómo entrar en este espacio fácilmente.

Zona social: dentro de la zona social, de sesenta a ciento veinte centímetros, sentimos una conexión con los demás que no experimentamos si estamos más separados. Cuando la gente está más cerca, podemos hablar sin tener que gritar pero todavía podemos mantener una distancia de seguridad. Esta es la zona de confort para la gente que está en un grupo o reunida en una sala.

Zona profesional: solía medir de ciento veinte a doscientos diez centímetros, aproximadamente la distancia entre las cabezas de dos personas si una está sentada en un escritorio de una oficina tradicional y la otra frente a él, en el lado opuesto, en la silla del visitante. Ahora esta zona se expande y contrae dependiendo del entorno empresarial o de las normas culturales. Los cubículos significan que trabajamos más cerca del otro, pero al parecer, si nos dan a elegir dónde queremos estar, de pie o sentados, preferimos tener más espacio entre nosotros y los demás. Cuando usamos tecnología, como los teléfonos y los ordenadores, podemos trabajar más estrechamente los unos con los otros. Y si estamos usando un aparato y nuestro compañero no, puede que ignoremos por completo su espacio personal.

Zona pública: generalmente mide cuatro metros y medio entre una persona y otra. Para sentirnos completamente seguros y relajados, tratamos de mantener todo este espacio entre nosotros y los demás. Pero a menos que vivas en una ciudad muy escasamente poblada, esto no siempre es posible.

Cuando otras personas entran en este radio, empezamos a mirarlas con más cautela. Cuanto más se acercan a nosotros, más nos preparamos para una acción apropiada. Con una mayor distancia viene un sentido de seguridad. Si otra persona hace algo amenazador, tenemos tiempo para esquivarla, correr o prepararnos para la batalla. Con menos distancia (en, digamos, un aeropuerto o un centro comercial abarrotados de gente) permanecemos en tensión. En lo que se refiere a tu impresión inmediata, tienes que saber que la gente empieza a examinarte a los cuatro metros y medio. Si vas a hacer una entrevista de trabajo o vas a tener tu primera cita con Match.com, ahí es donde empieza la comparación entre el currículum o el perfil de Internet y la realidad.

Las reglas sobre la distancia social varían con diferentes grupos de gente. Puedes detectar esto observando sus reacciones. ¿Dan un paso atrás o hacia un lado? ¿Cierran sus ventanas corporales? Quienes viven en ciudades muy pobladas, por ejemplo, están acostumbrados a estar más cerca unos de otros que quienes viven en espacios abiertos. Estos últimos pueden mantener una extensión de espacio más amplia a su alrededor incluso en los entornos sociales. La gente de otros países también ve el espacio social de una manera distinta. Observa a un japonés o a un chino hablando en una fiesta con alguien de la Norteamérica rural. Lo más probable es que veas al asiático aproximarse y al occidental retroceder.

hacer para centrarte, incrementar tu atención y hacerle saber a tu interlocutor que lo estás escuchando?

La mayoría estamos mucho más entrenados en leer, escribir y hablar que en escuchar, aunque todos pasamos mucho más tiempo escuchando. Un estudio realizado por Carolyn Coakley y Andrew Wolvin en 1991 concluyó que la mayoría de los expertos están de acuerdo en que nos pasamos alrededor del nueve por ciento de las horas de vigilia escribiendo, el quince por ciento leyendo, el treinta por ciento hablando y el cuarenta y cinco por ciento escuchando. Entre los ejecutivos, el tiempo que pasan escuchando es todavía mayor, un cincuenta y cinco por ciento de media o más.[4] Los resultados de las encuestas de negocios sitúan saber escuchar entre las tres habilidades fundamentales que necesitan los empleados, los encargados y los recién contratados. Cientos de estudios demuestran la importancia de escuchar para tener éxito en los negocios y en la vida personal. ¿Qué indicios no verbales señalan que estás escuchando?

Lista de consejos para escuchar con consideración

Expresa tu opinión con gestos:

- Mira a los ojos a tu interlocutor siempre que puedas cuando estás conversando.
- Asiente con la cabeza para hacerle ver que escuchas lo que está diciendo.
- Apaga cualquier dispositivo electrónico y presta toda tu atención al hablante.
- Inclínate hacia delante para mostrar físicamente tu interés.
- Expón tu corazón y dirige la parte superior del cuerpo hacia tu interlocutor.
- Elimina las barreras que haya entre vosotros y te impidan captar su mensaje.

Mi maestra de quinto curso, la señora Arnow, nos enseñó muchísimo sobre escuchar y sobre primeras impresiones, a mí y a mis compañeros de clase. Hablaba con nosotros antes de que entráramos en la cafetería, jugáramos por primera vez con otra clase o fuéramos de excursión al campo. Puedo verla con uno de sus grandes vestidos estampados y escuchar su fuerte acento sureño diciendo:

—Quizá conozcáis a alguien; sed considerados. Sed educados, prestad atención y escuchad.

Para causar una buena primera impresión, tienes que seguir el consejo de la señora Arnow y ser «más considerado» al escuchar.

Recuerda que la empatía que mostramos hacia otras personas afecta al segundo factor de la primera impresión: la simpatía. La empatía se muestra siendo más considerado. Para demostrar que estás escuchando, conviene que tengas en cuenta los siguientes puntos (disculpa que sea reiterativa. Vuelvo a examinar estas bases porque son importantes para causar una buena impresión inmediata).

EXPRESA TU OPINIÓN CON GESTOS: es muy fácil distraerse cuando otro te está hablando. Al hacerlo, puedes mostrar una expresión ausente, boquiabierta, parecida a la de un niño tras cinco horas viendo dibujos animados. No vas a hacer muchos amigos, ni a ganarte ningún respeto haciendo eso.

Quizá creas que no es una buena idea tener un rostro expresivo y revelar lo que sientes, pero te equivocas, es algo realmente muy importante. Como recordarás, la gente con una cara expresiva resulta más atractiva y es más popular. Cuando conocemos las reacciones sinceras de una persona, nos sentimos más cómodos a su lado, podemos predecir su comportamiento y en ella. Cuando estás escuchando y tu cara refleja lo que sientes, también tu interlocutor puede obtener información para mejorar la exposición de sus ideas. Si pareces poco interesado, puede hablar de forma más animada. Si pareces sorprendido, puede darte más detalles.

Para tener un abdomen en forma tienes que ejercitar los abdominales; del mismo modo, para tener en forma tus habilidades de empatía debes ejercitar tu rostro. Deja que tus expresiones faciales muestren tu respuesta emocional al mensaje de tu interlocutor. Si está preocupado, muestra tu comprensión arrugando la frente. Si se siente desgraciado, frunce el ceño y baja la mirada. Si está enfadado, cierra los labios y pégalos como un sobre cerrado. Igualar brevemente sus expresiones faciales no solo muestra que lo estás escuchando sino que también, como hemos visto, crea las mismas reacciones químicas que está experimentando en tu cerebro, de manera que sientes lo que está sintiendo y lo comprendes mejor.

MIRA A LOS OJOS: el que escucha debería mirar a los ojos con más frecuencia que el que habla. Recuerda que si quieres tener una buena comunicación con alguien, deberías mirarlo a los ojos al menos el sesenta o setenta por ciento del tiempo cuando te está hablando. La investigación ha demostrado que las mujeres son mejores que los hombres en esto y en realidad tienen más necesidad de que quien las escucha las mire para sentirse cómodas en la conversación. Los hombres tienden a mirar poco o nada a los ojos de aquellos a quienes están hablando, quizá porque no necesitan tanto contacto visual. Esto puede explicar por qué los hombres dicen que están escuchando cuando permanecen sentados con los ojos fijos en la pantalla del televisor. Esta diferencia de sexos en el contacto visual aparece a una temprana edad. La investigación con los más pequeños nos muestra que cuando se les pide a unos niños que hablen de un tema, se sientan uno al lado del otro y conversan mientras miran al espacio. Las niñas, por su parte, colocan las sillas para ponerse la una frente a la otra y se miran atentamente durante toda la conversación. Sin embargo, la programación de sexos no es una excusa; mira cuando estás escuchando.

ASIENTE CON LA CABEZA: no tienes que ser uno de esos muñecos que no paran de asentir con la cabeza, solo inclinarla de vez en cuando para mostrar que estás escuchando y que comprendes. Un beneficio añadido de inclinar la cabeza es que te hace segregar sustancias químicas parecidas a las endorfinas en tu corriente sanguínea para hacerte sentir bien y más afable con la persona que está hablando. Ten en cuenta que las mujeres inclinan la cabeza tanto si están de acuerdo con lo que dice su interlocutor como si no. Los hombres pueden pensar que si asientes mucho con la cabeza, no discrepas con ellos, de manera que procura no inclinarla de forma automática para señalar que estás escuchando, si no estás de acuerdo con lo que un hombre está diciendo.

Apaga los dispositivos electrónicos: Tom llevó a su hijo de tres años, Sam, a su primera cita con un posible cliente y le dijo: «Estoy tan ocupado que tuve que traer a mi hijo». El pequeño era adorable, y era obvio que Tom estaba muy orgulloso de él. Sam estuvo todo el tiempo intentando llamar la atención de Tom, pidiéndole que jugara con él, haciendo ruido e interrumpiendo la conversación. Tom dejó a un lado a su cliente varias veces para ocuparse de su hijo, incluso dejó la mesa para llevárselo a tomar leche con galletas. El cliente estaba claramente frustrado pero no sabía cómo lidiar con la situación de una manera educada con alguien que acababa de conocer.

Vuelve a leer la historia reemplazando las palabras «pequeño Sam» por «teléfono móvil» y «galletas y leche» por «llamada o mensaje importantes». La energía y la atención que les damos a nuestros aparatos electrónicos es como el cuidado constante que se le da a un niño que ha empezado a andar. Las madres pueden perdonar que le prestes atención a un niño real, pero los clientes, los compañeros de trabajo y los amigos pueden preguntarse hasta qué punto estás presente, lo inteligente que eres y cuánto te importan si pasas mucho tiempo mimando a tus dispositivos electrónicos.

Llevamos encima nuestros móviles y otros aparatos tecnológicos para comunicarnos con gente que no está físicamente con nosotros. Puede que no nos demos cuenta de que estos mismos dispositivos crean una barrera para comunicarnos con los que están ahí, justo enfrente de nosotros. Nos hemos acostumbrado de tal manera a revisar los mensajes o los correos electrónicos y a responder al teléfono mientras hablamos cara a cara con alguien que puede que hayamos olvidado lo que es una persona que escucha de verdad. Incluso cuando entra alguien en nuestra oficina seguimos mirando la pantalla del ordenador y nuestras manos quizá no se separen del teclado.

Apaga todos esos aparatos y apártalos. No uses la excusa: «Todo el mundo lo hace». En lugar de eso, crea un ritual de compromiso. Señala tu intención de escuchar separándote del ordenador en tu oficina. Si tienes un aparato electrónico, sácalo y di en voz alta: «Déjame apagar esto y quitarlo de en medio mientras hablamos». Es sorprendente el impacto que tendrá en la impresión inmediata que le causarás a la persona a la que estás escuchando.

INCLÍNATE HACIA DELANTE: la proximidad (estar *físicamente cerca*) señala tu deseo de estar cerca emocional o fisiológicamente. No quiero decir con esto que deberías pegarte a la cara del que está hablando, sino tan solo inclinarte hacia él. La investigación demuestra que en una conversación sentada, reclinarte hacia atrás demuestra que tú eres el que domina. Inclinarse hacia delante muestra interés. Por supuesto, si la conversación es larga, no deberías pasar todo el tiempo en el borde de la silla; puedes variar la inclinación dependiendo de lo que se esté hablando.

EXPÓN TU CORAZÓN: no es necesario que te desabotones la camisa y muestres tu S de Superman para mostrar que estás escuchando; solo asegúrate de que te vuelves hacia quien habla. Orienta el corazón y, a ser posible, la parte superior del cuerpo hacia él. La gente se abre más a quienes le dan la cara al escucharla. Girarse aunque solo sea la cuarta parte de una vuelta en otra dirección muestra falta de interés hacia quien está hablando y le hace cerrarse. También da información sobre tu respuesta al mensaje.

Como he mencionado antes, la investigación muestra que cuando la gente se siente atacada o a la defensiva, o tiene poca autoestima, se protege el área vulnerable del corazón. Para comunicar que eres un interlocutor abierto y seguro de ti mismo, tienes que mostrar tu corazón. Sin embargo, recuerda que hay diferencias de sexos en este aspecto. Si deseas que dos de tus empleados o compañeros de trabajo resuelvan un problema o creen un plan juntos, siéntalos el uno al lado del otro en lugar de enfrente.

ELIMINA LAS BARRERAS: esto significa que tienes que apartar los objetos que te impiden acceder o ver a quien habla. La barrera que con más frecuencia se usa son los brazos cruzados. Aunque hemos visto que hay muchos motivos para cruzarse de brazos, el que está hablando verá ese gesto como una barrera y una señal de que en realidad no estás escuchando. De hecho, de todas las posturas del lenguaje corporal, esta es la indicación más obvia de falta de interés. En realidad al cruzar los brazos reducimos nuestra capacidad de escuchar. En un estudio que llevé a cabo en la escuela de posgrado, se les pidió a los sujetos que escucharan con los brazos cruzados sobre el pecho, y luego se los examinó sobre el contenido de la charla. El resultado fue que retuvieron un treinta y ocho por ciento menos de información que el grupo de control. Además, esos sujetos tuvieron una visión más negativa del hablante y niveles de estrés más altos.

Sujetar una bebida frente a la parte superior del pecho es otra manera de mostrar que estás bloqueando el mensaje del hablante. De modo que suelta los brazos y aparta el teléfono, el ordenador, los libros, el vaso o cualquier montón de papeles de tu escritorio que se interponga entre tú y tu interlocutor.

¿Soltar los brazos puede ayudar a retener la información?

Durante once años, mientras enseñaba en la universidad, reproduje un estudio que hice sobre cruzar los brazos en la escuela de posgrado, y lo he repetido con el público de cientos de entornos empresariales distintos. Es sorprendente lo mucho que cruzar los brazos reduce la capacidad de retención de información de la gente. En algunos de mis sondeos informales, la mitad de los miembros del público que no cruzó los brazos recibió puntuaciones de un cien por cien en sus pruebas, y aquellos que los cruzaron fallaron en la totalidad de las veinte preguntas. También es interesante la rapidez con la que los miembros del público que cruzaron los brazos perdieron el interés.

TU OBLIGACIÓN COMO OYENTE

Cuando estaba en la escuela de posgrado, estudié con una de las autoridades más prestigiosas del mundo en el campo de la escucha, el doctor Larry Barker. El doctor Barker, que entonces era el presidente de la International Listening Association, escribió el primer texto universitario publicado sobre la escucha, y el segundo sobre lenguaje corporal. Mientras trabajaba con él, estudié la investigación existente sobre el efecto del lenguaje corporal del oyente en el hablante. Me fascinó tanto que reproduje el estudio como parte de mi programa de máster. La investigación mostraba que cuantos más indicios de estar escuchando daba el oyente y más animado estaba, más

animado se volvía el hablante. Este hablaba con más energía, se movía más rápido y gesticulaba más. Por el contrario, cuantos menos indicios daba el oyente, menos avivado y más poco natural se volvía el hablante; su voz se enlentecía y se volvía monótona y suave. Muchos hablantes incluso dejaban de gesticular por completo. En cualquier conversación, es tu responsabilidad como oyente inspirar y energizar al hablante con tus reacciones.

Recuerda que no hay un regalo más grande que les puedas dar a los demás que entenderlos, verlos de verdad y prestarles toda tu atención. Ser «más considerado» al escuchar.

6

TU TECNOIMPRESIÓN

Impresiona a los demás por teléfono, correo electrónico, Facebook, Twitter, otras redes sociales y dispositivos

Uno de mis clientes fue a almorzar con un nuevo socio de negocios. Me dijo:

—Habíamos estado hablando por teléfono y mandándonos mensajes durante meses, pero nunca lo había visto cara a cara. A los cinco minutos de sentarnos a almorzar, mi nuevo socio ya está mirando su móvil para ver si tiene mensajes del hombre con el que acababa de almorzar. Se disculpa por haber comido antes de nuestro almuerzo, diciendo que se tomaría el postre conmigo. Sigue mirando los mensajes durante todo el almuerzo, con la cabeza agachada y los dedos volando por el teclado. Me quedé estupefacto, porque cuando lo conocí por teléfono pensé que era alguien brillante y ocupado. Me imagino que es tan brillante que su mente necesita estar ocupada todo el tiempo. Pero en persona se muestra como un tecnoimbécil.

Me apuesto algo a que has tenido una experiencia parecida. Es fácil criticar la manera de usar la tecnología de los demás y que los usuarios de alta tecnología se lleven una mala impresión de los que usan una tecnología más básica. ¿Cómo está afectando a tus relaciones la tecnología y cómo influye en lo que la gente piensa de ti la manera en que la empleas?

Una tecnoimpresión, o *técnica*, es la impresión que les causas a otros cuando te comunicas con ellos por medio del teléfono, el correo electrónico, Facebook, Twitter u otras redes sociales, así como cuando usas tus dispositivos electrónicos mientras estás en su presencia. Hubo un tiempo en que la gente se formaba la mayoría de las primeras impresiones viéndose cara a cara. Ahora no nos vemos cara a cara porque todos tenemos la cabeza agachada, mirando nuestros dispositivos. La gente no tiene el corazón abierto; tiene el ordenador abierto. No dan apretones de mano; abren sus dispositivos portátiles para revisar los mensajes. No se inclinan hacia sus compañeros de asiento para decir hola; sacan sus móviles para recibir una llamada. No se conectan con las personas que están en la habitación, porque se están comunicando con alguien que se encuentra en algún otro sitio a través de un pequeño dispositivo. La *técnica* es nuestro nuevo modo de comunicarnos. Tenemos que entusiasmarnos con ella y crear las maneras más efectivas de usarla.

Vivimos en un mundo digital. Las cifras son asombrosas: el ochenta por ciento de los habitantes de los Estados Unidos tiene algún tipo de teléfono móvil o tableta digital. Casi una de cada diez personas en el mundo usa Facebook, y este sitio web puede manejar mil setecientos millones de interacciones *al minuto*. Casi un millón de nuevos usuarios se crea un perfil en Facebook cada día. En 2010 el número de usuarios pasó de los quinientos millones. El *blogger* de Fast Company, Steven Rosenbaum, afirma: «Para 2014, el grupo de investigación tecnológica Gartner predice que los servicios de redes sociales reemplazarán al correo electrónico como método principal de comunicaciones interpersonales para el veinte por ciento de los usuarios comerciales».[1]

El Grupo Radicati, que proporciona información sobre mensajería electrónica y colaboración, estima que la cifra de correos electrónicos mandados por día (en 2010) es de alrededor de doscientos noventa y cuatro millones, y la media que recibe un profesional se sitúa entre los ochenta y los ciento cincuenta correos electrónicos diarios.[2] Estamos comunicándonos de una manera totalmente nueva a través de correos electrónicos, mensajes de texto, blogs, YouTube, videollamadas, reuniones a través de la web y mundos virtuales. Hay más gente que nunca con la que «hablar», más personas con las que intercambiar mensajes de texto y videollamadas. Ahora disponemos de la tecnología para implantar dispositivos electrónicos de comunicación en nuestros cerebros. Incluso podemos colocarnos en los ojos lentes de contacto con pantallas incorporadas y tatuarnos ordenadores en las muñecas. (Para ver detalles sobre esto y sobre otras maneras en las que está cambiando cómo nos comunicamos por medio de la tecnología, visita «Techno Impressions», en www.snapfirstimpressions.com.)

Todo esto significa que estamos casi constantemente mandando y recibiendo primeras impresiones. Tenemos que adaptarnos y crear maneras nuevas de manejar las impresiones inmediatas mientras la tecnología sigue evolucionando.

Mis clientes me contratan para que capacite a sus empleados en el mejor y más avanzado comportamiento *técnico*. Las directrices que expongo en este capítulo, basadas en las últimas investigaciones, en mi experiencia con los clientes y en las reglas más elementales de la cortesía, te permitirán causar una buena impresión en este nuevo mundo que parece sacado de una obra de ciencia ficción.

NUESTRO CEREBRO Y LA TECNOLOGÍA

Cuando interactúas con un dispositivo tecnológico, tomas decisiones rápidas y superficiales. Aceptas o no aceptas un texto, una invitación a hacer clic en un enlace de la página, una llamada entrante, etc. Estas decisiones rápidas configuran circuitos que van a los centros del ego de tu cerebro. De hecho, tomar esas decisiones te crea una euforia parecida a la de las drogas y te hace sentir superior a quienes te rodean. Ahora puedes entender al tecnoimbécil que parece irritado e incómodo cuando tiene que parar y hablar contigo. Desgraciadamente, para tomar decisiones rápidas y superficiales con éxito, tienes que debilitar los circuitos de los centros sociales de tu cerebro. Estás configurando circuitos al centro del ego que producen ese agradable subidón adictivo pero la comunicación interpersonal se vuelve cada vez más difícil, hasta llegar incluso a parecer una manera inferior de interactuar.

Estar constantemente mirando, buscando más información, sin concentrarte por completo en nada ni en nadie, pone a tu cerebro en un estado elevado de estrés. Nuestra «continua atención parcial», término acuñado por la ejecutiva de *software* Linda Stone en los años noventa, significa que el hecho de conectarse tecnológicamente nos mantiene eufóricos porque estamos siempre en estado de alerta, siempre buscando nuevos contactos o noticias excitantes, intentando estar un poquito más actualizados que los demás en cuestiones muchas veces triviales. Una vez que nos acostumbramos a ello, nos alimentamos de la subida continua de la conectividad. Estamos navegando por Internet, montando la gran ola, y eso alimenta a nuestro ego. La urgencia es irresistible.[4] Sin embargo llega un momento en que nuestro hipotálamo se sobrecarga y quedamos fuera de juego.

La tecnología está aquí y está cambiando la forma de nuestro cerebro. Tenemos que modificar la manera en que interactuamos para reducir el estrés y disfrutar de las mejores relaciones posibles.

LAS CUATRO REGLAS DE LAS TECNOIMPRESIONES: CÓMO USAR LOS DISPOSITIVOS ELECTRÓNICOS EN PRESENCIA DE OTRAS PERSONAS

«Hay una nación entera mirando hacia abajo. ¿Están deprimidos? ¿Buscando monedas? ¿Comprobando si ya han adelgazado lo bastante para verse los zapatos?».[5] Esta es la cómica descripción que hace Anna T. Collins de un mundo entero con la mirada clavada en sus aparatos electrónicos. Sí, muchos de nosotros pasamos ahora gran parte del tiempo que estamos despiertos con la cabeza baja, encorvados sobre algún tipo de portento tecnológico.

Cuando se trata de enviar mensajes de texto, llamar por teléfono y demás interacciones que llevas a cabo con los aparatos portátiles, tienes que pensar en la impresión que estás causando en quienes están presentes contigo en ese momento y no solo en aquellos con los que te estás comunicando.

REGLA 1. EN CASO DE DUDA, APÁGALO Y GUÁRDALO

Ahora bien, sabes que es difícil hacerlo. Somos, literalmente, adictos a nuestros aparatos, y nos hacen sentir bien temporalmente. Pero también nos hacen parecer «engreídos», y puede llegar el momento en que nos priven de nuestra capacidad de mantener una conversación cara a cara. Los dispositivos electrónicos nos distraen, nos entretienen y nos dan compañía. Formamos un vínculo con ellos. Pero piensa que cualquier dispositivo electrónico es como un niño de tres años y pregúntate a ti mismo: «¿Llevaría a mi hijo de tres años a una comida de negocios?».

REGLA 2. CREA UN RITUAL FORMAL PARA APAGAR LOS APARATOS, DEL MISMO MODO QUE TIENES EL SALUDO FORMAL DEL APRETÓN DE MANOS

Cuando te sientes con alguien cara a cara, saca cualquier aparato que tengas y ponlo fuera del alcance de la vista. Puedes incluso decir en voz alta: «Voy a apagar esto y guardarlo porque tú y nuestra reunión sois importantes».

Cuando tus dispositivos electrónicos están enfrente de ti, crean una barrera física entre tú y tu interlocutor. La investigación ha demostrado que también crean una barrera emocional, porque aunque estén simplemente puestos ahí, y en silencio, su presencia implica que son tan importantes como quien está hablando contigo, o más.

Regla 3. Baja el volumen en lugares públicos

Las llamadas con teléfonos móviles deberían ser breves y a bajo volumen. Y el contenido de tus conversaciones debería ser «apto para todos los públicos».

Encuentra un lugar en el que tengas privacidad auditiva, lejos de otra gente. No cometas el error de compartir en voz alta con el mundo tus pensamientos íntimos y tus problemas. Tus risas fuertes y tus exclamaciones, e incluso el mero sonido del teclear frenético, pueden invadir el espacio de otro. (Más adelante hablaré con más detalle sobre las reglas 1 y 3.)

Priorizar

Le sugerí el ritual «estoy apagando este aparato y guardándolo» a un cliente (Deloitte, la mayor empresa de asesoría de gestión del mundo). Sentían curiosidad, no solo por la idea de guardar los dispositivos electrónicos sino también por la de informarle a la gente con la que estás de que lo has hecho. Es una acción muy sencilla; sin embargo, transmite una sensación de respeto y atención. La empresa quería que se recomendara en todas sus oficinas.

Regla 4. La cuenta atrás tecnológica

Examina tu cuerpo y tus dispositivos electrónicos. Nota cómo los llevas, los colocas y los usas para asegurarte de que no te hacen parecer un cretino, señalan incorrectamente tus prioridades o crean una barrera entre tú y la gente con la que estás hablando.

NO TE QUEDES FUERA DE ONDA

Cuando estamos conectados mediante el teléfono o un dispositivo electrónico, se produce un extraño fenómeno. Sentimos una conexión tan íntima con la persona con la que

Demasiada información

En tu restaurante favorito decides romper con tu rutina habitual y tomar una copa en el bar antes de comer. Piensas que sería agradable conocer a alguien, alguien a quien también le gustara el ambiente acogedor del restaurante. Tu teléfono móvil empieza a sonar cuando te sientas en el taburete, y ves que es una buena amiga quien te está llamando, así que respondes a la llamada. Hay un poco de ruido en el bar, y además tu amiga está andando por la calle, de manera que levantas la voz. Tu amiga te está contando una historia graciosa sobre una mala cita a ciegas que tuvo anoche, y sin darte cuenta empiezas a reírte y a hacer gestos. Mientras terminas tu copa de Rioja, le cuentas a tu amiga lo que te pasó a ti en una cita a ciegas que tuviste, con un detalle o dos subidos de tono. Tu amiga te dice que no puede oírte y elevas la voz un poco más. Mientras lo haces, notas cómo el barman te mira meneando la cabeza de un lado a otro, y a un hombre atractivo, solo, a unos pocos metros de allí. Te dedica una media sonrisa y se va.

estamos comunicándonos que mostramos indicios no verbales que normalmente reservaríamos para conversaciones cara a cara en un espacio íntimo. Además, ignoramos a los verdaderos censores de nuestro comportamiento, que están a nuestro alrededor. Dejamos de ver y escuchar, a la gente que se encuentra en nuestro espacio físico, e incluso a veces no nos percatamos de su presencia, de manera que no seguimos las reglas de la etiqueta para la comunicación en lugares públicos.

La conversación supone una pesada carga cognitiva para el cerebro. Cuando nos centramos en un sentido, como el oído, perdemos gran parte de nuestra capacidad para supervisar el entorno que nos rodea con este y con los demás sentidos. En lugar de estar al tanto de lo que ocurre, nos quedamos fuera de onda.

La tecnología en sí misma y el entorno público en el que la usamos pueden agravar el problema. Si estamos hablando por un teléfono móvil, la baja calidad del sonido puede hacernos elevar la voz. Además, mi investigación en paralenguaje, prosódicos y vocálicos, tal y como se transmiten por medio de la tecnología, indica que nuestra incapacidad para escuchar por turnos la respiración y otras señales vocales cuando hablamos por teléfono en lugares públicos puede hacer que tanto quien llama como quien recibe la llamada tengan dificultades para entenderse, por lo que aumenta la frustración, lo que hace que eleven sus voces.

Recientemente, cuando estaba sentada en el aeropuerto trabajando en este libro, un hombre se sentó en la fila de sillas que había delante de mí y en voz muy alta empezó a hablar de lo mucho que le gustaba beber a su tío fallecido. Parte de la agresión auditiva hacia todos los que estaban allí era que se reía a carcajadas y pateaba repetidamente el asiento que tenía delante, que estaba conectado al mío, sacudiéndome cada pocos minutos. Intenté atraer su atención para pedirle que se detuviera (o al menos para preguntarle qué marca de ginebra prefería su tío), pero estaba tan metido en su conversación que no se daba cuenta de lo grosero que estaba siendo.

Quizá te estés preguntando: «¿Qué pasa? Ese hombre no volverá a verte en su vida. ¿Qué más da el tipo de impresión que cause?». En muchos casos, le dará igual al que se comporta de una forma desconsiderada. Pero todos hemos visto películas y programas de televisión en los que una persona es grosera con alguien y luego descubre que es su nuevo jefe o cualquier otro individuo que puede tener un impacto significativo en su vida. Esa posibilidad no es solo ficción.

Nunca sabes quién está siendo testigo de tu comportamiento desconsiderado.

Una amiga estaba en el vestíbulo de un edificio hablando a voces por su móvil. Continuó con la llamada en el ascensor atestado de gente, ignorando a todos los que estaban en él, hasta que al llegar a su piso fue a salir y notó que algunos se quedaban mirándola. No le dio más importancia, pero más tarde, ese mismo día, cuando se reunió con los jefes de su departamento y le presentaron a un nuevo encargado, ¡vio que era uno de los que se le habían quedado mirando en el ascensor!

No es solo que exista la posibilidad de causarle una mala impresión a alguien que podría perjudicarte o beneficiarte de alguna manera, sino que además hay una razón más importante para ser considerado en público: tener consideración por los demás hace que el mundo sea un sitio mejor para todos. Menos descortesía significa menos estrés, y eso significa más paz. ¿Quién no quiere que en el mundo haya *más* paz?

Apaga tus dispositivos cuando vayas a una reunión o a otro evento público. Quizá dudes que puedas hacerlo. Pero cualquiera puede vivir durante un par de horas sin mandarle mensajes a otro y sin revisar el correo. No eres el presidente de los Estados Unidos. Nadie va a comenzar una guerra nuclear, al menos ninguna que tú puedas prevenir. De manera que despréndete de él y disfruta el momento.

Un director general que asistió a la presentación de su empresa en una gran convención nacional descubrió que en la sala de banquetes había cientos de líderes de organizaciones representando a los posibles clientes de su empresa, en la que todos sabían que se estaban jugando mucho. Si la presentación iba bien, esos posibles clientes podrían comprar la tecnología de la empresa y le haría ganar millones de dólares en el próximo trimestre. Imagina su consternación cuando descubrió que ¡los empleados clave de su empresa estaban mandando mensajes por el móvil durante la presentación! Sabía no solo que les estaban causando una mala impresión a los clientes potenciales, sino que además su comportamiento era contagioso: los posibles clientes sentados junto a los que estaban enviando mensajes empezaron a hacer lo mismo. No es necesario decir que recriminó a sus empleados por la mala impresión que causaron, amonestando en la reunión de la empresa de esa noche públicamente (por sus nombres) a todos los que estuvieron mandando mensajes.

Parece que todo el mundo tiene una historia de terror sobre comportamientos relacionados con la tecnología, desde el móvil que empieza a sonar en medio de un funeral, hasta los empleados revisando su página de Facebook en medio de una reunión. Los participantes de mis talleres para hablar en público quieren saber cómo lidiar con la gente que está en una conferencia distraída con sus aparatos electrónicos. Recuerda, no se trata solo de ti o de su respeto hacia ti; tiene que ver con faltarle al respeto a todos los que están en la sala. Cuando alguien está hablando, enviando mensajes o usando su iPad mientras estás hablando en una reunión o dando una charla, esta es la manera de reaccionar:

- Primero, trata de ignorar a la persona para ver si el público o los miembros del equipo se encargan de él.
- Como la persona distraída a menudo no se da cuenta de que está siendo maleducada, puedes indicarle

silenciosamente tu desagrado mirándola a los ojos y también dándole un golpecito en el hombro. O puedes hacer un gesto con la mano a alguien sentado cerca de ella señalándole que debería encargarse de que dejara de molestar. Una vez que hagas esto, si estás de pie, ve rápidamente a otra parte de la sala para seguir con tu charla, y si estás sentado, aparta la mirada de él, para no avergonzar al «tecnoabusador» reprendido.

◆ O, si estás de pie, puedes acercarte al que está causando problemas. No lo mires a los ojos ni le digas nada; tan solo sigue hablando.

EL CORREO ELECTRÓNICO Y OTRAS INTERACCIONES

A mucha gente le sorprende enterarse de que los correos electrónicos y los mensajes de texto pueden ofrecer una comunicación no verbal. Conforme la tecnología aumenta, tenemos que ser conscientes todo el tiempo de que cada tecla que pulsamos o cada vez que pasamos un dedo por una pantalla nos estamos comunicando. Lo que viene a continuación son las normas más importantes que debes tener en cuenta.

El correo electrónico es una comunicación no verbal que transmite a los demás una impresión sobre ti

El primer correo electrónico que le mandas a alguien debería ser tan formal como si estuvieras escribiendo una carta. Esto tiene una importancia fundamental en lo que se refiere a los correos de negocios. Escribir el saludo «Estimado (nombre)» y luego saltar una línea antes de empezar el mensaje puede parecer anticuado, pero tiene su razón de ser. Alarga el tiempo que se tarda en llegar a la parte impersonal del mensaje y formaliza la primera impresión inicial del lector, de manera que te hace parecer más profesional, inteligente y amable. Cuando hayas terminado, escribir un cierre como «Saludos cordiales, (tu nombre)» transmitirá también educación, que es un efecto reciente maravilloso. El efecto reciente, también llamado «sube a la cima y reina», es el efecto de lo último que dices o haces. Y es una consecuencia de nuestra tendencia a darles un mayor peso a los últimos acontecimientos (a lo que acaba de ocurrir o a lo último que ocurrió) que a los anteriores.

Mantén tus textos, correos electrónicos y entradas en Facebook tan directos y sencillos como puedas

La gente de negocios puede recibir cientos de correos electrónicos cada día. Procura no exponer muchas ideas. Es mejor poner puntos encabezados por viñetas que párrafos largos. Si necesitas que te respondan a determinadas preguntas, numéralas y pídele al destinatario que añada su respuesta directamente siguiendo tu pregunta. Si escribes un párrafo, que no tenga más de dos frases. Escribe un renglón de asunto breve que indique sobre qué trata el correo. Si has sido claro en el asunto, puedes ahorrarle a alguien horas de su tiempo cuando más tarde busque entre sus correos intentando encontrar el tuyo. Y es preferible que te recuerde con cariño, no maldiciéndote a media noche. Examina tus dispositivos electrónicos y comprueba cómo se lee en las pantallas el renglón de asunto y cuántos caracteres te permite.

¡Revisa!

Asegúrate de que tu gramática y tu ortografía sean correctas. Revisa para estar seguro de que le estás mandando el mensaje a la persona adecuada.

Ten cuidado con la función autocorrectora de tus dispositivos

Aunque hay blogs e incluso libros graciosísimos dedicados a mostrar ejemplos de la propensión del corrector automático a cambiar tus palabras mal escritas pero normales por mensajes vergonzosos, ¡será mejor que no les des pie a tus amigos para que envíen tus textos como ejemplos para esos blogs o para la próxima edición de esos libros!

Para ver un ejemplo de cómo debería ser el primer correo electrónico que le mandas a un clientel, lee el cuadro de la página siguiente, «¿Cómo debe ser un correo electrónico para causar una buena impresión?». Recuerda que sigues creando, o recreando, una impresión con cada correo electrónico que envías.

Asegúrate de leer atentamente tu correo antes de responder

Podrías enumerar los temas a los que estás respondiendo y crear un término numerado y en negrita para cada uno; de esta manera sabrás si has respondido a cada encargo.

La rapidez de la respuesta (o su falta) causa una impresión

Asegúrate de responder todos los correos electrónicos profesionales y de negocios puntualmente. Si eres incapaz de acceder a tu cuenta de correo durante un determinado periodo de tiempo, puedes crear una respuesta automática que explique durante cuánto tiempo no estarás disponible. El tUMPTCegooky.

:hoSpiel

¿Cómo debe ser un correo electrónico para causar una buena impresión?

Asunto: Crear sus gráficos

Estimada Sra. Jones:
Entiendo que le gustaría que mi empresa se encargara de los gráficos de su hoja informativa. Estamos encantados de poder proporcionarle ese servicio. Por favor, no dude en llamarnos o en mandarnos una descripción de lo que está buscando, indicando:

* El número de fotos
* El número de ilustraciones
* Las especificaciones del diseño

Tras recibir esta información, podré enviarle un presupuesto. Quedo a la espera de sus noticias.
Saludos cordiales,

Reginald Baker
Director
All Graphics
Móvil: 404-555-1222

Una vez que has establecido contacto con alguien, deberías seguir usando algún tipo de saludo, a menos que la comunicación se haya convertido en una conversación de ida y vuelta. Incluso en ese caso recomiendo que uses el nombre de la persona en los mensajes. Esto crea una interacción más personal, y la investigación muestra que el uso de nombres en los textos y en los correos electrónicos tiende a facilitar que se respondan los encargos y haya menos malentendidos y conflictos. Por ejemplo, un correo electrónico de seguimiento sería más o menos así:

Re: Crear sus gráficos
Gracias por la información, Reggie. Me encargaré de esto inmediatamente.

217

tiempo es un poderoso comunicador. Para algunos la media normal de respuesta es de unas cuantas horas, mientras que para otros es de minutos o incluso segundos. Los retrasos en las respuestas influyen en la impresión que transmites.

Ahora que estamos hablando de tiempo, sé consciente de que la hora a la que mandas el mensaje aparece junto a él. En ocasiones es magnífico impresionar a alguien con tus tendencias de adicto al trabajo respondiendo a sus peticiones a las dos de la madrugada, y a veces la impresión que esto da es que no duermes lo suficiente.

Cuando no quieres seguir mandando y recibiendo correos electrónicos sin parar

¿Alguna vez te has preguntado cuándo terminar una conversación textual? ¿Quizá temías causar una impresión negativa si no respondías? Para que la gente sepa cuándo no requieres una respuesta, usa una abreviatura que creé para que mis clientes la emplearan en el ámbito de sus empresas: *TB*, que significa: «Todo está bien, no es necesario responder». Añade *TB* al renglón de asunto y al final de tu correo.

Una vez que los demás entiendan el concepto, también puedes usar la abreviatura RM, que significa: «Recibí tu mensaje, lo leí, lo entiendo y estoy de acuerdo», o RMTE, que indica esto último más «te escribiré».

La mayoría de los profesionales usa un «bloque de firma», o un «renglón de firma» para cerrar sus correos.

La firma debería incluir tu nombre, cargo, nombre de la empresa e información de contacto. Evita ser cursi en tu renglón de firma y revisa la ortografía antes de crear uno. Estuve usando un nuevo renglón de firma durante dos meses antes de que un cliente potencial mencionara que la palabra «profesional» estaba mal escrita. ¡Qué poco profesional!

Ten cuidado con lo que borras además de con lo que mandas. Cuando asesoré a una empresa de seguridad en internet, descubrí que hay un *software* que se puede usar con tus correos electrónicos y tus documentos para recuperar todo lo que escribiste, entre otras cosas el texto borrado y todos los documentos originales a los que accediste para crearlo.

Al recibir un correo de grupo, normalmente no tienes que responderles a todos.

Asegúrate de que no estás sobrecargando las bandejas de entrada de otros cuando podrías fácilmente responder solo a quien te envió el correo (si es que incluso eso es necesario). Crearás una mala impresión en los otros miembros del grupo cuando vean que tu correo no tiene nada que ver con ellos.

Revisa internet con frecuencia, para comprobar qué primera impresión les causas a los demás.

Busca tu nombre, tu nombre/foto y tu nombre/vídeo. No te sorprendas si ves que tu tía Caroline tiene una foto tuya de cuando eras adolescente con corrector en los dientes delante del árbol de Navidad. Puedes pedir que retiren tu foto o tu vídeo de cualquier sitio web.

Adelántate

En la orientación para estudiantes de primer curso de la Universidad de Emory, en Atlanta, se les muestran a los alumnos fotos colgadas por chicos de su edad en Facebook en varias situaciones vergonzosas. Aparece una chica con los ojos enrojecidos con un pijama estampado con patitos amarillos enfrente de su dormitorio, otra con los brazos alrededor de dos chicas y sosteniendo una botella de vodka, y una tercera sobre una mesa bailando vestida con la camiseta de su universidad y no mucho más. Los estudiantes tienen que ser conscientes de que podrían desperdiciar todo el dinero que ha costado su educación si sus posibles empleadores, al investigar sobre ellos, tienen acceso a fotos de Facebook como esas.

(Consulta www.snapfirstimpressions.com para ver herramientas e información que te ayuden a mejorar la impresión que das a los demás en la red.)

REDES SOCIALES

Usamos redes sociales como Facebook como herramientas personales, pero también las empleamos para establecer vínculos profesionales. Facebook es un lugar estupendo para compartir tus vídeos o citas favoritos, pero un mal lugar para quejarse o para exponer tus trapos sucios. Mantén tus actualizaciones medianamente impersonales y optimistas. Con impersonal no me refiero a que no puedas compartir buenas noticias: bodas, viajes o una excelente película que acabas de ver.

La asesora de medios de comunicación Eileen Spiegler sugiere a la gente que se informe sobre cómo funcionan varias redes sociales antes de colgar ninguna información personal. Por ejemplo, Facebook te permite establecer unos límites mucho más restrictivos sobre quién tiene acceso a tus publicaciones. En Twitter, por el contrario, esencialmente tu única opción de privacidad es bloquear seguidores, y esa no es la mejor manera de hacerte popular en la red comunitaria en la que se supone que estás tratando de participar. Piensa que cualquier cosa que «tuitees» será visible para mucha gente que no conoces y que una vez que esté en la red, se quedará ahí *para siempre*. Spiegler señala: «Antes de empezar a participar activamente en una red social, sería buena idea que hicieras una búsqueda por Internet de ti mismo para ver qué información hay ya en la red». Esto puede ser «muy instructivo». Ten en cuenta que «sitios como Spokeo.com hacen una lista con las direcciones, número de teléfono y otros detalles personales, a la que se puede tener acceso en una simple búsqueda. Mantente informado haciendo búsquedas de tu nombre ocasionalmente», dice Spiegler.

Puede que la popularidad de Twitter no dure para siempre, pero la interacción virtual antes de un acontecimiento y mientras dura se ha vuelto una práctica habitual. Antes de mis presentaciones, por ejemplo, mis clientes suelen empezar una conversación virtual con la gente que asistirá a la charla. Si te unes a una sesión de Twitter, tienes la oportunidad de recopilar y de mandar instantáneas informales.

Recientemente hablé sobre la detección de mentiras para las clases de ciencia forense en una escuela privada local. Mi público era un grupo increíble de niños, cálidos, participativos, rebosantes de curiosidad y magníficas preguntas. El ambiente de la escuela es muy parecido

¿Desengancharse de Twitter?

El autor Larry Carlat ha escrito sobre su obsesión con Twitter, que pasó de «tratar de hacer reír a unos amigos» a «colgar entradas de veinte a treinta veces al día, siete días a la semana». Esto lo hizo durante tres años, y «mientras conducía, entre sets de tenis, incluso en el cine», hasta que se dio cuenta de que su «vida entera giraba en torno a tuitear».

A los ocho meses de haber empezado a tuitear, Carlat comenzó un nuevo trabajo. Aunque antes había eliminado su nombre de su lista de Twitter, alguien del departamento de recursos humanos de su nuevo empleo se encontró con sus tuits y descubrió que violaban la política de la empresa en materia de redes sociales.

Finalmente, tras una especie de intervención de su hijo menor y después de que Carlat decidiera que su adicción a Twitter había «empezado a ser más una carga que una fuente de gozo», Carlat cerró su cuenta de Twitter, cometiendo «twitercidio».[6]

al de una gran familia. Los niños ríen y se abrazan unos a otros en los pasillos. ¡Le dije al profesor de ciencias que quería vivir allí!

Noté que todos los estudiantes tenían que dejar sus teléfonos móviles y otros dispositivos en una caja al llegar a la clase (una práctica que también veo en los campus de las universidades y en las reuniones de clientes). Me interesaba saber cómo estaba afectando la tecnología a sus vidas. Lo mejor es que aún desean saber si les gustan a una chica o un chico; lo divertido es que quieren saberlo no solo por medio del lenguaje corporal, sino también a través de los mensajes de texto y otros medios tecnológicos.

LIEBRE O TORTUGA; O ME QUIERE, NO ME QUIERE

Uno de los conceptos que he mencionado antes es el ritmo con el que se producen los mensajes. Como expliqué en el capítulo 5, en la sección «Igualar la respiración y el ritmo», las liebres y las tortugas tienen ritmos diferentes. El ritmo de alguien puede darte una buena idea de su personalidad. Después de descubrir cuál es el normal en determinada persona, puedes obtener nuevas impresiones sobre el ritmo de sus correos electrónicos,

Técnicas de liebres o tortugas

Las liebres mandan una gran cantidad de correos electrónicos cortos y rápidos y esperan que los respondan inmediatamente también con mensajes breves.

A las tortugas les encantan los correos electrónicos y los textos, pero son más lentas para responder y pueden darle vueltas y más vueltas a la redacción, por lo que tardarán mucho más en escribir cada mensaje y en mandarlo.

mensajes e intercambios por Facebook, que reflejarán dinámicas cambiantes en tu relación con él. De manera que si un amigo o un compañero que normalmente responde en momentos tarda mucho tiempo en contactar contigo, o pasa de respuestas lentas a rápidas, te está dando una información no verbal.

Hay también un efecto mayor de velocidad ajustable de conversación. Los correos electrónicos, los mensajes y la comunicación por Facebook son asincrónicos, lo que significa que se puede cambiar el ritmo al que conversas. Una conversación puede ocurrir en el curso de minutos, días, semanas o meses. El tiempo interactivo puede acortarse o alargarse todo lo que sea necesario. Y con los mensajes por Facebook hay un registro permanente de la fluctuación.

Cuando alguien no responde a nuestros mensajes tecnológicos, lo razonable puede ser dar por hecho que está ocupado. Pero no es lo que hacemos. Antes tuvimos algo y ahora no tenemos nada, de manera que llenamos el agujero negro resultante imaginando desastres como un gigantesco apagón general, una horrenda inundación o una erupción volcánica que le impide al otro respondernos. Imaginar la lava fundida impidiendo que alguien que te importa te escriba es mejor que pensar que eres el centro del universo.

El problema es que, ya sea una relación de trabajo o una personal, si el otro no está delante de ti, no puedes saber con certeza si se está abriendo camino entre las aguas desbordadas del río para conseguir cargar su iPhone y poder llamarte o tomándose un café con el móvil cargado a su alcance y apagado a propósito.

El agujero negro

Estás manteniendo una correspondencia de mensajes con alguien. De repente baja drásticamente la frecuencia de la comunicación, o bien cesa del todo. Te quedas mirando la pantalla intentando averiguar las razones del cambio. Vuelves a leer los mensajes buscando una pista. ¿Ese silencio significa enfado, indiferencia, retirada o un comportamiento manipulativo con el que el otro pretende castigarte? En el dolor que nos produce no saber (el agujero negro), proyectamos nuestras propias expectativas, emociones y ansiedades, y lo extraño es que a menudo no elegimos la acción más lógica: ¡hablar con él!

No des por hecho lo peor. En caso de duda, no te angusties y, por lo que más quieras, no mandes un mensaje o correo electrónico preocupado o enfadado. Recuerda que la comunicación cara a cara te da más matices emocionales y que la segunda opción es llamar por teléfono.

ETIQUETA GENERAL TECNOLÓGICA

CÉNTRATE EN EL OTRO ANTES DE CENTRARTE EN TI. Ya sea en una llamada de teléfono, un correo electrónico o un mensaje, pregúntale algo a tu interlocutor, o di algo sobre él, antes de hablar de ti o de hacerle una petición. Esto crea confianza. Cuando estás presionado por la falta de tiempo y sobrecargado de trabajo, es muy fácil empezar la conversación con un «necesito...». Recuerda, invadiste su espacio visual o auditivo para comunicarte, de manera que primero tenlo en cuenta a él. Empieza hoy mismo. Prueba a preguntar algo sencillo del estilo: «¿Cómo van las cosas?» o «¿Qué día hace hoy por ahí?».

PIENSA EN LO QUE EL OTRO PODRÍA ESPERAR. Susan se había licenciado de la universidad un año antes y aún estaba sin trabajo y viviendo con sus padres. Había tenido lo que le pareció una estupenda entrevista telefónica de una empresa de relaciones públicas que buscaba un representante del cliente, el trabajo de sus sueños. Tras la entrevista, mandó un breve correo electrónico profesional dando las gracias a su entrevistador. Dos semanas después todavía no había tenido noticias de la empresa. Estaba molesta y desconcertada. Le pedí que pensara en el conjunto de aptitudes que debería tener la persona que querían contratar. ¿El representante de clientes de esa empresa de relaciones públicas mandaría un solo correo electrónico a una fuente de información y esperaría dos semanas para recibir una llamada? ¿No llamaría esta persona y preguntaría y quizá incluso mandaría cartas? ¿Este representante no haría todo lo posible para comunicarse con objeto de cumplir con su trabajo?

SI HAY UN CONFLICTO O MALENTENDIDO O NECESITAS ALGO URGENTEMENTE, USA MÁS DE UNA FORMA DE COMUNICACIÓN PARA ASEGURARTE DE QUE HAYA ENTENDIMIENTO Y CREAR UNA BUENA RELACIÓN. Manda correos electrónicos y mensajes de voz, pásate por su oficina y asegúrate de que recibe la información. Cada uno procesa la información de una forma distinta. El que es visual leerá el correo electrónico, el auditivo escuchará el mensaje de voz; también hay gente que es kinestésica y prefiere el contacto humano y anclajes físicos. Aunque tu entorno empresarial o tu grupo de amigos se dediquen a mandar mensajes de texto todo el tiempo, eso no significa que la persona con quien estás tratando haga lo mismo. Ten en cuenta que en diferentes entornos (como el trabajo, la familia o los amigos) se requieren diferentes medios para comunicarse. Sigue la pauta que marque tu interlocutor, y haz lo posible siempre por enviar mensajes breves y concisos, porque mucha gente no se molesta en leer un correo electrónico largo ni en escuchar un mensaje enrevesado en el buzón de voz.

Contar hasta diez

Sara, asesora de una empresa de auditoría reconocida a nivel nacional, iba conduciendo desde Filadelfia hasta Nueva York después de una dura semana de trabajo en la carretera. En medio del tráfico de las cinco de la tarde sonó su móvil. Era una llamada importante de un cliente que Sara acababa de conocer. El nuevo cliente empezó a protestar acaloradamente sobre uno de los compañeros de trabajo de Sara. A ella, que ya estaba bastante estresada, «se le fue la cabeza». Temiendo que su empresa perdiera al cliente, empezó a exponer ella también sus propias quejas, igualando el tono de voz y el ritmo del cliente. Esa noche, cuando iba a dormir, se dio cuenta de su error: había dejado en la estacada a su compañero. A pesar de que se disculpó tanto con él como con el cliente, seguía sintiéndose mal.
—Aprendí una lección muy valiosa, —me dijo—. Hay veces en que uno no debe responder a una llamada, aunque parezca importante.

CONSEJOS PARA EL TELÉFONO

TEN UN MENSAJE PROFESIONAL EN TU TRABAJO, EN TU CASA Y EN EL MENSAJE DE VOZ DE TU MÓVIL. Habla con claridad y no muy deprisa. Ofrece la suficiente cantidad de información y no más. Evita utilizar música, hablar en argot o poner voces graciosas.

DEJA MENSAJES PROFESIONALES EN LOS BUZONES DE VOZ. Sé consciente de que la gente cada vez escucha menos los mensajes de voz, así que si mandas uno, acompáñalo de un correo electrónico o un mensaje de texto. Prepara tu mensaje antes de llamar. Hazlo breve pero completo. Deja tu nombre y apellidos, tu número de teléfono y tu dirección de correo electrónico. Explica siempre el motivo de tu llamada. Si hay varios asuntos sobre los que quieres hablar, di al principio mismo de la llamada: «Te llamo por dos motivos».

LA LLAMADA DE UN MÓVIL PUEDE SORPRENDERTE EN UN MOMENTO INFORMAL Y CUANDO TIENES PRISA. Ten cuidado cuando respondas a una llamada de móvil sobre la marcha. Si tus compañeros de trabajo te llaman, no respondas si no puedes hablar claramente y con tranquilidad. Ten en cuenta que si vas conduciendo, tu mente estará distraída, y que en algunos lugares está regulado o prohibido el uso del móvil mientras se conduce. Ten presente también que si respondes una llamada cuando estás en el baño, se percibe claramente el eco rebotando en los azulejos.

PROCURA ESTAR TOTALMENTE PRESENTE Y CONECTADO. Cuando estás al teléfono, pierdes gran parte de la expresividad que tendrías normalmente al comunicarte cara a cara con indicios no verbales, de manera que debes aumentar el nivel de energía para poder expresar tu entusiasmo. Si es posible, permanece de pie mientras hablas, y usa movimientos y gestos corporales naturales para que tu expresión oral sea auténtica y transmitas más energía.

MULTITAREA

Mi amigo Steve tiene trastorno de déficit de atención (TDA). A la gente con TDA le resulta muy difícil permanecer concentrada, pero se siente orgullosa de su capacidad de saltar fácilmente de una cosa a otra. Un día Steve iba conduciendo con un amigo, charlando animadamente, cuando se dio cuenta de que se había pasado la salida. Se disculpó a su amigo, diciéndole que seguramente se había distraído con la charla.

—Creí que habías dicho que la gente con TDA puede hacer varias cosas a la vez —le recordó su amigo.

—Es verdad —contestó él—. Pero no dije que pudiéramos hacerlas bien.

Solo porque puedas hacer varias cosas al mismo tiempo (conducir, prestar atención a la carretera, hablar por teléfono, escuchar los informes sobre el tráfico...) no significa que puedas hacerlo todo bien. Con toda nuestra tecnología, creemos que hemos conseguido más en menos tiempo cuando, en realidad, nos estamos exponiendo a cometer errores y a tener una comunicación deficiente. Lo que lo empeora aún más es que, mientras los demás se dan cuentan, tú estás tan ocupado haciendo varias cosas a la vez que no lo ves.

El director general de una gran empresa situada en Miami, Florida, me dijo:

—Esto se nos ha ido de las manos. Me gustaría tener taquillas para todos mis empleados y hacerles guardar sus teléfonos antes de entrar a trabajar. Parece que soy el director de una escuela, y no el dueño de un negocio, ¡pidiéndoles a mis empleados que trabajen en lugar de hablar por teléfono, mandar mensajes de texto y navegar por Internet!

¿Qué piensan tu jefe y tus compañeros de trabajo de tus dispositivos? De nuevo, solo porque «todo el mundo lo haga» no significa que eso sea lo que hay que hacer. Si no los empleas de un modo inadecuado, destacarás de una forma positiva.

TECNOIMPRESIONES Y CONFIANZA

Un estudio de 2008 que apareció en *Organizational Behavior and Human Decision Processes* demostraba que la velocidad con la que se mandan correos electrónicos y se establecen videoconferencias puede llevar a que hagamos las cosas más rápidamente pero los resultados pueden hacernos perder más tiempo. Gregory Norhtcraft, de la Universidad de Illinois, señala que las tecnologías superiores de comunicación perjudican a la interacción personal necesaria para desarrollar la confianza, que es vital para el trabajo en equipo: «La tecnología nos ha hecho mucho más eficientes, pero mucho menos eficaces».[7]

Bajo la dirección de Northcraft, más de doscientos estudiantes universitarios tomaron parte en dos ejercicios hipotéticos de equipo, unos reuniéndose en persona y otros mediante correos electrónicos y videoconferencias. El contacto presencial fue el que más confianza y cooperación produjo; el correo electrónico, el que menos, y las videoconferencias quedaron aproximadamente en medio. Comentando su investigación, Northcraft indicó: «Cara a cara la gente se siente más segura de que los demás harán lo que dicen que van a hacer. Por correo electrónico confían menos el uno en el otro».

Uno de mis clientes, el líder de un equipo internacional con el mayor número de ventas de la empresa, me contó uno de sus secretos para causar una buena impresión:

—Hago varias cosas. Llamo a mis vendedores y clientes, visito a mis vendedores y los acompaño en sus llamadas de ventas, y mando correos electrónicos y mensajes de texto. También envío notas personales escritas a mano. No me limito a lo más fácil ni me quedo estancado en la rutina. Quiero conectar a nivel humano, no solo intercambiar información.

La próxima vez que alguien te llame durante una reunión, una conferencia o una conversación importante, fíjate en las expresiones faciales de las personas que te rodean. Esas caras te dicen todo lo que tienes que saber sobre las impresiones inmediatas que se forma la gente cuando usamos mal la tecnología. Si lo único que sabes sobre alguien es que está pegado a sus dispositivos electrónicos, lo más probable es que te cause una impresión inmediata negativa.

La tecnología nos permite conectar más rápidamente, y a veces de forma más eficiente, con los demás. Pero nunca reemplazará a la impresión que causamos con una conversación personal cara a cara. Sé consciente de cómo usas la tecnología para la comunicación y hazlo con sentido común. Puede afectar a tus relaciones en un instante.

7

CÓMO TE VEN LOS DEMÁS EN UN SEGUNDO

Sé consciente de lo que los demás ven en ti y cambia su primera impresión

La primera vez que vi a Brian me saludó con un cálido apretón de manos, una sonrisa y restos de espinacas entre los dientes. Reaccioné como lo hubiera hecho cualquier persona decente. Le devolví la sonrisa, enseñándole los dientes como un conejo y con un dedo imité el movimiento de cepillarme los dientes. Brian entendió la insinuación y continuó nuestra reunión sin espinacas. Han pasado años y todavía sigue recordando esa anécdota:

—¿Qué habría pasado si no llegas a hacer eso? —me pregunta—. ¿Y si hubieras pensado: «Qué desgraciado» y me hubieras rechazado? ¿Qué habría pasado si hubiera llegado a casa, me hubiera mirado al espejo y hubiera visto que tenía espinacas entre los dientes?

A menudo no somos conscientes de la primera impresión que causamos. La gente se la forma en un segundo, pero lo normal es que no te diga nada. Podemos ir por la vida sin tener la menor idea de cómo nos ven quienes nos rodean. Nos preguntamos por qué no logramos venderle a un cliente, ni conseguir una cita con alguien que nos atrae, ni por qué nos sentimos tan cohibidos en una reunión o en una fiesta. La verdad es que todos nos encontramos en punto muerto en lo que se refiere al comportamiento no verbal. Y por muy embarazoso que sea darte cuenta de que saludaste a alguien cuando tenías restos de espinacas entre los dientes, pelos de perro en la chaqueta o una etiqueta con el precio colgando de la parte trasera de los pantalones, también es difícil y embarazoso no saber que tienes comportamientos no verbales que hacen que la gente reaccione de forma negativa contigo. Aunque no te miren fijamente a los dientes, ni te ofrezcan un cepillo para pelusas, ni quiten la etiqueta del precio de los pantalones, puedes llegar a entender cómo te ven los demás y averiguar qué tienes que cambiar.

Hemos visto docenas de indicios de lenguaje verbal que la gente procesa en un instante para formar sus primeras impresiones. Centrémonos ahora con más atención en la pregunta que todos nos hacemos: «¿Cómo me ven los demás?». Y mientras analizas a fondo las impresiones que causas, aprenderás cómo puedes mejorar estas primeras impresiones e incluso cómo lograr una segunda oportunidad de causar una primera impresión.

En este capítulo descubrirás la importancia de conocer cómo te ve la gente desde su perspectiva. Y concretamente:

- Examinarás cómo *crees* que te ven, tu percepción de ti mismo.
- Conocerás cuáles son tus comportamientos visibles causantes de una primera impresión.
- Descubrirás la verdadera primera impresión que les das a los demás.
- Aprenderás a causar la mejor primera impresión posible.

Yo creía que causaba una primera impresión estupenda. Recién salida de la escuela de posgrado y muy joven e inocente, empecé a trabajar con una empresa de asesoría en un gran edificio de oficinas del centro de la ciudad. Tras trabajar en una academia, ya había tenido mi propio negocio de conferencias y formación con muy buenos resultados. Me llevé a mis clientes a la empresa de asesoría y seguí generando mi propio negocio.

La empresa era pequeña, con menos de cuarenta asesores y miembros de personal. Los asesores no tenían horas fijas de oficina ni reuniones a las que tuvieran que asistir. Llegabas cuando querías, hacías lo que venías a hacer y luego te marchabas. Yo estaba en la carretera casi toda la semana, dando charlas y dirigiendo programas de formación, y normalmente regresaba de noche en avión, de manera que muy rara vez llegaba a la oficina antes de las diez de la mañana. Saludaba al encargado de la recepción, me reunía con el personal de apoyo junto a la puerta y a continuación iba inmediatamente a mi pequeña oficina, en la esquina trasera, cerraba la puerta y empezaba a trabajar.

Era menuda y rubia, parecía una niña de doce años si no iba bien arreglada. Por eso cuando le hablaba al público siempre me vestía de forma profesional, llevaba tacones altos, y les dedicaba una hora a mi pelo, al maquillaje y a las uñas (sí, una hora; es una locura, pero es cierto.) Tras toda una semana en la carretera y dando charlas, no me apetecía arreglarme para ir a la oficina. De manera que iba informal. Los otros asesores llevaban trajes, mientras que el personal se vestía de forma desenfadada, ya que los clientes no entraban en la oficina. Trabajaba hasta las cuatro de la tarde y luego hacía un descanso para el almuerzo. Nunca iba a ver a mis compañeros de trabajo ni me quedaba en el pasillo hablando sobre mis nuevos clientes o mis nuevas técnicas, y tampoco aceptaba ofertas de mis compañeros para ir a almorzar. Estaba muy ocupada trabajando.

Todo el edificio se quedaba vacío a las cinco de la tarde en punto. Normalmente yo me quedaba en la oficina, en la que no había nadie más, hasta las ocho o las nueve y luego Mac, el chico de seguridad, me acompañaba cortésmente desde el edificio hasta mi coche. La empresa estaba atravesando momentos difíciles, por eso me hice cargo de más trabajos de los que personalmente necesitaba y viajé muchísimo más de lo que nadie en sus cabales lo haría. Trabajaba tanto que no tenía otra vida que el trabajo. Que yo supiera, era la única persona que estaba trayendo dinero a la empresa.

Por eso me quedé pasmada cuando ninguno de mis compañeros de trabajo contó conmigo para sus proyectos de larga duración. Tal y como *yo me veía* a mí misma, estaba causando una impresión fantástica. Trabajaba como un burro para el equipo y era la que más dinero le generaba a la empresa; además, recibía críticas fabulosas de mis clientes. Entonces, ¿por qué no me ofrecían proyectos en la empresa?

Un día, estaba en la oficina haciendo llamadas de ventas, que era algo con lo que disfrutaba. Conocía bien a mis clientes y me pasaba los días de ventas llamando por teléfono y riendo. Lo extraño es que un nuevo asesor de la empresa que estaba especializado en ventas no hacía más que dar vueltas frente a mi oficina. Podía oírlo; en una ocasión incluso le abrí la puerta y le pregunté si me necesitaba para algo. Pero él sonrió y negó con la cabeza. Conforme se acercaban las cuatro de la tarde, reuní todas las notas de los negocios que había concertado y se las llevé a mi asistenta para que pudiera mandar los contra-

La importancia de presentarse

Recuerda que creas una primera impresión al presentarte al principio de cada jornada laboral, de cada reunión y de cada llamada telefónica o de otro tipo de interacción. La gente te evalúa para ver cómo vas a estar ese día en concreto y en una situación determinada. Y basándose en los resultados de la evaluación, decide cómo te tratará. Piensa en las veces en las que has mirado a alguien y has pensado: «Vaya, está de mal humor. Es mejor ir con cuidado».

Si quieres cambiar la impresión general que causas, céntrate en cada uno de tus encuentros para establecer nuevos comportamientos. Lo bueno es que cuantas más interacciones tengas y más veces te presentes en distintos entornos (dentro y fuera de la oficina, por ejemplo), de más oportunidades dispondrás para mejorar tu impresión general. Una manera sencilla de descubrir si estás realizando los cambios que quieres llevar a cabo es examinar tu propio comportamiento al principio y al final de cada interacción.

tos. Luego fui a la sala del personal, donde el nuevo asistente de ventas me vio, vestida de manera informal, sentada en la silla con las piernas y los pies plegados bajo el trasero, leyendo una revista y comiéndome una fajita de ensalada.

—Hola. Te he estado oyendo todo el día desde mi oficina riéndote mientras hacías esas llamadas personales. Lo estabas pasando en grande, ¿eh? —me dijo.

Creí que no le había oído bien y pregunté:

—¿Cómo dices?

—No le voy a decir a nadie que te has pasado todo el día haciendo llamadas personales. Solo quería burlarme un poco.

Estaba estupefacta. Solo acerté a balbucir:

—No, hoy estaba haciendo llamadas de ventas.

—Sí, seguro que sí —bromeó—. Y yo también.

—No, de verdad estaba haciendo llamadas de ventas. ¡Acabo de llevar abajo las notas de cuatro contratos para poder mandarles hoy mismo los paquetes!

Ahora era él quien estaba sorprendido. Durante un buen rato estuvo callado y luego dijo:

—¿Así es como haces las llamadas de ventas?

De repente fue como si mi carrera profesional se me apareciera delante de los ojos. Para ese asistente de ventas y para todo el personal de la oficina, yo era esa rubita que llegaba tarde, sin arreglar, y que se pasaba el día entero pegada al teléfono riéndose a carcajadas. No me extraña que no me vieran como una profesional. Teniendo en cuenta los comportamientos no verbales que podían ver, no lo era.

Al final resultó que, con la excepción del encargado de la oficina, nadie sabía que gracias a mí, la empresa estaba ganando dinero. Todo mi esfuerzo, todas mis largas horas en la oficina y las críticas excelentes de los clientes eran comportamientos *invisibles*. La empresa había dejado de compartir la información acerca de las ganancias y las opiniones de los clientes en las reuniones de los viernes por la mañana, reuniones a las que yo no asistía porque llegaba más tarde. ¡Había cometido un error garrafal! Estaba enseñando comunicación no verbal pero me olvidé de que cada vez que iba a la oficina —y también cuando no aparecía por allí— estaba comunicando, y no precisamente algo positivo. Pensaba: «Conozco bien a estos chicos. Les he causado una primera impresión estupenda y a partir de ahora mi trabajo hablará por mí». No había comprendido que uno crea una primera impresión al comienzo de cada jornada laboral, de cada reunión y de cada llamada telefónica o de cualquier otra interacción.

EJERCICIO

De comportamiento a impresión

Imagina la impresión que causaba a mis compañeros de trabajo al presentarme en la oficina. Hazlo basándote en los comportamientos visibles que veían mis compañeros. A diario veían a alguien que llegaba tarde al trabajo, vestía de manera informal, se metía en su oficina, cerraba la puerta y no compartía ideas ni clientes potenciales con nadie, estaba todo el día riéndose pegada al teléfono, no iba a las reuniones, y se sentaba con los pies doblados bajo el trasero. ¿Qué impresión te hubieras formado?

EJERCICIO

De impresión a comportamiento

Piensa en alguien que no te guste. Puede ser alguien que conozcas (un conocido, un compañero de trabajo o un familiar) o alguien que salga en los medios de comunicación, como un famoso, un político o un presentador. A continuación piensa en la primera impresión de esa persona, y enumera de tres a cinco comportamientos no verbales. Asegúrate de que enumeras comportamientos específicos, no tus percepciones. ¿Estos *comportamientos* te hicieron tener una impresión negativa de esa persona?

CAMBIA LA IMPRESIÓN QUE CAUSAS

En televisión hay un famoso programa de cambio de imagen llamado *What Not to Wear* (Qué no hay que ponerse). Cada episodio se centra en alguien a quien sus amigos y familiares, avergonzados por su forma de vestir, han propuesto para que se someta a un cambio de imagen. El programa me parece interesante en muchos aspectos. ¿Por qué todos se muestran tan sorprendidos siempre cuando los eligen para participar en el programa? Por lo visto sus amigos y su familia nunca les han dicho que visten mal. O se lo han dicho y no los creyeron. O no sabían lo que se necesita para causar una buena primera impresión.

¿Tienes algo en común con la gente que aparece en este programa? Piénsalo. A la mayoría de tus amigos y familiares les resulta extrañamente desagradable decirte cuál es tu problema —quizás con la excepción de tu madre y tu pareja, pero esto ya es otro tema—. Sin embargo, todos se han formado impresiones acerca de tu ropa, tu pelo y muchos más detalles desde la primera o una de las primeras veces en que te vieron. Digamos que te ponen una cara extraña cuando llevas una camisa muy estrecha, pero no dicen: «Ya no te puedes volver a poner eso. ¡Has engordado mucho!». O tal vez te lo dicen pero no haces caso. Piensas: «Pero si es mi camisa favorita. Siempre me ha quedado bien esta camisa. De hecho, ¡desde que me la ponía en el instituto me decían que me sienta estupendamente!». Quizá no sepas lo que es vestir bien o lo que es una buena impresión.

En el programa colocan a los invitados en una cabina con las cuatro paredes de espejo para que puedan verse desde todos los ángulos. Solamente eso ya es doloroso para el invitado. Luego aparecen los asesores de moda y empiezan con su labor. Son *brutalmente* sinceros; dicen cosas como: «Estás horrible con eso», «Ese tono queda fatal con tu color de pelo» o «Estos zapatos se pasaron de moda cuando estabas en el colegio, o nunca han estado de moda». Luego le dan consejos sobre cómo vestir bien e incluso usan maniquíes vestidos apropiadamente para mostrar algunos ejemplos de ropa que le quedarían bien al invitado que están asesorando. Por último dejan que salga y use los consejos recibidos para comprar un nuevo vestuario.

Quizá tú no tengas tan mal gusto para la ropa ni un lenguaje corporal tan espantoso, pero puede que haya cosas que no conoces sobre ti. Si quieres mejorar tu lenguaje corporal, tienes que meterte metafóricamente en una cabina con las paredes cubiertas de espejos que te muestre tu comportamiento, y ser brutalmente sincero contigo, descubrir modelos de los mejores comportamientos no verbales y cambiar

Comportamientos invisibles: dar a conocer tu trabajo

Hay muchas cosas que haces que podrían mostrar tu esfuerzo, tu credibilidad y tu atractivo pero que otra gente no ve. Quizá te pases horas trabajando sin que nadie lo sepa. En un entorno de negocios, cambiar las percepciones que los demás tengan sobre ti requiere no solo que pases más tiempo visible con otra gente sino también que les digas en lo que estás trabajando. Puedes pensar que eso es jactancia, pero en realidad es comunicación. Dar a conocer lo que no se conoce incrementa la oportunidad de que les gustes a los demás, te admiren y (en el mundo de los negocios) vean en ti el potencial para ascenderte y darte más responsabilidades. Así que visita las oficinas de los demás y sal a almorzar con los líderes.

aquellos que afectan a la impresión inmediata que causas en los demás.

Lo que sigue es un ejercicio que te ayudará a ver lo que otros ven la primera vez que te miran. Creé este ejercicio para mí misma el día en que el asistente de ventas me habló en la sala de personal. Necesitaba algo (una cabina cubierta de espejos) que me ayudara a ver la brecha entre cómo me veía yo a mí misma y cómo me veían mis compañeros. Hice tres listas, en las que detallaba cómo me veía a mí misma, cuál era mi comportamiento visible y lo que cualquiera que viera ese comportamiento pensaría de mí.

Este ejercicio cambió mi vida. A lo largo de los años los participantes de mis talleres y mis clientes empresariales y de asesoramiento me han dicho que también ha cambiado las suyas al ayudarles a descubrir sus puntos ciegos y a ser conscientes de cómo los veían los demás. Vuelve a leer el relato de mi experiencia cuando empecé a trabajar. Mientras lo haces, piensa en la impresión que les causas a los demás, y luego realiza el ejercicio «Califícame» que viene a continuación.

El contexto es importante. Piensa en cómo eres de verdad en cada situación. Yo pensaba que era muy profesional porque así es como me comportaba cuando estaba con mis clientes, pero la impresión que daba en la oficina era distinta. Tal vez pensemos que somos cálidos y cariñosos porque somos de esa manera con nuestra familia pero puede que realmente no les causemos esa impresión a nuestros clientes.

EJERCICIO

Califícame

Utiliza una hoja de papel (o ve a www.snapfirstimpressions.com para emplear la hoja de ejercicios *on line*; también verás listas de ejemplos que te permiten comparar tus respuestas con las de otros). Haz tres columnas. Llama a la primera «Autopercepción», a la segunda «Comportamientos visibles» y a la última «Otras percepciones».

1. En la primera columna, escribe una lista de tus autopercepciones: todo aquello que crees que es cierto sobre ti. ¿Cómo es tu personalidad? ¿Qué características tienes?
   Si trabajas para alguien, enumera todo lo que crees que se aplica a ti como empleado, supervisor o compañero de trabajo. Mi lista de la historia que has leído diría: «Profesional, adicta al trabajo, estupenda oradora, trabaja bien en equipo», etc.
   Luego, en la misma columna, haz una lista de cómo te ves a ti mismo en situaciones personales: como esposo, padre y amigo, por ejemplo. En la lista deberían estar las características de tu personalidad, adjetivos que describan lo que crees acerca de ti, como por ejemplo *feliz, fuerte, autoritario, tranquilo, abierto* o *tímido.*
2. En la segunda columna, escribe tus *comportamientos visibles*: todo aquello que los demás ven que dices y haces. Normalmente lo que se escribe en esta columna es lo que haces con tus amigos, compañeros de trabajo, citas, compradores o clientes mientras estás charlando cara a cara con ellos, por teléfono o mediante correos

electrónicos y mensajes de texto, detalles que es probable que hayan notado. Debes ser sincero contigo mismo en esto. Para darte una idea, en mi lista estaban mi ropa excesivamente informal, el hecho de estar despeinada, no saludar a mis compañeros de trabajo, mi escritorio desordenado y mi hábito infantil de sentarme encima de mis pies en las reuniones (las pocas a las que asistía). Enumera solo los comportamientos que los demás ven y escuchan, no lo que tú crees que significan. Por ejemplo, al poner tus comportamientos de trabajo, escribe todo lo que tu equipo ve que haces. No anotes nada que hagas tras las puertas cerradas o que les digas que haces, solo lo que realmente te ven hacer. En mi caso, no podía escribir que el público se ponía en pie y me aplaudía, ni críticas estupendas de los clientes. Eso, para mis compañeros de trabajo, era invisible y, francamente, les traía sin cuidado.

Incluye todos esos puntos en la lista de comportamientos no verbales y sé específico. Esto debería ser lo que un científico que observara tu vida escribiría en sus notas de laboratorio. Por ejemplo, en lugar de escribir que eres «abierto», como hiciste en tu lista de autopercepción, describe comportamientos visibles, como: «Me ven llegar al trabajo todos los días y decirles hola a todos con una sonrisa en la cara y una voz animada»; en lugar de «formal», escribe: «Me ven de mal humor y serio hasta que me tomo el café» o «Me ven ir directamente a mi ordenador y empezar a trabajar sin detenerme para sonreír ni para saludar a nadie», o en lugar de «adicto al trabajo» puedes escribir: «Ven los largos y farragosos correos electrónicos que mando a las dos de la mañana o me ven normalmente con una taza de café en la mano corriendo hacia alguna parte o con la cabeza agachada escribiendo mensajes». Para una situación laboral, ten en cuenta lo siguiente:

◆ ¿Cómo y cuándo llegas cada mañana al trabajo? (Recuerda que el tiempo es un comunicador no verbal poderoso.) ¿Qué haces a un nivel no verbal? ¿Qué le dices a la gente, si es que le dices algo? Escribe las palabras que pronuncias en el aparcamiento, en el ascensor o en el pasillo. ¿Cuál es el primer comportamiento que te ven tus compañeros de trabajo? Si estás trabajando en la primera impresión que les das a los clientes, compradores, posibles parejas, amigos o familiares, piensa en esa primera interacción en un contexto específico y haz un listado de tus comportamientos.

- ¿Cómo te vistes, de la cabeza a los pies? Asegúrate de usar términos descriptivos para tu ropa, zapatos, joyas, gafas, relojes, carteras, teléfonos, bolsos y accesorios, como «planchado», «arrugado», «viejo», «estrecho», «ancho», «moderno», «pasado de moda», «lleno de rozaduras», «impecablemente planchado», «gastado», etc.
- ¿Qué aspecto tiene tu oficina o cubículo, y especialmente tu escritorio?
- ¿Cómo son normalmente tus expresiones faciales no verbales y tu voz?
- ¿Con qué frecuencia trabajas en tu cubículo o en cualquier otro sitio en el que los demás puedan verte?
- ¿Le das la espalda a la entrada de tu oficina o cubículo?
- ¿Cómo te sientas, cuál es tu postura habitual al trabajar y cuando no estás trabajando?
- ¿Cómo reaccionas cuando alguien entra en tu oficina, cubículo u otra área de trabajo?
- ¿Visitas a otros? Si lo haces, ¿cuál es tu comportamiento no verbal en esos momentos?
- ¿Cómo reaccionas a las llamadas de teléfono, correos electrónicos, y textos: rápidamente, lentamente, nunca, bruscamente?
- ¿Cómo contestas a una llamada telefónica, y cómo hablas por teléfono?
- ¿Cómo te comportas durante el almuerzo y en la sala de personal? ¿Dónde te sientas, y cómo comes? ¿Con quién hablas y con quién no?
- ¿Cómo te comportas en las reuniones, cuándo llegas y dónde te sientas?
- ¿Cómo es tu comportamiento en una reunión cara a cara y en una gran reunión? ¿Escuchas, hablas o haces garabatos?
- ¿Cómo de rápida o de lentamente respondes a las demandas? (El tiempo de respuesta es un comunicador no verbal.)
- ¿Cómo tratas a los diferentes tipos de gente: tus compañeros, tu jefe, los clientes?
- ¿Cómo y cuándo dejas el trabajo cada día? ¿Te despides?

* ¿Ves a los compañeros después del trabajo? Si es así, ¿qué hacéis?

3. En la tercera y última columna, enumera las percepciones que los demás tienen de ti. Primero mira con atención todos esos comportamientos visibles desde su punto de vista. ¿Qué dirías tú sobre alguien a quien vieras actuando de ese modo, especialmente si son los únicos comportamientos suyos que has visto? Ahora tómate algún tiempo y escribe estas impresiones inmediatas. Sé crítico. Para mí este paso fue una revelación. ¡Con razón no contaban conmigo para ningún proyecto! Mis compañeros ni siquiera sabían quién era ni lo que era capaz de hacer. Yo no era más que una niña vestida de manera informal que se reía mucho. ¿Qué percepción objetiva tienes de tus propios comportamientos? Si te parece bien, puedes mostrarles a otros la segunda columna y preguntarles qué pensarían de esa persona. Llévasela a tu jefe y comprueba lo que dice. Siéntate con tu novia y con tu mejor amigo y pregúntales.

4. Ahora compara la primera columna, «Autopercepciones», con la tercera «Otras percepciones». ¿Cómo se comparan tus percepciones de ti mismo con las que tienen ellos sobre ti? ¿Estás dando la impresión que crees que das? ¿Estás dando la impresión que quieres?

5. Finalmente haz una lista de las acciones que estás dispuesto a cambiar si es necesario y de los comportamientos que deberías mantener si estás creando la impresión que deseas. Algunas de las cosas que puedes hacer para cambiar la impresión es dar a conocer a los demás tus comportamientos positivos invisibles (como esa gran conferencia que diste fuera de la oficina o tu sentido del humor, que solo surge cuando estás relajado). También puedes crear oportunidades para pasar tiempo con la gente en diversas situaciones.

Atrévete a preguntar. Si estás esforzándote por cambiar la imagen que se tiene de ti en el trabajo, fija una reunión con tus compañeros, tu líder de equipo, tu jefe o tus clientes. Pregúntales: «¿Cuál es o fue tu primera impresión de mí? ¿Qué comportamiento específico te causó esa impresión?». Ten en cuenta que *obtener una opinión sincera es difícil.* Si te dan una opinión positiva, pregunta: «¿Cómo podría darles a los demás una impresión todavía mejor?». Si dicen: «Fue una buena impresión», o te ofrecen otra opinión ambigua o general, pregunta: «¿Concretamente qué es lo que puedo cambiar para causar una impresión estupenda?» o «¿Qué estoy haciendo ahora que podría hacer todavía mejor?». Te digan lo que te digan, escucha en silencio y da las gracias. No intentes defenderte ni justificar tus acciones. Te han hecho un regalo. Créeme, hay gente en tu vida que se muere por decirte que tienes restos de espinacas entre los dientes. Solo tienes que preguntarles.

Échate flores

Carol me contó lo siguiente:
—Pasé años resentida porque no contaban conmigo para la mayoría de los proyectos ni me ascendían. Luego comprendí que mis jefes no sabían qué parte había desempeñado en los proyectos de mi equipo, ni lo bien que trabajaba con los clientes principales cuando estaba en la carretera con ellos. Empecé a salir a almorzar con mis jefes, y cuando mencionaban lo que estaban haciendo bien, aprovechaba para echarme flores yo también. ¿Quién iba a decirme a mí que todo el mundo estaba haciendo justamente eso: echarse flores?

Cómo funciona

Un cliente me contó en cierta ocasión:
—Tenía curiosidad por eso que contaste de que al principio del nuevo año llamas a tus clientes y les preguntas cuál fue su primera impresión sobre ti, buscando una opinión sincera. Después del ejercicio «Califícame», les diste a todos los miembros del equipo de ventas una tarea que consistía en atreverse a preguntarles a nuestros clientes y posibles clientes.

»Realmente no creía que fuera posible conseguir que la gente te dijera la verdad. Pero empecé a hacer llamadas y a preguntarles a los demás su opinión, y fue sorprendente. Descubrí que apresuraba mucho mis llamadas y daba la impresión de ser impaciente, y que, al hablar por teléfono, algunos incluso pensaban que estaba enfadado. Desde entonces me he tranquilizado, ya no gruño al decir buenos días, y eso ha cambiado bastante las cosas.

EJERCICIO

Modelar la mejor versión de ti mismo

Aquí tienes otro ejercicio que puede ayudarte a mejorar la primera impresión que les causas a los demás. Imagínate siendo la mejor versión de ti mismo que puedes llegar a ser. Es importante que tengas modelos en la vida real con las características que quieres. Luego fíjate en esos modelos y mira los comportamientos que deseas modelar.

Haz una lista con la gente que admiras. Puede ser alguien que hayas conocido personalmente, líderes famosos, celebridades o personajes ficticios de películas y libros. Tres de las personas de mi lista son Oprah Winfrey, Ted Clevenger (antiguo decano de comunicación de la Universidad Estatal de Florida) y mi amiga Sarah. Si tienes alguna dificultad para hacer una lista, olvídate de ello durante un tiempo y deja que la lista se vaya «cocinando» dentro de ti. Durante la próxima semana, por la noche, cuando vayas a dormir, proponte soñar con la gente que admiras y quieres emular. (Para ver listas de gente que causa una gran impresión inmediata y blogs sobre el mismo tema, ve a www.snapfirstimpressions.com.) Una vez que tengas tu lista, escribe también las características de esa gente admirable. Así es, más o menos, como yo lo tengo en mi lista:

* Oprah: honestidad, sinceridad y sentido del humor.

- Ted: honestidad, sinceridad, integridad, inteligencia, capacidad de leer a la gente, calidez y compasión.
- Sarah: honestidad, sentido del humor y calidez.

A continuación mira la lista de gente y características y escribe lo que hace cada uno de ellos para *mostrar* que tiene esas características. Profundiza. Nos resulta fácil pensar en la forma de vestir de alguien. Hazlo y luego pasa a sus acciones. Yo me pregunté: «¿Qué es lo que hace Oprah en sus emisiones que transmite su sinceridad?». ¿Qué hay en cada una de las personas de tu lista que te gusta y quieres imitar? ¿Su voz, su postura, su manera de inclinarse, sus gestos, su contacto físico, su uso del tiempo, su forma de saludar y entrar o salir de una habitación, su forma de mirar a los ojos o de mover los labios? Mientras haces esta lista, fíjate en si alguno de estos comportamientos no verbales lo realizan varios de los que aparecen en ella y pon una marca de «visto bueno» junto a cada uno de los que descubras. Ahora tienes una lista de comportamientos ideales. Y sabes exactamente a dónde te llevará practicarlos: te convertirás en una de las personas más admirables que conoces.

(Para ver ejemplos y otros ejercicios (como el que te ayudará a entender cómo las cinco personas con las que pasas más tiempo influyen en la impresión inmediata que causas), consulta www.snapfirstimpressions.com.)

Tal vez pensemos que somos unos profesionales muy trabajadores porque cada día lidiamos con trescientos cuarenta correos electrónicos y doscientos mensajes de texto, pero cuando el jefe entra en nuestro cubículo quizá nos encuentre con los ojos somnolientos y aspecto de estar medio dormidos.

FALTA DE CONTACTO CARA A CARA

Estoy segura de que estarás de acuerdo conmigo en que ahora hay menos comunicación cara a cara que hace solo diez años. Hablamos con nuestros amigos y familiares por medio de móviles, leemos mensajes de texto, jugamos juegos en nuestros ordenadores y miramos la televisión, todo con el corazón y la cabeza vueltos hacia la pantalla en lugar de hacia la persona que tenemos delante. ¿Qué ha ocurrido que ya no nos miramos a los ojos?

Hablando de mirarse a los ojos, la gente ya ni siquiera necesita verse en persona para empezar una relación. De los diez millones de usuarios de Internet que declaraban estar solteros y buscando pareja en 2006, el setenta y cuatro por ciento usó la red de una u otra manera para tratar de encontrarla, y el treinta y siete por ciento visitó una página web de contactos. Según un estudio del Centro Pew, estos dos grupos de usuarios combinados representaban el diez por ciento de *todos* los usuarios de ese año.[1] Actualmente tanto el portal Match.com como eHarmony.com aseguran tener veinte millones de usuarios registrados.

Los compañeros de trabajo se quejan de que ya no llegan a conocer a los clientes potenciales. El posible cliente va a su página web, hace clic en un botón que dice: «Mándame información» y luego pregunta los precios por correo electrónico. En este tipo de interacción de negocios nadie alcanza a valorar la verdadera dimensión del otro.

El cerebro necesita y espera distintos canales de información (más significativos) que le proporcionan la información proveniente de la expresión facial y vocal. Como mencioné antes, el cerebro de una persona sufre cuando no se encuentra con su semejante cara a cara para poder leerlo, y también sufre la comunicación, que se ve dañada. El neurocientífico Thomas Lewis sugiere que necesitamos *retroalimentación facial inmediata* para nutrir el cerebro y permitirnos sentir empatía de manera que podamos entender a los demás. En nuestro mundo de mensajes de texto a través de Twitter y Facebook, dice, «no importa lo mucho que practiquemos, para el cerebro la comunicación a través de mensajes sigue siendo estresante».[2]

Varios informes señalan que los padres ahora pasan una media de solo ¡una hora a la semana de contacto cara a cara con sus hijos! Eso significa una hora a la semana para fijarse en los indicios que nos permiten saber cómo le va a cada uno de los miembros de nuestra familia. Con tan poco tiempo juntos y con tantas prisas, ¿cómo pueden los padres darse cuenta siquiera de cuándo hay un problema

Qué le hace parecer a alguien egoísta o narcisista

El egoísmo se da cuando para alguien sus propias emociones son más válidas que las de los demás, en todo momento y lugar, como un niño que quiere el juguete de otro niño y se lo quita. Llevado a su extremo, esto es narcisismo. A los narcisistas «calientes» les cuesta controlar sus emociones incontenibles como la ira, la tristeza y la felicidad. Por ejemplo, pueden enfadarse o sentirse felices muy rápidamente por un incidente en apariencia insignificante o ser incapaces de entender el dolor de sus semejantes. En algunos casos tienen una necesidad de exagerar sus emociones y darles mayor importancia que a las de los demás.

El narcisista «frío» tiene emociones que no son tan fuertes, pero su capacidad de inhibir acciones es insuficiente. Como no siente las emociones con la misma fuerza que la mayoría de la gente, puede perseguir otras cosas, como dinero, poder, drogas, o sexo, con objeto de «sentir», pero sin darse cuenta de que las impresiones inmediatas que causa pueden parecerles frías o abusivas a los demás. Son incapaces de ver cómo sus acciones o actitudes pueden afectar a la vida de otros.

con sus hijos? ¿Y cómo pueden los niños obtener esa retroalimentación inmediata no verbal que les hace sentir que se los mira, se los escucha y se los comprende, y que les ayuda a practicar la empatía?

Hay indicios no verbales incontables (dar un portazo, llegar tarde a casa, tararear una canción de amor, inclinarse hacia delante, tocar el brazo, un suspiro, evitar la mirada, una cena dejada a medias...) que pueden ayudarnos a entender y a cuidar nuestras relaciones sociales.

Un día estaba cenando con mis amigos Kevin y Amy y sus hijas, Shannon, de seis años, y Rachel, de dos. Kevin alzó la voz ligeramente y dijo:

—Shannon, ahora no es tu momento de hablar, porque está hablando tu madre.

Amy se inclinó sobre la silla alta de su hija de dos años, le tocó cariñosamente la cabeza y dijo con severidad:

—Rachel, no hables con la boca llena. Termina de masticar y luego habla.

Luego Kevin y Amy se giraron y se inclinaron hacia Shannon, prestándole toda su atención, mientras Kevin decía:

—Cuéntanos lo que hiciste hoy en la escuela.

La cara de Shannon se iluminó con una sonrisa tan grande como una tajada de sandía, y empezó a hablar del proyecto de arte que había hecho. El interés de sus padres no decayó mientras asentían con la cabeza y seguían haciéndole preguntas. Ni siquiera probaron la comida hasta que Shannon levantó las manos y dijo:

—¡Eso es todo!

Kevin se volvió hacia mí y me preguntó por dónde había estado viajando. Yo dije:

—Florida.

La pequeña Shannon se dio la vuelta, me miró directamente a los ojos y preguntó en voz muy alta:

—¿Nadaste mucho?

—Sí –respondí, maravillada de que una niña de seis años supiera cómo hacer preguntas de seguimiento y de que imitara mi entusiasmo subiendo y bajando la cabeza y reflejando mis expresiones faciales mientras le contaba cómo había nadado y flotado en una balsa sobre las olas del océano.

Mientras estaba allí sentada me impresionaron las constantes y cariñosas correcciones y la dulzura con la que la animaban. Lo había notado una vez al mes, siempre que cenaba con ellos, pero esa noche empecé a contar los casos de asesoramiento verbal y no verbal lo mismo que si estuviera realizando un proyecto de investigación o de asesoría. Dejé de contar al llegar a veintidós frases de asesoramiento o correcciones no verbales, como alzar las cejas en señal de reproche o asentir con la cabeza mostrando aprobación.

Puede que conozcas la investigación que muestra una fuerte relación entre adolescentes que abandonan los estudios y consumen drogas y cuántas veces comen juntos todos los miembros de una familia. Parece de poca importancia, pero la comunicación no verbal es un lenguaje, un lenguaje muy complejo, y para aprenderlo bien de niño tienes que imitar a los adultos y necesitas que te corrijan y practicar una y otra vez. De hecho, la investigación indica que los niños pueden aprender el lenguaje corporal, y lo aprenden, cenando con la familia al menos tres veces por semana durante dieciocho años. Esto les permite producir y reforzar circuitos neurales hacia los centros sociales de su cerebro y, consecuentemente, mejorar sus habilidades interpersonales.

He venido haciendo encuestas entre mi público durante muchos años y tomando nota de sus respuestas a varias preguntas. Cuando digo: «Que levanten la mano los que cenaban en familia durante la infancia», me encuentro con que en algunos casos cuando el público está lleno de chicos menores de veinticinco años nadie levanta la mano. ¡Y luego nos preguntamos por qué los jóvenes prefieren mandarnos mensajes en lugar de hablar con nosotros! Se necesitan dieciocho años de interacción cara a cara con adultos para aprender todas las complejidades del lenguaje no verbal.

En la página siguiente hay un ejercicio que realizo con las empresas con las que trabajo que tal vez te resulte útil, ya que puede demostrarte que existe una relación directa entre la conversación familiar y tus hábitos durante la cena, por un lado, y tus comportamientos en las reuniones y las discusiones de grupo en tu vida adulta, por el otro. En tu familia, emplea el tiempo que pasáis cara a cara para comunicarte verbal y no verbalmente, y para modelar y observar una buena comunicación interpersonal y no verbal.

EJERCICIO

La prueba de la mesa, pasado y presente.

Haz un dibujo de la mesa en la que cenabas con tu familia cuando eras niño. Pon tu nombre junto al asiento en el que comías, y luego escribe los nombres de todos los demás. Si comías frente al televisor o al ordenador, dibújalo. A continuación, traza unas líneas entre quienes más hablaban. Después de esto imagina tu lenguaje corporal, tu voz cuando estabas sentado a la mesa cenando, y el lenguaje corporal de los demás.

- ¿Cuáles eran tus comportamientos no verbales en la mesa?
- ¿Cuáles eran los comportamientos no verbales de los miembros de tu familia?
- ¿Cómo te trataban y cómo interactuaban contigo?
- ¿Cómo te sentías sentado en esa mesa durante la cena familiar?

Ahora dibuja cómo y dónde tiendes a sentarte en una reunión, en una cena, en las mesas de conferencias, como adulto, y dónde se sientan los demás.
- ¿Cómo actúas en las reuniones hoy día?
- ¿Cómo interactúan contigo los demás?

¿Hay algunas similitudes entre tu comportamiento de niño y tu comportamiento y tus relaciones de adulto cuando estás sentado en una mesa de conferencias o sales a cenar?
- ¿Qué te parece la impresión que causas en esas situaciones?
- ¿Qué te gustaría mejorar de esa impresión?

Podrías volver al capítulo 2 y repasar los cuatro factores de la primera impresión para comprobar cómo afectan a la que provocas en los demás.
(Ve a www.snapfirstimpressions.com para consultar la hoja de ejercicios en línea de la Prueba de la mesa y ejemplos.)

ANSIEDAD INTENSA

Varios efectos secundarios de la falta de habilidades en el lenguaje corporal que apenas se comentan son el nerviosismo, el miedo, la falta de seguridad y ese tipo de ansiedad que muchos tratamos a base de medicación. Cuando lo piensas, tiene su lógica. Si no sabemos la impresión que les causamos a los demás, ni por qué, y tampoco sabemos cómo leer correctamente los indicios no verbales que nos transmiten en un instante, las interacciones —desde una charla insustancial hasta las sesiones de lluvia de ideas en la oficina, y mucho más las primeras citas, el establecimiento de redes sociales y las entrevistas de trabajo– pueden resultarnos misteriosas y temibles.

La solución a este tipo de ansiedad social es el conocimiento y la seguridad en ti mismo que confío que estés ganando con la lectura de este libro.

SEGUNDAS IMPRESIONES

Conozco una mujer a la que le encanta contar la historia de cómo conoció a su marido y cómo ella y su madre diferían en sus opiniones. El marido de Karen, Matt, es un hombre extremadamente sociable. Habla mucho y tiende a hacer más ruido que la mayoría, sobre todo cuando está con un grupo. Cuando habla, mueve el cuerpo y agita los brazos en todas las direcciones, poniendo énfasis en sus palabras. Cuando Karen lo conoció, tenía una actitud totalmente despreocupada que era, a su manera, encantadora. Matt no se preocupaba mucho por ir bien peinado, o por si sus ropas estaban limpias o descosidas. Karen se enamoró en seguida de él; adoraba su individualidad y su capacidad de hacer reír a la gente. Cuando estaba en su casa con otros amigos, solía ser el alma de la fiesta, y su voz se podía oír desde cualquier rincón.

La madre de Karen le daba mucha importancia al orden, y en gran medida a la tranquilidad. Cuando llevaban tres meses saliendo juntos, Karen notó que su madre no se unía a la conversación cuando tenía algo que ver con Matt. Un día le plantó cara.

—¿Tienes algún problema con Matt? —le preguntó.

—No sé qué le ves, ni cómo te puede interesar. No tiene respeto por sí mismo. No le importa la apariencia que tiene, le da igual si lleva la ropa limpia o sucia y es insoportable —contestó su madre.

—¿Insoportable? —se sorprendió Karen—. ¿Cuándo ha sido insoportable contigo o con papá?

—No ha sido insoportable conmigo en particular, pero oye las voces que da. ¿No puede controlar su volumen? No estoy sorda, ¿sabes?

Su madre también pensaba que Matt se pasaba mucho tiempo hablando con otra gente y no le prestaba bastante atención a su hija. Karen nunca había pensado en eso; de hecho, a ella le encantaba todo lo que su madre no podía soportar de Matt.

Lo que puedes ver cuando conoces a una persona puede diferir de aquello en lo que se fijan los demás. Tras los primeros noventa segundos de interacción con alguien, lo que buscamos puede estar relacionado con aquello a lo que le damos valor. Empezamos a hacer asociaciones entre los comportamientos no verbales de los que somos testigos y las cualidades internas que creemos que reflejan. Luego separamos a la gente con la que queremos seguir interactuando de aquella con la que no queremos seguir en contacto. En esta segunda fase de valoración filtramos todo lo que vemos y oímos a través de nuestras propias experiencias personales y prejuicios y les asignamos un tipo, es decir, un estereotipo. El filtro de experiencias de alguien del norte aplicado a la voz de alguien del sur puede crear un estereotipo que dice que la gente del sur es perezosa. El filtro de experiencias de alguien del sur puede crear un estereotipo que dice que la gente del norte es maleducada. *Los estudios demuestran que cuanto más reflexiones conscientemente, basándote en tus preferencias, para juzgar a los demás, menos acertados serán tus juicios y tus predicciones.*

Pregúntate a ti mismo cuál crees que es la cualidad más importante que puede tener alguien. ¿Qué características o tipo de personalidad valoras por encima de todas las demás? Piénsalo y escríbelo en seguida. A continuación escribe la segunda y la tercera cualidad más importantes.

Después de haber hecho este ejercicio con miles de hombres y mujeres a lo largo de los años, me sorprende el parecido de las respuestas en grupos muy distintos de gente. Desde agentes de policía hasta contables, pasando por maestros, ingenieros, estudiantes universitarios y ejecutivos, las respuestas son siempre las mismas. La respuesta número uno es normalmente «digno de confianza», «auténtico», «sincero» u «honrado». O la gente responde con frases como: «Que sean tal y como aparentan» o «Que no sean falsos». Esto es lógico porque todas estas son características que, a un nivel visceral, asociamos con ser inofensivo y previsible.

La respuesta número dos es normalmente «amable», «considerado», «educado» o «sensible», valores que, de nuevo, indican que es seguro estar al lado de esa persona. Y la respuesta número tres suele ser «predecible», «alguien en quien puedes confiar», «alguien con quien puedes contar» o alguna otra idea o palabra relacionadas. La gente se pregunta: «¿Puedo confiar en él? ¿Le importo? ¿Puedo contar con él?».

Algunas de las respuestas difieren según el sexo. Las mujeres con frecuencia aseguran que valoran un buen sentido del humor, alguien que ría fácilmente; los hombres, que buscan a alguien que tenga un apretón de manos firme o que esté seguro de sí mismo y presente un aspecto bien cuidado. Otras respuestas son bastante personales, como: «Que sepa escuchar» o «Que le gusten los niños». Estos valores tienen que ver con los cuatro factores que afectan primordialmente a nuestras impresiones de los demás: credibilidad, simpatía, atractivo y poder.

Para desarrollar tus aptitudes, presta atención a tus primeras impresiones a nivel visceral y a las impresiones de la segunda fase. Si hablas por teléfono con alguien que no conocías, escribe algunas ideas que se te ocurran sobre esa persona. Si lo conoces e intercambias información de contacto, anota tus impresiones sobre él. Si intercambiáis tarjetas de visita, puedes escribir tu primera impresión sobre él en el reverso. Vuelve a leer esas impresiones más adelante y examina su veracidad.

Cuando empieces a examinar la veracidad de estas notas, te percatarás de cómo tu sistema de valores afecta a lo que ves en otra gente en esa

Tus acciones hablan más alto que tus palabras

El portal Match.com sabe que tienes valores y deseos de los que no eres consciente pero que ejercen su influencia sobre ti. La empresa usa algoritmos para rastrear lo que buscas en Internet. Al igual que los algoritmos que usan Amazon y Netflix para sugerirte productos basándose en lo que has visto o comprado anteriormente, los de Match.com rastrean los perfiles que miras y la gente con la que contactas. Puede que digas: «Busco una amante de la música clásica hindú», pero si los algoritmos indican que en realidad en lugar de eso sueles contactar con chicas guapas amantes de la música *country*, el portal ve estos comportamientos como una indicación más acertada de lo que te gusta en una pareja. Match.com se basa en estos comportamientos para mandarte una «selección diaria».

segunda fase de valoración. Cualquier cosa que para ti tenga importancia actuará como filtro al juzgar a los demás. Por ejemplo, lo primero que notarás sobre alguien es si es sincero. Si estás hablando con una persona que no te mira a los ojos, que tiene la cabeza girada hacia ti pero no el corazón, cuyas palabras suenan bien y son emotivas, pero cuyos comportamientos no verbales sugieren que está cerrado, puedes percibirlo como si no fuera «auténtico». Lo etiquetarías en la categoría de «ten cuidado con él». Luego quizá empezarías a investigar lo que podría estar escondiendo.

Aunque puedes darte cuenta de algunos de los comportamientos de alguien en una impresión inmediata, también puedes filtrar tu impresión conscientemente a través de estereotipos. Cuando asistía a un banquete en un evento de una asociación, observé cómo el director de la asociación tomaba mi vaso de té con hielo y empezaba a beber. «Vaya, qué gracioso –pensé–. No se dio cuenta de que el vaso era mío». En realidad ese error le hizo sentirse un poco avergonzado y despertó mi simpatía hacia él. A su derecha se sentaba una oradora profesional especializada en la etiqueta en el mundo de los negocios. Le dijo:

—¡Acabas de beber del vaso de Patti!

Luego me comentó que se había quedado espantada al ver su mala educación, y que alguien con un cargo tan importante debería saber que las bebidas se colocan a tu derecha.

Estas reacciones tan distintas ilustran que los factores personales afectan a cómo evaluamos el comportamiento de alguien. Mi primera impresión del hombre fue que era auténtico y simpático. Pensé: «Es solo alguien normal y corriente, como yo». La mujer que estaba sentada al otro lado

EJERCICIO

¿Eres como yo?

Para que puedas ver cómo afectan tus valores a la manera en que percibes a la gente, escribe tus impresiones sobre las tres próximas personas que conozcas, ya sea cara a cara o por teléfono.

1. Haz un listado con las impresiones que te produzca (como «duro», «abierto», «frío», «rico» o «inteligente») en una o dos frases. Por ejemplo: «Engreído. ¿Qué es lo que está intentando demostrar?».
2. Luego fíjate en todos los indicios no verbales que puedas, entre ellos la ropa y los accesorios, las expresiones faciales, la voz, el cuerpo, los gestos, etc. Por ejemplo:
   Indicios no verbales: «Barbilla levantada, no mira a nadie, la boca tensa y los labios apretados, una mano en la cadera y la otra sosteniendo un bolso caro y de gran tamaño, y un café grande de Starbucks».
3. Escribe si, basándote en lo anterior, te parece que es o no es como tú y expón brevemente por qué. Por ejemplo:
   «Como yo o no. No es como yo. Yo no vestiría ni actuaría así».
4. A continuación analiza tus datos respondiendo a estas preguntas acerca de tus experiencias pasadas:

   * ¿A quién has conocido en tu vida que te gustara inmediatamente? ¿Qué indicios no verbales recibiste de esa persona que te llevaron a que te gustara? ¿Hasta qué punto fue acertada tu primera impresión?
   * ¿A quién has conocido en tu vida que inmediatamente no te gustara o no te inspirara confianza? ¿Qué indicio no verbal recibiste que te llevó a sentir aversión hacia él? ¿Hasta qué punto fue acertada tu primera impresión?

(Para ver una versión en línea de este ejercicio y ejemplos, visita "Are You Like Me?" en www.snapfirstimpressions.com.)

pensó, por el contrario, que era un verdadero zoquete. Yo valoré su autenticidad; ella valoró el hecho de actuar de acuerdo con la etiqueta. Ambos valores son lícitos, pero dan lugar a impresiones distintas. Al contrario que la programación primordial que forma nuestras impresiones inmediatas, nuestros valores se crean en el cerebro cognitivo, y los basamos en factores culturales y sociales. Eso significa que estas impresiones de segunda fase pueden ser inexactas y verse afectadas por estereotipos y prejuicios, de manera que tenlo presente.

Según un estudio realizado en 1982 por Don E. Hamachek, los tres principios que afectan más a las impresiones de segunda fase son:

- Tendemos a darle mayor peso a la información negativa que a la positiva. Mi colega ignoró todos los indicios positivos del director —su sonrisa cálida, la suavidad de su voz, y la manera en que se inclinaba y miraba a los ojos cuando estaba escuchando a alguien—. Solo vio que se había saltado las reglas de la etiqueta.
- Tendemos a ser influenciados por lo que resulta más obvio —beber del vaso equivocado era bastante obvio.
- Tendemos a juzgar a los demás basándonos en la presunción de que la mayoría de la gente es como nosotros, o *debería* serlo. Mi colega nunca se saltaría una regla de etiqueta, y esperaba que todo el mundo hiciera lo mismo.[2]

Como puedes ver, tanto tus valores declarados como tus valores subconscientes afectan a la manera en que lees a la

CÓMO TE VEN LOS DEMÁS EN UN SEGUNDO

gente. Y tus impresiones de los demás dicen tanto de ti como de la gente que estás valorando.

Buenos temas de conversación

Cuando veas o leas algo interesante, escanéalo o escribe unas notas sobre ello. Incluso podrías incluir una lista de temas de conversación en un archivo de tu móvil o tableta. He descubierto que las siguientes preguntas son eficaces:

- ¿Qué es lo mejor que te sucedió en tu vida el pasado año?
- ¿Qué es lo más divertido que has hecho en la pasada semana?
- ¿Qué es lo que intentarías cambiar de _____ (llena el espacio con un acontecimiento reciente que aparezca en las noticias)?
- ¿Qué es lo mejor acerca de _____ (llena el espacio con el tipo de trabajo de la persona con la que estás hablando)? O: ¿Qué es nuevo para ti en el trabajo?
- Todos tenemos comidas favoritas, pero si te ofrecieran solo tres alimentos en un tenedor y esos fueran los últimos que ibas a probar en tu vida, ¿qué habría en el tenedor?

Intenta usar algunas de estas preguntas en las próximas veinticuatro horas. Observa cómo haces las preguntas y fíjate en las impresiones inmediatas no verbales de la gente al responder.

Los encuentros iniciales crean una especie de fotografía instantánea de cuerpo entero, con una gran carga emocional, que usamos para evaluar miles de indicios en un instante. Esa impresión inicial es altamente acertada y duradera, pero las suposiciones basadas en estereotipos no lo son. Estas suposiciones agrupan a la gente en amplias categorías fundamentadas en una falta de características comunes: no es como yo, y esto lo percibo mediante información que puedo leer fácilmente, como el color de piel o la edad.

La investigación demuestra que normalmente le asignamos más comportamientos negativos a la gente que hemos identificado con un estereotipo, de manera que le damos menos tiempo de conversación, la miramos menos a los ojos, le sonreímos menos, etc. Es una lástima, porque una de las pocas maneras de cambiar una primera impresión es ver a esa persona en otro contexto.

MEJORAR LA IMPRESIÓN INMEDIATA QUE CAUSAS

Un grupo de amigos se reunió para una cena mensual ofrecida por Scott y Julie. Casualmente Debbie, la amiga de Julie, pasó a hacerle una visita y le presentaron a todos los invitados. Tras esto, se quedó a cenar.

Debbie se sentó a la cabecera de la mesa y estuvo toda la cena hablando sobre sí misma. Los invitados se miraban los unos a los otros alzando las cejas y haciendo muecas. Varios intentaron iniciar una conversación en la que todos pudieran participar pero Debbie saltaba sobre ellos como una liebre, hablando más alto y más rápido.

Yo estaba en la cena y observaba su comportamiento. A mitad de la cena, me di cuenta de que estaba enojada con ella porque no me dejaba hablar y porque su comportamiento me recordaba a mi tendencia a excederme hablando. Debbie era mi «espejo asqueroso». Durante toda mi vida he conocido a gente de la que he pensado: «¡Qué asco!». Por lo general, más tarde he comprendido que lo que me irritaba de ellos era una característica que yo también tengo y a la que temo o contra la que lucho.

Para darte una segunda oportunidad de causar una buena impresión, y conforme trabajas en leer las primeras impresiones de otros, nota si te disgusta alguien nada más verlo o si te irrita el comportamiento de alguien. Luego, sé amable y usa el «espejo asqueroso» para mejorarte. Te muestro algunas preguntas que pueden ayudarte a hacerlo:

- ¿Cuál es el comportamiento que no me gusta?
- ¿Alguna vez he tenido este comportamiento?
- ¿Cómo puedo sentir empatía por esta persona?
- ¿Es como yo en algún aspecto?
- ¿Cómo puedo usar este espejo para mejorar mi comportamiento?
- ¿Qué acciones puedo tomar para cambiar el comportamiento?

En mis programas «Reuniones eficientes para ejecutivos» y «Primeras impresiones y etiqueta para vendedores profesionales», uso la idea que me proporcionó Debbie. Esto es lo más importante que debes tener en cuenta:

1. Pregúntate a ti mismo cuál es la voz que oyes con más frecuencia cuando conversas con otros. Si es la tuya, estás hablando excesivamente. Quizá seas una liebre (vuelve al capítulo 5 para consultar la definición). Si respondiste: «No escuché mi voz pero me hubiera gustado tomar parte en la conversación», puede que seas una tortuga.

2. Si eres una liebre, trata de guardar silencio o hacer preguntas y escuchar. Si eres una tortuga, intenta presentar un tema exponiendo tu perspectiva, y luego pedirle al otro que responda a una pregunta. Por lo que a mí respecta, como soy curiosa por naturaleza y me encantaría tener mi propio programa de entrevistas para poder hacer preguntas divertidas, mi manera de cambiar la impresión inmediata es practicar hacer preguntas y luego escucharlas con *consideración*.

3. Haz una pregunta que dé lugar a una conversación interesante para todos. Si respondes esa pregunta, hazlo brevemente. Si eres una liebre, quizá sería conveniente que esperaras hasta que todos hayan tenido la oportunidad de contestar.

8

IMPRESIONES INMEDIATAS INTERNACIONALES EN EL TRABAJO

Brilla con luz propia en las entrevistas, las
llamadas de negocios, las reuniones, las
presentaciones y las negociaciones

*Recientemente un cliente al que estoy asesorando estaba
ansioso a causa de una inminente entrevista de trabajo, y
ese estrés era evidente en su lenguaje corporal. Tenía las
manos sobre el regazo y los pies metidos bajo la silla. Hablaba tan bajo que continuamente tenía que pedirle que
repitiera las frases. Le pregunté qué quería que su entrevistador sintiera al pensar en él. Me contestó que deseaba
que sintiera entusiasmo. Le pedí que se imaginara cómo
se comportaba cuando estaba entusiasmado. Y que a continuación actuara de esa manera. Su lenguaje corporal y
su paralenguaje cambiaron inmediatamente. Irguió la cabeza y el torso, se inclinó hacia delante y gesticuló hacia
arriba y hacia fuera. Empleó una voz cargada de energía
para compartir sus experiencias laborales positivas. Sonrió*

*e incluso rió mientras relataba una determinada historia.
Pero no se había sentido entusiasmado antes de empezar
a mover el cuerpo.*

*—Tan pronto como eché hacia atrás los hombros y sonreí,
y puse energía en mi voz —dijo—, me sentí auténticamente
entusiasmado.*

Hoy en día, con tanta gente buscando trabajo o ansiosa por mantener el que tiene, quiero ayudarte a usar el lenguaje corporal y las primeras impresiones en tu beneficio. Examinaremos con atención las entrevistas laborales (con todos sus posibles agentes estresantes) pero los consejos también sirven para los contactos que puedan darse en muchas otras situaciones en las que te encuentras con otros cara a cara. Las ideas que encontrarás en este capítulo te ayudarán a mejorar la impresión que causas y a acceder a los demás.

He comentado algunas de estas ideas en los capítulos previos; mi objetivo ahora es guiarte paso a paso mientras aprendes a ponerlas en acción en situaciones de la vida real. Como siempre, empieza cada entrevista, llamada de ventas, presentación o negociación con clientes sin hacer juicios y con el deseo sincero de entender y conectar.

CONSEJOS PARA CAUSAR UNA GRAN IMPRESIÓN EN UNA ENTREVISTA O EN OTROS PRIMEROS CONTACTOS

Es esencial comprender lo importantes que son las impresiones inmediatas. Las decisiones de contratar personal con frecuencia se toman en los primeros diez segundos de la entrevista, a veces antes de que incluso empieces formalmente la conversación. Recuerda, somos capaces de leer hasta diez mil indicios no verbales en menos de un minuto. Cuando hablamos de tener un sentimiento visceral sobre alguien, de lo que realmente estamos hablando es de leer todos esos indicios verbales *muy* rápidamente. A menudo en una entrevista la decisión de contratar a alguien se basa en leer esos indicios de una manera instintiva, y lo que luego hace el entrevistador es pasarse el resto de la entrevista buscando evidencias que apoyen esa primera impresión inmediata.

Veamos detalladamente lo que puedes hacer para causar la menor impresión inmediata en una entrevista. Es fácil perder de vista estas bases cuando tienes muchas cosas en la mente y te estás jugando mucho. Pero tienen su importancia. Esta es una sección que podrías repasar antes de una primera reunión importante. También podrías comentarla en tu lugar de trabajo o con tus clientes, para ver cuáles fueron los pequeños detalles en los que se fijaron que afectaron a su primera impresión.

ENSAYAR EL ÉXITO, FUSIONAR Y EMERGER

Usa estas tres herramientas para mejorar la primera impresión que causas en tu entrevistador:

ENSAYAR EL ÉXITO: visualiza tu éxito antes de la entrevista, en lugar de imaginar todo aquello que podría ir mal. Prepárate practicando primero «en directo» y luego cerrando los ojos y visualizándote a ti mismo en la situación. Imagínate dando un buen apretón de manos y sentándote con seguridad, mostrándote cálido y abierto, escuchando atentamente y respondiendo con seguridad todas las preguntas que te hagan. Pasa una y otra vez por tu mente la película de tu entrevista exitosa para que cuando te sientas estresado puedas volver fácilmente a esas reacciones positivas y acertadas que has ensayado. (Ve a www.snapfirstimpressions.com para descargar un archivo de audio que te guiará a través de un ejercicio de relajación; también encontrarás esta visualización positiva guiada con mi voz.)

FUSIONAR: en mi trabajo con el cliente cuya historia aparece al principio de este capítulo, usé un ejercicio llamado fusionar. Le pedí que pensara en las veces en las que experimentó el éxito, una experiencia emocional satisfactoria en el trabajo y en su vida personal. Creamos y vivimos las historias en el hemisferio derecho, emocional, de nuestro cerebro. Cuando recordamos esas historias y volvemos a contarlas, revivimos los sentimientos que las acompañan. Al usar la técnica de la fusión, puedes llevar emociones positivas y éxito a cualquier situación.

EMERGER: a mi cliente, tras varias experiencias negativas de entrevistas de trabajo, le resultaba difícil visualizar el éxito. No tenía recuerdos positivos de una situación laboral que pudiera rememorar. Grabamos la sesión de *coaching* y luego usamos lo que denomino la herramienta de emerger, para que pudiera «emerger» a una actitud más alegre y optimista. Esta herramienta te permite transferir las emociones positivas que has sentido en determinada situación a unas circunstancias totalmente distintas. Como lo que mi cliente quería era aparecer lleno de vitalidad y confianza en sí mismo, le pedí que recordara qué actividades o situaciones le hacían sentir de esa manera. «¡Navegar!», contestó de inmediato, y su semblante cambió radicalmente cuando me explicaba por qué. Mientras estaba sintiéndose así, le pedí que «anclara» esas sensaciones a su subconsciente tocándose brevemente la pierna. Luego miramos la grabación, y él se tocó la pierna cuando vio y sintió esa seguridad y ese entusiasmo que quería. En las siguientes entrevistas de trabajo fue capaz de «emerger» hasta esas emociones y ese lenguaje no verbal tocándose brevemente la pierna.

VESTIRSE PARA EL ÉXITO

A fin de prepararse para una gran entrevista, Madeline eligió un conjunto formal de chaqueta y falda a rayas que recientemente había comprado en las rebajas. Con cuidado, arrancó todas las etiquetas y examinó enfrente del espejo cómo le quedaba. El día de la entrevista le dio la mano a su entrevistador, un hombre de unos cuarenta y tantos años con las sienes plateadas. Durante su conversación, Madeline notó que «el señor Canoso» frecuentemente inclinaba la cabeza y el cuerpo hacia su derecha. Aunque pensó que era extraño, no lo mencionó, dando por hecho que tenía algún problema de espalda y estaba intentando ponerse cómodo. Cuando la entrevista terminó y entró en su coche, se dio cuenta de que la costura del costado de su falda nueva se había soltado, ¡revelando más sobre ella de lo que le hubiera gustado! Lección: no te limites a probarte la ropa de la entrevista. Muévete con ella, siéntate y levántate, incluso plantéate que un amigo te haga alguna foto con esa ropa. Y, por lo que más quieras, revisa las costuras.

En una entrevista te vistes para mostrar respeto por la empresa y por el entrevistador. Es importante el ambiente de la empresa en la que deseas trabajar. La directriz general es vestir un nivel o dos por encima de lo que sería apropiado para el entorno laboral diario de ese lugar en concreto, y no más de dos niveles por encima o por debajo del estatus del entrevistador. (En www.snapfirstimpressions.com encontrarás una explicación de estos niveles.) Si eres mayor y te vistes excesivamente bien para una entrevista, tu posible empleador podría interpretarlo como que no estás en contacto con la actualidad en otros sentidos. Ten en cuenta que es razonable preguntar con anterioridad cuál sería la forma adecuada de vestir para la entrevista. Puedes plantear esta pregunta en las conversaciones iniciales o en los correos electrónicos con el entrevistador, junto con otras diligencias previas como solicitar la dirección para llegar a la oficina.

Esfuérzate en ir a la moda en lo referente a colores, estilo y accesorios, entre ellos el reloj. Si no conoces las últimas tendencias en ropa profesional, consulta alguna revista de modas, para hombres o para mujeres, que trate del tema o ve a una tienda de alta confección y echa un vistazo a tu alrededor.

Truco para reducir el estrés.

El error que veo más a menudo se produce en los primeros momentos esenciales de una entrevista. A veces estás tan centrado en ti (en tus nervios, en tu aspecto, etc.) que no haces lo que harías de un modo natural: centrarte en la persona. Conectar con el entrevistador debería ser lo que ocupe el primer lugar en tus pensamientos y el principal foco de tus acciones. Tu objetivo más importante en cualquier interacción es lograr que tu interlocutor se sienta cómodo. Si haces eso, ya no te enfocas en ti mismo y en tus miedos. Beneficio añadido: la investigación sobre enfocados en sí mismos o enfocados en los demás muestra que los segundos tienen una mejor valoración y más ofertas de trabajo.

DEMUESTRA QUE VINISTE PREPARADO

No es conveniente que llegues a la entrevista sobre-cargado, pero tampoco que te presentes con las manos vacías. Los entrevistadores a la antigua usanza esperan que aparezcas con un buen cua-derno, quizá una de esas car-petas forradas en cuero que llevan dentro los folios y el bolígrafo sujetos por un clip. Deberías llevar contigo copias de tu currículum y del material que encontraste por medio de Internet sobre la empresa y el trabajo. Puedes incluso sacar ese material y hacerle al entre-vistador una pregunta que hayas preparado basándote en tu búsqueda.

Quizá prefieras llevar tu nuevo *smartphone* o tu *tablet* de alta tecnología, pero recuerda que nos gusta la gente que es como nosotros. Procura tener en cuenta la tecnología que se

Si quieres parecer más poderoso, despréndete de tus objetos

Entré en un estudio de televisión para hacer una entrevista junto con otro invitado. Llevaba en la mano mi abrigo, mi bolso y unas notas, mientras que mi compa-ñero, más experimentado, lleva-ba solo su confianza. Revoloteé como un pájaro tratando de co-locar mis cosas en una mesita. Cuando llegué a la silla de la en-trevista, revoloteé un poco más arreglándome los tacones, el pelo y los accesorios. En medio de todo ese movimiento, me di cuenta de que habría parecido (y me habría sentido) más segura de mí mis-ma si hubiera dejado el bolso y el abrigo en el asiento del coche en lugar de preocuparme y dar vuel-tas de un lado para otro.

La investigación así lo demuestra. La ropa y los accesorios, como za-patos o bolsos, que llevamos las mujeres, influyen en nuestro po-der. Hacemos entre dieciséis y se-senta movimientos distintos de lenguaje corporal mientras nos dirigimos a una silla y nos senta-mos; los hombres hacen de tres a catorce.

utiliza en la empresa, en ese trabajo en concreto, y la que usa el entrevistador, antes de mostrar cualquier aparato. Podría ser una torpeza por tu parte si el dispositivo electrónico que llevas encima es más avanzado que el del entrevistador, y además podrías distraerte fácilmente mirándolo, lo que le daría a quien te entrevista la impresión de que estás más interesado en ese aparato que en hablar con él. Sin embargo, si tu entrevista es en una empresa de alta tecnología o tu entrevistador tiene menos de treinta años, lleva contigo tu última y mejor adquisición para igualar su tecnoimpresión.

Saluda con sentimiento, no con objetos

¿Y si estás sentado y el entrevistador viene a saludarte? No hagas lo primero que hace la mayoría de la gente: recoger todas tus pertenencias. En lugar de eso, deja tus cosas donde están y levántate para saludar a tu entrevistador. Dale la mano. Míralo a los ojos. Conecta con él. Luego recógelo todo y sigue a tu entrevistador a la oficina. Y no lo sueltes todo sobre su mesa.

Sé educado verbal y no verbalmente

Incluso el más mínimo detalle cuenta. Puede mostrar que eres atento y cortés. Por ejemplo, si es apropiado, sostén la puerta a quien te hace la entrevista. Si no te pide que te sientes primero, espera a que se siente para sentarte tú. Al principio de la entrevista, y de nuevo al final, dale las gracias por emplear ese tiempo en hablar contigo.

Al dirigirte al entrevistador, es conveniente igualar siempre su nivel de formalidad. Si te están entrevistando cuando acabas de salir de la universidad o en cualquier momento en que tengas dudas sobre el nivel adecuado de formalidad, es preferible que peques de formal y uses «señor» o «señora» y el apellido del entrevistador, al menos inicialmente. Luego deja que él marque las pautas.

¿CÓMO DE FORMAL DEBE SER MI COMPORTAMIENTO?

Tu conducta durante la reunión debería ajustarse al nivel del estatus de tu interlocutor. Los clientes me preguntan si en algún caso es aceptable contar chistes o alguna anécdota personal cuando el entrevistador lo hace. Eso depende de su estatus. ¿Será tu jefe o es el encargado de recursos humanos? El nivel de formalidad dependerá también de la personalidad individual del entrevistador. Pero, en general, procura no irte a ninguno de los dos extremos. Un encargado de recursos humanos me dijo:

—Naturalmente aprecio y contrato a la gente que se siente cómoda pero sin faltar al respeto. Sin embargo, muchas veces he tenido candidatos a un trabajo que obviamente pensaban que sus entrevistas iban muy bien, porque estaban todo el tiempo riendo y contando historias. Pero para mí era evidente que no se fijaban en mi actitud, porque me sentía incómodo y pensaba que se estaban tomando demasiadas confianzas.

MIRA A LOS OJOS

Como mencioné antes, habitualmente durante una conversación miras a los ojos alrededor del sesenta por ciento del tiempo. Pero también es importante entender que es normal mirar a otro lado de vez en cuando mientras hablas, porque estás accediendo a la información de tu cerebro. En realidad, el que escucha debería ser quien más veces mire a los ojos. Por eso cuando tu entrevistador está hablando no puedes moverte. Mantener el contacto ocular le dice que estás prestando atención y estás interesado en el trabajo. Después de responder a una pregunta, acuérdate de mirarle a los ojos y escucharle, no te desconectes cuando no estés de acuerdo. Mirar a los ojos manda el mensaje de que eres serio y participativo.

¿A DÓNDE SE FUERON?

Tu entrevistador puede apartar la mirada de ti o dejar de darte información no verbal. Si sientes que algo ha cambiado, no te pongas nervioso. Sigue siendo tú mismo: escuchando, conectando y respondiendo las preguntas del entrevistador. Si es apropiado y va con tu forma de ser, puedes incluso ser un poco enérgico y decir: «¿Qué podría hacer en este preciso momento para convencerle de que soy quien mejor puede desempeñar este trabajo?».

INCLÍNATE

Inclinarse hacia delante muestra que estás interesado y escuchando. Puedes hacerlo con la cabeza, con la parte superior del torso o con todo tu cuerpo, para mostrar que estás conectando con lo que el entrevistador está diciendo. Pero no exageres; no se trata de que te pegues a él. Tan solo deberías hacer inclinaciones suaves y oportunas. Como entrevistados, tendemos a reclinarnos cuando una pregunta no nos gusta o nos da miedo. Hacer un esfuerzo para inclinarte hacia delante muestra al entrevistador que estás centrado en él y no en ti mismo.

EJERCICIO

La herramienta de la respiración para ganar calma y confianza

Cuando estés molesto o nervioso, fíjate en tu respiración. En este mismo momento, mira tu reloj, tu móvil, o tu despertador, y cuenta el número de veces que inspiras y espiras en un minuto. Puedes que notes que incluso cuando estás descansando tu respiración es más rápida que la «media» de doce a catorce veces por minuto (una frecuencia que ya de por sí es más rápida de lo que debería ser). De hecho muchos de nosotros, sin saberlo, hiperventilamos habitualmente, es decir, hacemos inspiraciones rápidas y superficiales desde la parte superior del pecho. Este tipo de respiración reduce drásticamente el nivel de dióxido de carbono en la sangre, lo que hace que las arterias, entre ellas la carótida, que va al cerebro, se contraigan, disminuyendo así el flujo de la sangre a través del cuerpo. Cuando ocurre esto, por mucho oxígeno que lleves a tus pulmones, tu cerebro y tu cuerpo experimentarán falta de oxígeno. La falta de oxígeno activa el sistema nervioso simpático, nuestro reflejo de paralizarnos-huir-luchar o palidecer. Ese reflejo les permitió a nuestros ancestros quedarse paralizados para que no los vieran, huir o, en caso necesario, luchar contra algo como un tigre de dientes de sable, pero ahora simplemente nos hace sentir tensos, ansiosos e irritables.

Cuando haces inspiraciones rápidas y superficiales, disminuyes tu capacidad de pensar claramente. En una entrevista de trabajo esto puede impedirte que respondas rápida y sucintamente las preguntas. Una clave para sentirte despejado, vigorizado y seguro de ti mismo, es respirar profundamente desde la parte inferior del abdomen. Practica la respiración más lenta usando en el proceso el diafragma, el abdomen, la caja torácica, y la parte inferior de la espalda. Es sorprendente lo fuerte y poderoso que te sientes cuando realizas inspiraciones profundas desde el abdomen, dejando que el aire te llene, y soltando ese aire total y completamente en suspiros profundos y liberadores. Por supuesto no vas a hacer esto *durante* una entrevista, pero pruébalo cada vez que te sientas ansioso y, por supuesto, antes de la entrevista.

> Pruébalo ahora mismo. Haz cuatro inspiraciones profundas desde el abdomen mientras cuentas hasta cuatro, mantén el aire mientras cuentas hasta dos, y luego suelta todo tu aliento en un suspiro profundo y ruidoso.

HABLA CON FUERZA

Todo el mundo, pero en especial las mujeres, debería asegurarse de que su voz permanece fuerte hasta el final de cada frase. Las voces de las mujeres tienden a subir de tono al final de una frase, como si estuvieran haciendo una pregunta en lugar de una afirmación clara. Eso las hace sonar como si no confiaran en sí mismas, lo cual puede dejar una mala impresión. Es preferible que parezcas seguro de ti mismo. Practica responder las preguntas con una voz fuerte e incluso grábate practicando si sabes que tienes tendencia a arrastrar un deje.

(Consulta «Snap Gender Differences» en mi página web, www.snapfirstimpressions.com, para escuchar finales altos y bajos de frases tanto de hombres como de mujeres mientras hablan durante entrevistas, presentaciones de ventas y negociaciones. Nota cuáles transmiten seguridad.)

CÓMO SENTARSE

Sé grande y abierto. Cuando tienes miedo, tu cuerpo se contrae y se empequeñece. Esto tiene cierta lógica, porque si tienes miedo de que te ataquen, empequeñecer para intentar que no te vean es una medida inteligente. Pero en una entrevista de trabajo, no importa cómo te sientas al empezar, actúa con valentía con tu lenguaje verbal y mantén el cuerpo abierto. Como describí en el episodio verídico que abre este capítulo, el cuerpo manda mensajes al cerebro. A los pocos segundos de adoptar una postura valiente y abierta, empezarás a *sentirte* más seguro de ti mismo y con más valor.

No ocupes un espacio que sea notablemente superior al del entrevistador si tiene un cargo de autoridad. Ten cuidado con la manera de sentarte en la silla. Las investigaciones dicen que las mujeres se posan, sentándose en el borde del asiento y arqueando la espalda, mientras que los hombres tienden a encorvarse, apoyándose más en el respaldo. Posarse durante todo el tiempo te hace sentir menos poderoso. Varía tu posición, usa una gran cantidad de espacio y coloca los brazos en los reposabrazos para parecer seguro. Como te decía tu madre, no te encorves. Yo debo tener cuidado porque mi columna vertebral está curvada; por eso lo compenso con grandes gestos. Si te encorvas, puedes parecer viejo y cansado en lugar de vital y energético. Inclínate lentamente hacia delante mientras compartes la información de la que te sientes seguro.

MUESTRA LAS MANOS

No escondas las manos bajo la mesa o en los bolsillos ni las ocultes de ninguna otra manera. Mantenlas abiertas y a la vista sobre la mesa o sobre los brazos de la silla. Muévelas con naturalidad. Si estás muy nervioso, puedes sostener brevemente tu propia mano para confortarte, pero solo brevemente. Las manos muestran tu estado emocional. Cuando las cierras, el grado de tirantez y la manera en que los dedos se curvan muestran cómo te sientes con respecto al tema que se está tratando y a la persona con la que te encuentras. En una entrevista tienes que estar abierto, no cerrado.

IGUALA Y REFLEJA

Nos gusta la gente que es como nosotros, y la investigación demuestra que los entrevistadores tienden a contratar a gente que son como ellos. De manera que iguala y refleja a tu entrevistador lo suficiente al principio de la entrevista para hacer que se sienta cómodo contigo. Puedes inclinarte ligeramente en la dirección en la que está inclinándose, por ejemplo, o sonreír igualando su sonrisa.

PERMANECE ERGUIDO

Recuerda que cuando estamos animados nuestros gestos van hacia arriba, la cabeza se eleva, los hombros se alzan y se echan hacia atrás, e incluso los pies parecen levantarse de una manera más ligera y elástica. No tanto como Tigger, el amigo de Winnie the Pooh, pero sí de una manera que dirige hacia arriba tu energía. Antes de una entrevista de trabajo o de cualquier reunión estresante, trabaja en ti «desde fuera hacia dentro» para cambiar tu estado de ánimo y comportamiento haciendo algo que te haga sentir positivo por dentro. Habla con un amigo, mira algo divertido o escucha música que te haga cantar en el coche en el camino hacia la reunión.

PISA LA TIERRA

Cuando la gente está nerviosa, tiende a moverse mucho o a paralizarse. Aquí tienes un truco: cuando estés inmerso en las preguntas más difíciles y quieras rendir al máximo intelectualmente, coloca ambos pies con firmeza en el suelo. Esto hace que sea más fácil usar ambos hemisferios del cerebro, el racional y el creativo-emocional. O, si te sientes paralizado, mueve los pies de algún modo.

TERMINA BIEN

¿Recuerdas el efecto reciente? Lo último que digas o hagas tiende a tener mucha importancia. De manera que conforme la conversación va llegando a su fin, asegúrate de que tus pertenencias están a tu lado izquierdo para poder dar la mano fácilmente con la derecha. Puede que des la mano más de una vez, cuando te levantes, junto a la puerta y tras hablar un poco más mientras te marchas. Hazlo parecer como lo más natural del mundo, porque cada vez que das la mano estás creando un vínculo. Incluso si tienes la impresión de que no lo hiciste tan bien como te hubiera gustado, puedes mejorar la impresión que causas cerrando la entrevista con fuerza y confianza. Alguna gente deja de prestar atención cuando siente que no lo ha hecho bien. En lugar de eso, permanece presente y sereno hasta el final.

ELIGE LA CONFIANZA

No tenemos que parecer arrogantes en una entrevista, pero sí dar la impresión de tener confianza en nosotros mismos y de sentirnos plenamente cualificados. Para expresar ese tipo de confianza con tu lenguaje corporal, coloca el cuerpo en una postura abierta, con los brazos separados del cuerpo, las piernas sin cruzar, y los hombros bajos y echados hacia atrás. Mantén la ventana del corazón hacia delante, mantén la mirada durante unos tres segundos y deja que tu voz descienda ligeramente al final de las frases.

Evita confiarte en exceso

Mark estaba entusiasmado con su entrevista para un trabajo de verano en el banco. Pensó que iba a ser coser y cantar porque su padre era un buen amigo del director del banco, Bob. El día de la entrevista amaneció soleado y cálido, de manera que Mark tenía planeado irse a hacer surf después de que terminase. Incluso se puso su bañador bajo el traje Calvin Klein. ¡Tras la entrevista Mark no cabía en sí de satisfacción pensando que había triunfado! Fue a su coche, situado en el aparcamiento de un almacén cerca del banco, abrió el maletero, se quitó el traje de negocios y se quedó en bañador. Se puso una camiseta, colgó el traje en la parte de atrás del coche y condujo cantando la conocida canción de los Beach Boys *Surfin USA*. No se dio cuenta de que la oficina de Bob daba a ese mismo aparcamiento y de que su entrevistador acababa de presenciar toda la escena.

Bob llamó al padre de Mark y le contó la historia del cambio de ropa. Pero ese no era el único problema, añadió:

—Tengo que decirte que cuando tu hijo llegó hoy venía con la cabeza muy alta y sonreía burlonamente mientras me daba la mano. Parecía que pensaba que la entrevista era solo una formalidad y me llevé una mala primera impresión.

HAZ UNA PAUSA Y REFLEXIONA

Después de tu entrevista, dedica un tiempo a repasarla y escribir tus impresiones de cómo fue. Piensa en lo que hiciste bien y date una palmadita en la espalda. Fíjate en las preguntas que tienes la impresión de no haber respondido bien. Piensa en algún detalle positivo de la entrevista que podrías mencionar en tu nota de agradecimiento. Terminar una entrevista de trabajo es como escalar una montaña, de manera que siéntate un momento y felicítate. (En www.snapfirstimpressions.com. encontrarás más consejos para entrevistas y una hoja de revisión). Manda una nota de agradecimiento.

Puedes enviar un correo electrónico dando las gracias inmediatamente después de la entrevista, pero la buena etiqueta y las buenas ofertas de trabajo justifican que después escribas una nota a mano y la remitas por correo tradicional. (En www.snapfirstimpressions.com. encontrarás ejemplos de notas de agradecimiento, así como cinco consejos sobre cómo escribirlas.)

¿QUÉ IMPRESIÓN LES DAS A LOS DEMÁS?

¿No sería maravilloso si durante una entrevista de trabajo, una reunión o una llamada de ventas pudieras leer la mente del otro? Prácticamente puedes hacerlo leyendo su lenguaje corporal, que puede reflejar los siguientes estados mentales:

CONFUSIÓN: cuando alguien está confuso, puede moverse de manera aleatoria, levantando objetos y volviendo a dejarlos donde estaban, agitándose en su asiento o arrastrando los pies. Puede que frunza el ceño y que se frote los ojos o la cara, normalmente hacia abajo, como si quisiera despejar la confusión de su cabeza. Tal vez se toque las sienes o la frente, pulsando simbólicamente el botón que activa su mente, o que parpadee abriendo y cerrando los ojos como si esperara que eso le ayudase a ver con más claridad. Si tienes estos indicios, clarifica en pocas palabras tu mensaje e interésate por si tu interlocutor tiene algunas preguntas.

FATIGA O ABURRIMIENTO: cuando alguien se ha cerrado o desconectado, puede alejarse de ti o hundirse en su asiento, reclinarse hacia atrás y descansar perezosamente el brazo en el respaldo de una silla o un sofá, o incluso hacer gestos indicando que ha llegado el «momento de la siesta» dejándose caer hacia delante y, en cierta medida, ¡tendiéndose sobre la mesa! O puede simplemente dejar de mirarte a los ojos, quedarse mirando al vacío o cerrar los ojos por momentos. Por cualquier razón (una razón que quizá no tenga nada que ver contigo), esta persona ya no está conectada contigo.

IMPACIENCIA: si tu interlocutor mira su reloj o su agenda digital mientras hablas, está ansioso por terminar. Puede que haga algo con los pies subconscientemente para indicar que está «marchándose», algo como golpear el suelo repetidamente con ellos.

SOSPECHA: cuando alguien sospecha de ti o de lo que estás diciendo, parecerá un juez tratando de formar una opinión. Lo más normal es que parezca incómodo, con el ceño fruncido, los ojos entrecerrados y miradas hacia abajo. Puede que tense los labios como si estuviera mordiéndose la lengua para no soltar un comentario negativo.

Como he dicho, el lenguaje corporal es sumamente simbólico. De manera que si alguien se frota la nariz, los ojos o los oídos, puede que esté intentando decirte que lo que estás diciendo no le huele, no le parece o no le suena bien. Esta es una señal que te indica que pongas énfasis en tu credibilidad.

ENTUSIASMO O FELICIDAD: en cuanto al lado más positivo, cuando la otra persona está interesada por lo que estás diciendo o feliz con tu respuesta, reflejará esos buenos sentimientos. Busca cambios *hacia arriba* en su cara, en su cuerpo y en su voz. Puede que le veas inspirar profundamente, pasar el peso de su cuerpo de un pie a otro o inclinarse hacia ti en su asiento. Una persona señalará su interés sonriendo, moviendo la cabeza en la dirección que le permita oírte mejor, inclinándose hacia delante y frunciendo el ceño con interés. Esto significa que vas por el buen camino. ¡Enhorabuena!

CONSEJOS PARA REALIZAR UNA ENTREVISTA

Cuando tú eres el que está llevando a cabo la entrevista, recuerda que nos formamos impresiones basándonos en las aptitudes sociales del candidato y esto nos influye a la hora de contratarlo o no. Por supuesto, pensamos que estamos haciendo lo correcto cuando contratamos a alguien, pero también tenemos tendencia a que nos guste la gente que es como nosotros y a que esto nos influya. Ten esto en cuenta, ya que puede que los rasgos que le permiten a alguien conseguir un trabajo no sean los que se necesitan para realizarlo.

Si eres un profesional de recursos humanos haciendo un proceso de selección para tu empresa, el dueño de un negocio buscando a un nuevo encargado del servicio al cliente o un encargado que está entrevistando al candidato a un puesto o haciendo una evaluación profesional, puedes usar los siguientes consejos como un listado de puntos para tu próxima entrevista:

1. Prepárate. Muchos entrevistadores pasan solo un minuto o dos mirando el currículum de los candidatos al

puesto para preparar una entrevista. Ten presentes los siguientes tres detalles:

* Qué es lo que buscas en un empleado.
* Cuáles serán tus tres primeras preguntas.
* Qué vas a decir y hacer al cerrar la entrevista. Tu preparación afecta no solo a la entrevista, sino también a la impresión que se lleva el candidato de tu empresa.

2. Llega a tiempo. No hagas esperar y desesperar a los entrevistados. Los candidatos afirman que el cuarenta y ocho por ciento de los entrevistadores llegan tarde o les hacen esperar de alguna otra forma.
3. Ten una actitud abierta. Según la investigación, el cincuenta y cuatro por ciento de los entrevistadores admite que han rechazado inmediatamente a un candidato. Necesitas una impresión acertada, no un estereotipo. La investigación nos demuestra que, al contrario de lo que suele creerse, los entrevistadores muy confiados son significativamente mejores que el resto detectando mentiras.
4. Permanece abierto y atento. Mantén tus ventanas corporales abiertas y mírate los pies.
5. Crea una conversación natural y fluida. El cincuenta y uno por ciento de los candidatos se siente como si los estuvieran interrogando o examinando.
6. Escucha más y habla menos. Según la asesora de entrevistas Carole Martin, el candidato debería hablar el ochenta por ciento del tiempo, y el entrevistador el veinte por ciento restante. Cuando vayas aproximadamente

por la mitad de la entrevista, examina cómo se va desarrollando. Tomar notas puede tener un buen efecto en tu capacidad de escuchar y memorizar.

7. Recuerda el nombre del candidato. El treinta por ciento de los candidatos asegura que los entrevistadores no recordaban sus nombres. Puedes incluso hacer una tarjeta con su nombre y colocarla doblada sobre la mesa (tarjeta de identificación) para ayudarte a que no se te olvide. El candidato puede hacer lo mismo para recordar el tuyo.

8. Tómate tu tiempo. Cuando tú, el candidato o ambos estáis estresados, puede que espontáneamente quieras realizar la entrevista deprisa como una reacción de huida. Respira, toma aire y pon una nota enfrente de ti para acordarte de ir más despacio. Si eres una liebre entrevistando a una tortuga, asegúrate de guardar diez segundos de silencio tras cada pregunta. Los candidatos señalan que el setenta por ciento de los entrevistadores actúa como si no hubiera tiempo para hablar.

9. Sonríe. Esto hace que el entrevistado te vea más como alguien amistoso que como un juez que lo está juzgando.

10. Acompaña al candidato hasta la puerta y asegúrate de que se quede con una última impresión positiva.

9

TU IMPRESIÓN SOCIAL INMEDIATA

Cómo confiar en ti y atraer lo que deseas en una cita,
con los amigos o creando tu red de contactos

Dos mujeres estaban en una reunión que se celebraba en
un museo: Suni, morena, de baja estatura, y su amiga alta
y rubia. Suni vio a un desconocido alto, moreno y atractivo
en el otro extremo de la sala. Se sonrieron y él se acercó,
acompañado de su amigo rubio y de baja estatura. Como
ella era baja, sabía que le iba a resultar más atractiva al
chico rubio y pensó: «También es guapo, pero yo quiero al
alto. Voy a usar la técnica de igualar y reflejar para ha-
cerle ver que me gusta». Cuando el chico alto se inclinó a
un lado, ladeó la cabeza y apoyó la mano en la cadera,
Suni reflejó cada una de sus acciones, además del tono y el
timbre de su voz. Cuando se inclinó hacia delante y son-
rió, Suni hizo lo mismo. «Bailaban» con sus movimientos.
Ella estaba prendada, por eso tras sus movimientos había

un sentimiento auténtico. Y, efectivamente, el chico alto le pidió su tarjeta de negocios, para disgusto de su amigo. Más tarde Suni supo que le había susurrado a su amigo cuando se acercaban: «Me interesa la morenita», pero al hablar con ella, sintió que hacían tan buena pareja que tuvo que pedirle una cita. Ha pasado un año y Suni sigue saliendo con él, ¡y pensando que igualar comportamientos es una técnica muy poderosa!

En esta historia, Suni igualó los movimientos corporales del chico alto y su paralenguaje. También es útil igualar la respiración de alguien. Cuando estamos completamente relajados, respiramos desde el fondo del abdomen, como los bebés. Esta respiración nos permite hacer inspiraciones completas, llenar totalmente los pulmones y exhalar todo el dióxido de carbono. Cuando no estamos totalmente relajados ni tensos, respiramos desde la zona del centro del pecho, y cuando estamos nerviosos o tensos, lo hacemos más rápido y con la parte superior del pecho, aproximadamente a la altura del corazón. Es obvio que igualar la respiración de alguien puede hacerte sintonizar realmente con esa persona.

El proceso de selección de pareja es algo que funciona a un nivel instintivo e inconsciente. Pero si eso es verdad, ¿por qué a veces nos resulta tan difícil atraer la atención del hombre o la mujer que nos interesa? A menudo, reprimimos los indicios naturales de nuestro cuerpo que le permiten a alguien saber que estamos disponibles e interesados. Por suerte, puedes aprender a «liberar» esos indicios y cambiar de un modo consciente tu lenguaje corporal para invitar sutilmente a que nos presten atención. Igualar o reflejar el objeto de tu afecto, ya sea con tus acciones o sencillamente con tu respiración, es una manera. Hay muchas otras.

Muchos de los indicios de nuestro lenguaje corporal se leen, y se forman, en el cerebro límbico, donde están localizados todos los instintos primarios. Y, como hemos visto, los formamos rápidamente. En esos primeros segundos no intercambiamos muchas palabras; intercambiamos mucha comunicación no verbal, la mayoría a nivel subconsciente. Para atraer a la persona adecuada, tienes que llevar algo de ese conocimiento subconsciente a tu control consciente.

Los hombres y las mujeres han de comportarse de modo diferente para hacerse accesibles y atractivos a quienes tengan un interés romántico en ellos. Tienes que conocer las señales que hay que mandar y las que hay que buscar en el otro.

SIETE SEÑALES DE QUE UNA MUJER ES ASEQUIBLE

Si eres una mujer soltera en un acontecimiento social, sentada en la terraza de un bar o tomando café en una cafetería, estarás rodeada de hombres. Eres inteligente y segura de ti misma, estás preparada y dispuesta para salir con alguien y te ves capaz de hacerlo; sin embargo, es difícil lograr que los hombres se acerquen. ¿Cómo lo haces, aparte de imaginarte que son osos y embadurnarte de miel? ¿Qué es lo que buscan los chicos solteros?

Cuando pienses en atracción y en flirtear, ponte en la mente de un hombre, o una mujer, de las cavernas. Lo mismo que nuestros antepasados cavernícolas, tenemos miedo de los desconocidos. Así que nos formamos primeras impresiones rápidamente para decidir si es seguro o no acercarse.

Como mujer, ¿cómo puedes hacer que alguien que no te conoce se sienta cómodo para acercarse a hablarte en un espacio público o para iniciar una conversación contigo en una cena? ¿Cómo haces para que te escoja dentro de un grupo? ¿Cómo le dices a alguien algo sobre ti sin palabras? Deja que tu cuerpo hable.

Primero, para hacerte más accesible, muestra indicios de tu «inofensividad». Para salir con alguien, tienes que mostrarte inofensivo y accesible. Quizá te resulte difícil. A algunas se nos da tan bien ser independientes, autosuficientes y fuertes que, en un primer encuentro, olvidamos que podemos asustar a los hombres, incluso a los que son fuertes y se sienten seguros de sí mismos. Lo que es estupendo para las mujeres en los negocios puede ser desagradable en la fase de atracción de un romance. Recuerda que en realidad esa parte suave y vulnerable de ti que has sabido proteger tan bien en los negocios es atractiva en el proceso de flirteo o al salir con alguien.

Puede que estés pensando que tienes que ser natural. De hecho, estos *son* movimientos muy naturales. Lo que es antinatural es esa arrogancia que usas para cubrir tu verdadero ser, y esto es lo que tiende a enfriar o asustar a los demás. Por tanto, ¿qué puedes hacer con tu cuerpo, cómo puedes moverlo para decir: «Soy inofensiva, no voy a morderte»? Normalmente ayudo a las mujeres a aprender a usar los siguientes siete signos de accesibilidad. Si eres un hombre, lee estos indicios para que puedas reconocer a las mujeres que te están indicando que puedes hablar con ellas sin problemas.

NO OCUPES MUCHO ESPACIO FÍSICO

Esto significa que no extiendas la chaqueta y el bolso sobre todas las sillas ni ocupes toda la mesa con tus pertenencias en la cafetería y que, ya sea de pie o sentada, no apartes mucho las piernas. Aprendiste en el capítulo 2 que ocupar mucho espacio comunica una sensación de poder y superioridad. Está bien mostrar que somos mujeres fuertes, pero recuerda que estamos intentando hacer que un hombre se acerque a hablarnos. Tienes que mostrar que en tu vida hay espacio para alguien más.

CUANDO ESTÉS DE PIE, TUERCE LIGERAMENTE LOS PIES HACIA DENTRO

Cuando están de pie, los hombres normalmente separan los pies de quince a veinticinco centímetros. Los dedos de los pies apuntando hacia dentro o hacia fuera en realidad muestran tu estatus en una jerarquía. Hacia afuera indican: «Soy poderoso». Hacia dentro muestran: «Soy accesible». Estar de pie con los pies separados y los dedos hacia fuera te hace parecer fuerte y, en realidad, señala que podrías atacar. Las mujeres suelen estar de pie con los pies separados de diez a quince centímetros. Para ser muy accesible, sepáralos no más de diez centímetros, y si ves a alguien cerca que te interesa particularmente y quieres que se sienta cómodo acercándose a ti, apunta los dedos *ligeramente* hacia dentro.

CUIDADO CON TU FORMA DE CAMINAR

Si te fijas con atención en cómo caminas, puedes descubrir que algunos zapatos te hacen andar como un pato, con los dedos de los pies apuntando hacia fuera. Despréndete de ellos. Caminar con los dedos de los pies apuntando hacia fuera es una señal de «no te acerques». Es una forma de andar que suele implicar peso y embarazo. Por supuesto, las mujeres embarazadas pueden ser atractivas, pero por razones obvias los solteros rara vez se acercan a ellas para invitarlas a una copa.

EJERCICIO

Impresiones del calzado

Si eres mujer, camina con todos tus zapatos, fíjate en cómo afectan al equilibrio de tu cuerpo, a tu modo de andar, y a tu postura. Lo ideal es hacerlo frente a un espejo. Fíjate en otras mujeres mientras caminan con distintos tipos de calzado. Las chancletas, los zuecos, y las botas planas son cómodas, pero también pueden hacer que arrastres los pies y camines con las piernas ligeramente más abiertas y los muslos arqueados. Hay tipos de calzado que pueden hacerte encorvada o caminar más como un hombre, adelantando una pelvis plana, en lugar de cimbrando las caderas. Los tacones altos pueden hacerte mover las caderas y dar pasos cortos muy atractivos, pero si hay una mueca en tu rostro que dice: «Estos zapatos me están matando», no te servirán para hacerte más accesible.

SONRÍE

Es verdad que esto es obvio, pero cuando estamos tensos, no sonreímos abiertamente y cuando intentamos resultar atractivos, a menudo no sonreímos en absoluto. La sonrisa es una señal internacional de amistad. Por eso es por lo que la famosa risa sardónica del rostro de Jack Nicholson cuando persigue al niño en *El resplandor* y la cara del *Joker* en las películas de Batman nos dan tanto miedo. No son normales. Recuerda que una sonrisa significa seguridad, no peligro.

¿Alguna vez algún chico te ha preguntado por qué no sonreías? Eso es porque a los hombres les resulta más fácil acercarse a ti cuando estás sonriendo.

ENCOGERSE

Cuando las tortugas sienten el peligro, se esconden metiendo la cabeza dentro de sus conchas. Para protegernos la cabeza cuando estamos sobresaltados, subimos los hombros hacia las orejas, bajamos la cabeza y la metemos hacia dentro. Al encogernos, elevando los hombros, con frecuencia ladeamos la cabeza y enseñamos las palmas abiertas de las manos, como para decir: «Oye, no es culpa mía», «No sé» o «Como quieras». Encogerse de hombros breve y ligeramente y lanzar una mirada a un hombre que te interese le dice a este que estás libre. Esto no señala que seas una chica fácil, solo que estás disponible. He visto mujeres que dominan el arte de encogerse de hombros. Le dan a este movimiento un aire sensual y felino. Ven a un hombre atractivo, lo miran brevemente y luego se encogen. Ahora, en este momento, eleva lentamente los hombros y déjalos caer. Inténtalo unas cuantas veces hasta que te sientas cómoda con este movimiento.

Los hombres y la accesibilidad

Si eres un hombre, puedes adaptar algunas de las pistas que has visto en la sección "Siete señales de que una mujer es asequible" para usarlas. Pero muchas de estas señales de accesibilidad te hacen parecer menos poderoso. A menudo el lenguaje corporal del alfa es más sexi. Recuerda que tradicionalmente los hombres son los cazadores, los que se acercan. Sé que las mujeres también se acercan a los hombres, pero quizá deberías intentar ser tú el que da el primer paso.

LADEA LA CABEZA

Ladear la cabeza no es un movimiento exclusivamente femenino, pero lo practican más las mujeres, ya que es una típica señal de sumisión. Una cabeza ladeada desnuda simbólicamente el cuello. Imita un movimiento de cabeza que hacen los lobos cuando el líder de la manada se acerca a ellos. Dice: «Estoy exponiendo mi punto más vulnerable para mostrarte que sé que me puedes hacer pedazos. Así que no es necesario que luchemos». Ladear la cabeza es también una señal no verbal de la intención de escuchar. Imagina tu oreja inclinada hacia tu interlocutor indicándole simbólicamente: «Vierte más palabras en mí».

Los hombres tienen tendencia a jactarse cuando están flirteando. Hablan mucho de lo que han hecho y de lo que pueden hacer. En esas conversaciones iniciales (o monólogos), ladea la cabeza para mostrar que estás escuchando. Y, por cierto, el comportamiento jactancioso no indica que un hombre vaya o no a escucharte. Si ahora no te escucha, es solo una indicación de que quiere tu aprobación y tu admiración en este momento. Para el hombre que esté leyendo esto: si no ves a una mujer ladear la cabeza, quizá no quiera que sigas hablando.

DESCRUZA LOS BRAZOS

Finalmente, y como he explicado ya en otros contextos, descruza los brazos. Esto abre tu ventana del corazón. Los brazos cruzados pueden formar una barrera protectora. Es bastante obvio que para hacer que un hombre se acerque a ti, tienes que bajar la barrera, o al menos bajar el puente levadizo. Sostener una bebida en la mano te dará algo de seguridad si lo necesitas. O si estás sentada en una cafetería, puedes colocar las manos frente a ti sobre la mesa.

Si todavía estás nerviosa, recuerda la herramienta del «ancla». Piensa en un momento en el que te sentiste tranquila y segura, conéctalo a un movimiento ligero y sutil, como tocarte brevemente la pierna o el abdomen y luego, cuando estés tensa, usa ese movimiento para regresar a una sensación de mayor serenidad y seguridad en ti misma.

Ven acá, ¡ahora!

Para más consejos sobre cómo señalar no solo que eres accesible sino que estás interesada ve a "Luring Cues," en www.snapfirstimpressions.com. donde también encontrarás fotos y videos de los movimientos.

CÓMO MUESTRAN LOS HOMBRES QUE ESTÁN INTERESADOS

Algunas de las siguientes señales no son exclusivas de un sexo específico, ya que tanto los hombres como las mujeres las usan. Sin embargo, es importante tener en cuenta que ambos pueden ser muy distintos en sus impresiones inmediatas. Aunque esta explicación se dirige principalmente a las mujeres, si eres hombre puedes emplear estas señales para mostrar tu interés hacia una mujer.

ALZAR LAS CEJAS: cuando un hombre ve a alguien que le atrae, automáticamente sube y baja las cejas, arrugando la frente en el proceso. Pero tendrás que mantener los ojos bien abiertos para vislumbrar esa señal delatora. Los antropólogos lo denominan aleteo de ceja, porque del mismo modo que un relámpago en el cielo nocturno, cruza el rostro rápidamente.

ESTAR DE PIE CON LAS PIERNAS SEPARADAS: los hombres quieren mostrar la mejor versión de sí mismos, como machos alfa, líderes de la manada. Con frecuencia, al estar de pie, mantendrán las piernas abiertas y la pelvis adelantada apuntando en tu dirección cuando se sientan atraídos hacia ti. Esto es un instinto biológico, primario, y la mayoría de los hombres ni siquiera saben por qué lo hacen.

LOS DEDOS DE UN PIE APUNTAN A LOS DEL OTRO: esto significa que le falta un poco de confianza en sí mismo; está interesado pero necesita asegurarse de que el interés es mutuo.

INCLINAR LIGERAMENTE LA CABEZA A UN LADO CUANDO SE ENCUENTRA CON TU MIRADA: al igual que en la mujer, su cabeza ladeada es una señal subconsciente de que se siente atraído por ti y quiere que te acerques a él. De manera que si el hombre con el que has estado intercambiando miradas ladea la cabeza, esa es la señal de que está interesado pero posiblemente es algo tímido.

PELIGRO/ATRACCIÓN A PRIMERA VISTA

Puede que nuestras valoraciones inmediatas de los demás nos indiquen muy claramente cuándo no hay ningún peligro en que nos guste alguien y cuándo es mejor que no nos guste, pero aun así nos complicamos la vida cuando hay atracción por medio. Ves a un hombre en el otro extremo de una habitación y tu cuerpo entero grita: «¡Peligro!». Y aun así tiene que ser tuyo. Esto es lo que le ocurrió a mi amiga Maddison.

—Lo vi por primera vez en una fiesta en casa de una amiga –me contó–. Me miraba fijamente, sin pestañear, como si yo fuera un cono de helado. Eso, su chaqueta de cuero y los pulgares enganchados en los pantalones vaqueros a la altura de la cremallera me hicieron temblar. Mi primera impresión fue: «Este chico es peligroso». Mi segundo pensamiento: «Lo deseo». Debería haberle hecho caso a mi primera impresión. Mientras caminaba hacia mí, el corazón me latía tan deprisa que di un paso atrás y traté de alejarme. Mi cuerpo estaba intentando correr, pero no lo hice. Al final de la noche, ya había caído.

»Era increíblemente sexy y besaba maravillosamente, pero tras unos cuantos meses, uno de los chicos de nuestro grupo de amigos me llamó. Me dijo que todos los demás lo sabían: mi objeto de deseo era peligroso. Se estaba acostando con muchísimas mujeres. Eso me dolió lo indecible, pero aprendí que mi primera impresión («Este chico es peligroso») había sido acertada, y es bueno saberlo. Me servirá para la próxima vez.

La atracción – cuando tu presión sanguínea sube, el corazón se te acelera y te sudan las palmas de las manos – puede sobrepasar la primera impresión autoprotectora en un abrir y cerrar de ojos. Imita la reacción asociada con el miedo: paralizarse, huir, luchar o palidecer. El miedo es extrañamente excitante. Por eso vamos a ver películas de terror. Solo que no deberíamos *salir* con ellas.

Como expliqué en el capítulo 2, una persona carismática que decide mentir puede hacerlo con más soltura que otra que no lo sea. Cuando estés saliendo con alguien, tienes que ser plenamente consciente de esto. Cuando te sientas muy atraída por alguien que acabas de conocer, examina hasta qué punto es creíble y asegúrate de que estás sintiendo atracción hacia tu verdadero norte.

OCHO CONSEJOS PARA ACTOS SOCIALES Y PARA ESTABLECER CONTACTOS

Puede que saltes de alegría al pensar en reuniones, mientras que otros oyen «vino y queso» o «cerveza y patatas fritas» y empiezan a notar la sensación del sudor en las palmas de las manos y que se les revuelven las tripas. Si perteneces a este último grupo, aquí tienes ocho consejos para que fraternizar y conocer gente nueva sea más agradable, satisfactorio e incluso divertido.

LLEGA TEMPRANO EN LUGAR DE TARDE

Si llegas antes que los demás invitados, te será más fácil hacerte al ambiente. Puedes quedarte junto al anfitrión si te ves con poco ánimo o si necesitas a alguien que te presente. Puedes incluso ofrecerte a realizar alguna actividad que distraiga tu ansiedad, como encargarte de los abrigos de los invitados que vayan llegando o preguntarles si quieren beber algo. Hay muchas maneras de sacar el nerviosismo del cuerpo. Una de ellas es a través de las manos. Cuando tienes las manos ocupadas, realizando con aplomo alguna tarea útil, ese mensaje de seguridad va a tu cerebro y afecta a todo tu cuerpo. Además te proporciona un guion fácil de repetir. Preguntas como: «¿Quieres dejarme tu abrigo?» o «¿Qué puedo traerte para beber?» te sirven para empezar una conversación.

QUÉDATE JUNTO A LA COMIDA QUE MEJOR HUELA

Esto puede sonar raro, pero la investigación ha demostrado que realmente ahí es donde suele acudir la gente y que los aromas agradables propician estados de ánimo placenteros. Y lo que es más, los estudios sobre la persuasión indican que cuando nos sentimos bien asociamos esas sensaciones placenteras con quienes se hallan junto a nosotros. Es por eso por lo que cuando hablo con los profesionales de inmobiliarias les recomiendo aconsejar a quienes quieren vender una casa que antes de abrirla horneen galletas de chocolate o una hogaza de pan, o hagan un sofrito de cebolla con mantequilla. Se ha demostrado que estos olores crean sensaciones positivas y que influyen de forma positiva en la visión de la casa que se forma el visitante. Si no tienes pareja, quédate cerca del queso y el salami para conocer hombres, y cerca de los panecillos de canela si quieres que te besen. La investigación sobre el olfato señala que el olor de la canela es excitante para los hombres. De hecho, ¡me estoy planteando crear mi propia colonia!

USA LAS MANOS

La comida es una excusa perfecta para romper el hielo: «¿Has probado la salsa de cangrejo? ¡Es fantástica!». Y, al igual que los abrigos, el acto de sostener el plato, servir porciones de comida o escanciar bebidas te da algo que hacer con las manos. Cuando estás nervioso, quieres esconder las manos en los bolsillos o darte a ti mismo una señal reconfortante frotándote la oreja o ajustándote la ropa. Para evitar ponerte nervioso, pasa a la acción y haz algo por los demás. Recuerda también que mostrar las palmas de las manos indica que estás dispuesto a ser abierto y sincero, y en este caso, servir a los demás comida y bebida refleja también que te preocupas por ellos.

BUSCA A ALGUIEN ABIERTO

Ahora ya has aprendido cómo volverte más accesible desarrollando un lenguaje corporal abierto. También puedes usar esa información para buscar a la gente a la que te puedes acercar fácilmente. Busca a quien esté hablando atentamente con alguien y a quien tenga los pies separados unos pocos centímetros, en lugar de cruzados, juntos o en una postura defensiva al estilo vaquero (separados treinta y cinco centímetros). Es más fácil acercarse a quien muestra las palmas de las manos mientras gesticula y sonríe. Si eres muy tímido, permanece cerca de alguien que parezca abierto y copia lentamente su postura. Los estudios demuestran que es probable que se produzca una conversación.

DA EL PRIMER PASO

También puedes presentarte a ti mismo. Lo sé, lo sé, estarás pensando: «Patti, tú estás loca. Me fastidia hablar con la gente y ¿quieres que dé el primer paso? Preferiría hincarme un tenedor en el ojo». Suelta el tenedor. La investigación nos dice que cuando inicias la acción y das un paso adelante, le pareces más seguro de ti mismo a los que te rodean e inmediatamente se sienten más relajados. Además, cuando se sienten relajados, ese confort se te contagia. Si estás ansioso, este es un consejo que puedes aplicar rápidamente y que requiere solo un pequeño paso adelante.

¿Puedo presentarte a...?

Una presentación apropiada ayuda a crear confianza. No tienes que seguir al pie de la letra las reglas que vienen a continuación, pero sí tenerlas en cuenta.

La autoridad, la edad y el sexo determinan quién se presenta a quién y qué nombre se menciona primero. Siempre menciona en primer lugar el nombre de la persona más importante, y luego el de aquel a quien se la presentas: «Señor Kovak, ¿me permite presentarle a mi cliente, Stephanie Jamison?». «Stephanie, este es nuestro director, el señor Kovak» o «Doctor Kovak, ¿puedo presentarle a mi hijo James?». «James, me gustaría presentarte al doctor Howard».

En la presentación, usa los nombres y los títulos que emplearía entre sí la gente que estás presentando.

Emplea el orden siguiente: los más jóvenes, a los mayores, diciendo el nombre del mayor primero; no oficial a oficial, primero el nombre de la persona oficial; ejecutivo a director, el nombre del director primero; colegas a clientes, etc.

Haz una presentación sencilla.

Si la gente que estás presentando tiene la oportunidad de hablar, lo ideal sería que les dieras algún tema de conversación. Proporciona alguna información sobre aquellos a quienes estás presentando para clarificar la relación con esa persona. Por ejemplo: «Mamá, me gustaría que conocieras a mi amiga Nora. Es la amiga que me está enseñando a aprender informática. Nora, esta es Stella, mi madre, que vive en Florida».

Si no recuerdas el nombre de alguien di: «Perdóname, pero ¿cómo era tu nombre?». Si estás con alguien que no te presenta a los demás, aunque podrías darle un golpecito con el codo y susurrarle: «Preséntame», intenta simplemente decir: «Hola, me llamo... ¿Tú eres...?».

Cuando te presentan a alguien, repite su nombre y, aunque pueda sonarte pasado de moda, es apropiado decir: «Un placer conocerte». (Consulta www.snapfirstimpressions.com para ver un vídeo de presentaciones. Observa el lenguaje corporal y escucha las frases y la conversación trivial de un primer encuentro.)

Presenta a otros

Así puedes tener algo práctico que hacer. Encargarte de las presentaciones es algo que los demás aprecian, y aleja la presión de ti. Al acercar unos a otros, estás creando una conexión visual entre tú y quienes te rodean que te hace parecer poderoso y popular. Te ven desenvolverte entre los demás actuando como conexión entre ellos y piensan: «Chico, conoce a todo el mundo».

Haz una pregunta, relájate y escucha

Gran parte de la ansiedad viene de no saber qué hacer ni cómo hacerlo bien. La forma más inteligente de actuar en una fiesta es hacer una pregunta amable. De esta manera la presión de tener que decir algo desaparece por completo. No has de ser brillante y educado para saber escuchar. Y a todos nos encanta alguien que nos escuche de verdad.

Asiente con la cabeza

Me encanta enseñarles a los hombres esta sencilla señal de lenguaje corporal. Ellos por lo general solo asienten con la cabeza cuando están de acuerdo, mientras que las mujeres asienten para mostrar que están escuchando. De manera que, chicos, si estáis interesados, asentid mientras escucháis. A las mujeres les encanta.

He descubierto que siguiendo estos consejos, incluso el más tímido se vuelve sociable y llega a disfrutar de las fiestas y de cualquier otro acto en el que contacte con la gente.

10

ÉXITOS INMEDIATOS A DIARIO

Emplea diariamente el conocimiento
inmediato en todas las situaciones

Hemos aprendido que las impresiones inmediatas son rápidas, poderosas y sorprendentemente acertadas. También hemos visto que aunque estamos programados para causarlas y recibirlas, con la práctica podemos mejorar cómo lo hacemos. Para finalizar, he creado este resumen que te ayudará a causar la mejor impresión inmediata posible. Sigue estos consejos y causarás siempre una buena primera impresión y conectarás bien con los demás. Cuando conozcas a alguien, esto es en lo que tienes que fijarte. Y no olvides que estas son las mismas cualidades que los demás estarán buscando en ti.

EMPIEZA CON FUERZA

El efecto de primacía, según muestran los estudios sobre la persuasión, indica que lo primero que dices o haces es lo que más poder tiene para atraer la atención y causar una impresión positiva o negativa. Sé consciente de cómo entras en cualquier lugar y concentra tu atención en los demás para hacerles sentir cómodos. Antes de salir de tu casa, prepárate; si no tienes un espejo de cuerpo entero, consigue uno. Examínate de la punta de los pies a lo alto de la cabeza. Es estupendo ser auténtico, pero resultar atractivo es importante.

DA UN PASO ADELANTE

Avanza con seguridad hacia los demás. La parte más «sincera» del cuerpo es la que va de la cintura para abajo. Es donde ejercemos menos control consciente y tiende a ser la primera parte del cuerpo en responder al estrés con la reacción de parálisis-huida-lucha o palidez. No tiene nada de extraño que, al conocer a alguien o empezar una interacción, nos sintamos un poco estresados. Podemos quedarnos paralizados o echarnos hacia atrás como si fuéramos a retirarnos. Para demostrar que eres fiable, fuerte y seguro de ti mismo, sé el primero en saludar y en hacer que los otros se sientan apreciados. Da un paso, inclínate o avanza ligeramente hacia ellos. Sonríe al caminar, para que tu avance cree una impresión agradable y amistosa.

VIGILA TU EQUILIBRIO Y TU POSTURA

Cuando estés de pie, distribuye equilibradamente el peso sobre ambos pies. El equilibrio te centra y te da un aspecto más equilibrado y atractivo. Además, la forma en que ocupas el espacio comunica tu poder. Si lo que quieres es parecer poderoso, o sentirte fuerte y seguro de ti mismo, al estar de pie lo ideal en el caso de la mujer es separar los pies

EXITOS INMEDIATOS A DIARIO

unos quince centímetros, y para el hombre de quince a veinte centímetros. Si los separas más, darás la apariencia de estar a la defensiva o de ser agresivo. De hecho, los hombres normalmente extienden su posición, separando los pies treinta centímetros o más cuando se encuentran con alguien que les parece amenazador o empiezan a discutir o pelearse. Por eso, chicos, tened cuidado con los pies cuando conozcáis gente que tiene una posición de mayor poder o unas ideas completamente opuestas a las vuestras.

Hail to the Chief*

Los pequeños cambios no verbales influyen en cómo nos ven los demás. He estado muchos años analizando las pugnas electorales y trabajando como *coach* para candidatos a las elecciones y como comentadora política para los medios de comunicación. Es sorprendente con qué frecuencia ganan los candidatos más altos y los que tienen una mayor presencia física. La primera vez que se presentó a las elecciones a presidente, Barack Obama tenía más presencia, y su postura era más erguida y abierta que la de todos los demás candidatos. Su apariencia influyó en la primera impresión que causó en la gente, y quizá en los resultados de las elecciones.

PONTE DE FRENTE Y ABRE TUS VENTANAS CORPORALES

Colócate frente a tu interlocutor, dejando visible el corazón. Por supuesto, habría que tener en cuenta el sexo. Para los hombres, en muchas interacciones permanecer al lado del otro, ya sea estando de pie o trabajando, favorece la implicación y el acuerdo. Pero en la mayoría de los casos es preferible que al conocer y saludar a alguien lo hagas cara a cara

---

* N. del T.: Himno presidencial de los Estados Unidos. Se suele tocar cuando el presidente hace su aparición en público.

para que la gente pueda ver que tus ventanas están abiertas. El cerebro límbico interpreta esto como: «Este individuo está seguro de sí mismo y no se está protegiendo de un ataque». Al poner el corazón frente a la persona que estás conociendo, le muestras que te importa.

SÉ AUTÉNTICO EN TUS EXPRESIONES FACIALES Y EN TU MOVIMIENTO CORPORAL

Sé auténtico y disfruta del momento. La meta es estar presente y conectar, en lugar de estar excesivamente pendiente de ti mismo. Cuando leo el lenguaje corporal en los vídeos de los interrogatorios de la policía o en los medios de comunicación, busco los indicios sincrónicos naturales no verbales que muestran sinceridad. Sentimos una emoción, luego la demostramos con nuestros cuerpos y con nuestra expresión facial y por último la ponemos en palabras. Recuerda: sentir, mostrar, decir. Por ejemplo, lo natural es que sonriamos antes de decir: «Lo estoy pasando estupendamente» y que hagamos una mueca antes de decir: «Estoy enfadado». El tiempo que transcurre entre estas acciones puede ser de solo un milisegundo, pero para quienes te están escuchando y observando una variación de ese orden puede ser lo bastante perturbadora como para afectar al sistema nervioso central.

Cuando alguien está mintiendo, su ritmo es torpe y antinatural. Esto es así porque necesita detenerse después de una mentira elaborada y componer lo que cree que son los gestos y expresiones apropiados. Los indicios no verbales se retrasan. Por eso debes expresarte de una manera natural y sincrónica. En la mentira, o cuando el que habla está actuando en lugar de sentir lo que está diciendo en ese momento, se pierde el ritmo. Cuando hables, primero piensa en lo que sientes y en lo que quieres que sientan los demás.

MANOS Y GESTOS

¿Recuerdas ese juego de niños llamado «Simón dice?». En una versión avanzada del juego, el líder dice, por ejemplo: «Simón dice que te toques la barbilla», pero en lugar de eso se toca la nariz, y los jugadores a menudo se tocan la nariz, no la barbilla, como reacción. Esto refleja nuestra tendencia a creer y seguir los gestos más que las palabras que pronuncia la gente. De hecho, cuando los gestos y las palabras de alguien difieren, el que escucha procesará el significado del gesto en lugar de la palabra.

Esto ayuda a la gente a entendernos. Spencer Kelly, profesor asociado de psicología en la Universidad Colgate, y Asli Özyürek y Eric Maris, de la Universidad Radboud, en Nijmegen, Holanda, estaban interesados en la interacción entre lenguaje y gestos al hablar en público y descubrieron que si los gestos coinciden con las palabras, esa gesticulación ayuda al público a aprender de forma más eficiente.[1]

Tus gestos son poderosos. La pregunta que con más frecuencia me hacen cuando estoy instruyendo a alguien para mejorar su lenguaje corporal es: «¿Qué hago con las manos?». Recuerda que, como las manos vienen del corazón, simbólicamente muestran nuestros verdaderos sentimientos. El nerviosismo y la ansiedad se ven en nuestros pies y en nuestras manos. Uno de los motivos por los que me encanta enseñarte cómo dar un gran apretón de manos, cálido y lleno de confianza, es porque esa es una manera estupenda de conectar.

La posición de tus manos afecta también a tu comportamiento no verbal. Si las sitúas a los costados, tu energía disminuye. Tu voz se vuelve más baja y puede hacerse monótona, y además tenderás a moverte menos y a mostrar menos expresiones faciales. Lleva las manos a la altura de la cintura, y te volverás más tranquilo y centrado. Llévalas arriba, a la altura de la parte superior del pecho, y tu voz subirá, te volverás más enérgico y animado. De manera que cambia la posición de las manos dependiendo de cómo quieras sentirte y de la impresión que desees causar.

¿Has conocido a alguien que «hablara» con las manos? Hay miles de señales posibles que se pueden hacer con las manos usando combinaciones distintas de posturas y movimientos de brazo, muñeca o dedo. Los gestos se utilizan para todo tipo de funciones comunicativas. Enlazan y apoyan las palabras que pronunciamos. Le pueden añadir significado a algo que decimos, comunicar que estamos escuchando, resaltar frases, esclarecer algún punto, añadir información, etc.

Puede parecer ilógico, pero si estás nervioso te puede ayudar hacer gestos significativos para ilustrar tus ideas. Los estudios sobre los gestos demuestran que el proceso de gesticular, de hecho, nos ayuda a acceder a más circuitos neurales del cerebro, creando más conexiones y, por consiguiente, facilitando nuestro discurso y reduciendo pausas y la emisión de monosílabos como «eh» u otros parecidos.

¿MANO DERECHA, BUENO; MANO IZQUIERDA, MALO?

¿A tu interlocutor y a ti os importa con qué mano estáis gesticulando? En las pruebas de laboratorio los zurdos y los diestros «asocian ideas positivas como la honestidad y la

inteligencia con su lado dominante del espacio y las ideas negativas con el otro», afirma Daniel Casasanto, del Max Planck
Institute for Psycholinguistics en Nijmegen, Holanda.[2] Casasanto y Kyle Jasmin, coautor de su obra, descubrieron que los
candidatos presidenciales diestros hacían una mayor cantidad de gestos con la mano derecha al expresar ideas positivas
y con la izquierda al expresar pensamientos negativos. Pero
eso mismo sucedía a la inversa con los zurdos, que usaban
preferentemente la izquierda para expresar lo positivo y la
derecha para lo negativo.

Cuando asesoro a clientes que están nerviosos, les digo
que prueben a meterse una mano en el bolsillo. Durante
treinta años he visto a clientes meter su mano no dominante
en el bolsillo y mágicamente empezar a hacer gestos con la
mano dominante. Los datos recopilados por Casasanto y Jasmin nos indican que la gente asocia «lo positivo con el lado
del cuerpo que usan con soltura; dominante equivale a fluir,
y fluir es bueno».[3]

¿Qué hacer con las manos?

Lo ideal en cualquier interacción es mantener ambas manos a la vista, en lugar de detrás de la espalda o en los bolsillos. Cuando instruyo
a agentes de policía sobre los interrogatorios, les enseño que uno de
los sitios clave para detectar la mentira es las palmas de la mano. Es
difícil mentir con las palmas a la vista.

Si crees que es mejor hacerlo, puedes meterte una mano en el bolsillo, pero prepáralo de antemano. Saca todas las monedas y otros
objetos de los bolsillos, para que no los hagas sonar al moverte como
si llevaras un sonajero. Un truco para lidiar con el estrés es dejar una
sola moneda y apretarla.

Deja que tus gestos fluyan espontáneamente. Son un reflejo de tu verdadera presencia, del fluir de tu personalidad, y tienen un impacto, como las olas en la orilla.

Dale volumen a tus gestos. Acostúmbrate a mostrarte más animado, más expansivo y más poderoso. Mido solo un metro cincuenta y tres, pero gesticulo como si fuera enorme. Cuando la gente se acerca a mí tras un discurso se sorprende al ver lo pequeña que soy.

Ten cuidado con los movimientos repetitivos y molestos de la mano, como tocarte un pendiente, atusarte el bigote, torcer las manos, o echarte el pelo hacia atrás. Con frecuencia usamos estos gestos reconfortantes cuando nos sentimos estresados, nos tocamos para tranquilizarnos. Trata de reducir estos movimientos para incrementar tu credibilidad y poder.

MIRAR A LOS OJOS

Los ojos están hechos para seguir el movimiento; por eso podemos mirar un partido de fútbol al mismo tiempo que comemos la cena. Como obtenemos el ochenta por ciento de nuestra información a través de ellos, es vital observar a los otros cuando los conocemos y conversamos con ellos. Hacerlo nos permite conectar y ser auténticos.

La función primordial de mirar a los ojos es establecer relaciones. Lo que más miedo nos da en la vida es que nos rechacen. Cada persona a la que mires a los ojos puede notar que la aceptas y sentirse conectada a ti, y la energía de esa conexión te asegurará que tú también eres aceptado. La tecnología ha reducido la cantidad de tiempo que pasamos cada día mirándonos a los ojos. Por eso es más importante hacer el esfuerzo de conectar y los resultados de mirar a los ojos son mucho más poderosos.

Mirar a la gente y luego apartar la vista de ella nos permite procesar y acceder a la información. Parpadear lentamente ayuda al conjunto de nuestro pensamiento, dándonos tiempo para escanear el cerebro en busca de imágenes y responder en una conversación o delante del público. Mirar fijamente no es la mejor manera de mirar a los ojos, ni es natural.

Recuerda el efecto reciente. La gente recuerda lo último que dices o haces, y esto afecta a la impresión que causas. El final de un saludo, reunión o interacción es un momento en el que mucha gente se deja atrapar por las prisas de salir y se olvida de estar presente y honrar a la persona que tiene enfrente. Para dejar una huella profunda y crear conexión, tranquilízate y vuelve a mirar a los ojos, de forma significativa y ligeramente persistente, mientras dices adiós.

Por último, y ante todo, recuerda que el regalo más grande que le puedes dar a otro es entenderlo y verlo de verdad. Y que una de las mejores sensaciones que podemos vivir es la de que nos vean y nos entiendan realmente. Mi deseo es que este libro te ayude a que la gente te vea de verdad y a hacerles a quienes te rodean el regalo de captar su verdadera esencia.

Impresión final

Un final cálido deja una buena impresión. Alguna gente dice adiós por teléfono sin ningún entusiasmo con un tono de voz descendente, o con un desparpajo que te hace sentir que has estado haciéndoles perder mucho tiempo. Algunos ni siquiera se molestan en decir adiós, y mucho menos: «Ha sido un placer hablar contigo», «Gracias por dedicarme este tiempo» o «Hablamos pronto». Asegúrate de que no eres uno de ellos. Una despedida cálida y sin prisas es tan importante como un saludo cálido que cree conexión.

AGRADECIMIENTOS

«¿Cómo va el libro?» ha sido el tipo de pregunta que mis amigos y mi familia me han hecho con más frecuencia durante el tiempo en el que he estado escribiéndolo, en lugar de: «¿Cómo estás?». Una pregunta amable, porque toda la gente que amo sabe que este libro ha sido para mí como un niño querido, y su pregunta mostraba a la perfección el apoyo que le daban a mi «hijo impreso».

La primera página que leo en un libro es la de agradecimientos. Me dice mucho sobre el viaje emprendido por el autor y sobre su corazón. Me encanta leer cómo cada obra ha nacido de su autor y se ha nutrido también de la comunidad de amigos, familia y guías de publicación. Estoy agradecido a todos vosotros por ayudarme a criar este libro.

A los estudiantes que he enseñado durante años en mi clase de comunicación no verbal de la Universidad Estatal de Florida y a los de las universidades en las hablo hoy: gracias por vuestra energía y entusiasmo ilimitados. A las empresas y al público con el que he trabajado a lo largo de los años: gracias por vuestra curiosidad y vuestras preguntas. A mis amigos Pat MacEnulty, Steve Cohn, John Clark y Mike Salone, dotados de un talento increíble, que leyeron las primeras versiones de este libro: me ayudasteis de corazón, y de corazón os mando mi profundo agradecimiento.

A Jan y Robin, las mejores hermanas que ninguna mujer podría tener: gracias por vuestra paciencia y por vuestro amor. A mamá: gracias por ser esa mujer rebosante de vida que cuando entra en cualquier lugar, encanta a todos los presentes y casi instantáneamente se aprende los nombres de todo el mundo y los nombres de sus hijos, y además se interesa por lo que está sucediendo en sus vidas. Y gracias a mi padre, ya fallecido, que nos enseñó a dar la mano, contar historias y reírnos con ganas.

A mis queridos amigos Judith, Steve D., Rodger, Jim, Enid, Bob, Renee, Morgan y Maddison: gracias a todos por el amor, las risas y las deliciosas cenas caseras que compartisteis conmigo mientras escribía este libro. A mis amigos del grupo de debate de los jueves por la noche: gracias. Espero que sigáis haciéndome siempre esas magníficas preguntas mientras «hacemos la ronda». Un agradecimiento especial a Craig, Cheryl, Jerry, Molly, Beth, Enid, Dorothy e Yvette por ayudarme a creer que podía escribir un libro que la gente quisiera leer. A Jeff Kleinman, el agente literario más agradable, divertido y trabajador del mundillo: gracias. Al equipo

de New World Library, entre ellos a Kristen Cashman, Tra-
cy Cunnihgham, Munro Magruder, Monique Muhlenkamp,
Tona Myers y Jonathan Witchmann: gracias por vuestro apoyo. Y a Georgia Hughes, la editora más cariñosa, considerada
y con más visión a largo plazo, le digo: «¡Oh, Dios mío, gracias, ha sido libro!».

Notas

Excepto en los casos en los que se indica, todos los sitios web se consultaron el 16 de febrero de 2012.

Capítulo 1

1. Janine Willis y Alexander Todorov, «First Impressions: Making Up Your Mind after a 100-Ms Exposure to a Face», *Psychological Science* 17 (julio de 2006): 592, http://pss.sagepub.com/content/17/7/592. short, consultado el 6 de abril de 2012.
2. *Ibid.*
3. Daniela Schiller, Jonathan Freeman, Jason Mitchell, James Uleman y Elizabeth Phelps, «A Neural Mechanism of First Impressions», *Nature Neuroscience* 12 (2009): 508-514.
4. Nalini Ambady y Robert Rosenthal, «Thin Slices of Expressive Behavior as Predictors of Interpersonal Consequences», *Psychological Bulletin* 111, nº. 2 (1992), www.scribd.com/doc/49151041/Ambady-Rosenthal-92-Thin-slices-of-expressive-behavior-as-predictors-of-interpersonal-consequences.

5. Dependiendo de qué aspectos de la pesonalidad se midan y de qué método se emplee, el grado de exactitud cambia. Por ejemplo, es más sencillo identificar características como la extraversión y la capacidad, y más difícil reconocer otras. Consulta David C. Funder, «Errors and Mistakes: Evaluating the Accuracy of Social Judgment», *Psychological Bulletin* 101, nº. 1 (nero de 1987): 75-90, http://psy2.ucsd.edu/~mckenzie/FunderPsychBull1987.pdf; David A. Kenny y Linda Albright, «Accuracy in Interpersonal Perception: A Social-Relations Analysis», *Psychological Bulletin* 102, nº. 3 (noviembre de 1987): 390-402; David A. Kenny, Linda Albright, Thomas E. Malloy y Deborah A. Kashy, «Consensus in Interpersonal Perception: Acquain-tance and the Big Five», *Psychological Bulletin* 116, nº. 2 (septiembre de 1994): 245-258; Nalini Ambady y Robert Rosenthal, «Half a Minute: Predicting Teacher Evaluations from Thin Slices of Nonverbal Behavior and Physical Attractiveness», *Journal of Personality and Social Psychology* 64, nº. 3 (marzo de 1993): 431-441.

6. Philip Goldberg, *The Intuitive Edge: Understanding and Developing Intuition* (Los Ángeles: Jeremy P. Tarcher, 1985), 36.

7. Ambady y Rosenthal, «Thin Slices of Expressive Behavior as Predictors of Interpersonal Consequences».

8. Gavin de Becker, *The Gift of Fear: And Other Survival Signals That Protect Usfrom Violence* (1997; repr., Nueva York: Dell, 1999), 6,11.

9. Daniel Amen, *Change Your Brain, Change Your Life* (Nueva York: Three Rivers, 1999).

CAPÍTULO 2

1. James M. Kouzes y Barry Z. Posner, *Credibility: How Leaders Gain and Lose It, Why People Demand It* (San Francisco: Jossey-Bass, 1993).

2. David K. Berlo y James B. Lemert, «An Empirical Test of a General Construct of Credibility», comunicación presentada en la Speech Association of America, Nueva York, 1961.

3. Glenn E. Littlepage y Martin A. Pineault, «Detection of Deception of Planned and Spontaneous Communications», *Journal of Social Psychology* 125, nº. 2 (1985): 195-201; Aldert Vrij, «The Impact of Information and Setting on Detection of Deception by Pólice Detectives», *Journal of Nonverbal Behavior* 18, nº. 2 (junio de 1994): 117-136; Mirón Zuckerman, Richard S. DeFrank, Judith A. Hall, Deborah T. Larrance y Robert Rosenthal, «Facial and Vocal Cues of Deception and Honesty», *Journal of Experimental Social Psychology* 15, nº. 4 (julio de 1979): 378-396.

4. Bella M. DePaulo, Amy L. Blank, Gregory W. Swaim y Joan G. Hairfield, «Expressiveness and Expressive Control», *Personality and Social Psychology Bulletin* 18, nº. 3 (junio de 1992): 276-285.

5. John Bowlby, *Maternal Care and Mental Health: A Report on Behalf of the World Health Organization* (Ginebra: World Heath Organization, 1952); Harry F. Harlow, «The Nature of Love», *American Psychologist* 13, nº. 12 (1958); Ashley Montague, *Touching: The Human Significance of the Skin* (Nueva York: Harper and Row, 1986).

6. Frank N. Willis y Helen K. Hamm, «The Use of Interpersonal Touch in Securing Compliance», *Journal of Nonverbal Behavior* 5, nº. 1 (1 de enero de 1980).

7. Linda Albright, Thomas E. Malloy, Qi Dong, David A. Kenny, Xiaoyi Fang, Lynn Winquist y Da Yu, «Cross-Cultural Consensus in Personality Judgments», *Journal of Personality and Social Psychology* 72, nº. 3 (marzo de 1997): 558-569; Leslie A. Zebrowitz, Karen Olson y Karen Hoffman, «Stability of Babyfacedness and Attractiveness across the Life Span», *Journal of Personal and Social Psychology* 64, nº. 3 (marzo de 1993): 453-466.

8. Mel Gussow, «A Lustrous Pinnacle of Hollywood Glamour», *New York Times,* 23 de marzo de 1996, www.nytimes.com/2011/03/24/movies/elizabeth-taylor-obituary.html?pagewanted=all, consultado el 28 de marzo de 2012.

9. Geoffrey Cowley, «The Biology of Beauty», *Newsweek,* 3 de junio de 1996, 61.

10. Wake Forest University, «Rating Attractiveness: Consensus among Men, Not Women, Study Finds», *ScienceDaily,* 26 de junio de 2009, www.sciencedaily.com/releases/ 2009/06/090626153511.htm, consultado el 22 de diciembre de 2011.

11. Eve Tahmincioglu, «Power of Attraction Still Rules in Workplace», MSNBC.com, 8 de marzo de 2007, www.msnbc.msn.com/id/17369873 /ns/business-careers/t/power-attraction-still-rules-workplace/#. T5H4Íu3_6ao.

12. Nicholas O. Rule y Nalini Ambady, «The Face of Success: Inferences from Chief Executive Officers' Appearance Predict Company Profits», *Psychological Science* 19, nº. 2 (debrero de 2008): 109-111.

13. Alan Feingold, «Good-Looking People Are Not What We Think», *Psychological Bulletin* 111, nº. 2 (marzo de 1992): 304-341.

14. Olivia A. O'Neill y Charles A. O'Reilly, «Reducing the Backlash Effect: Self-Monitoring and Women's Promotions», *Journal of Occupational and Organizational Psychology* 84, nº. 4 (diciembre de 2011): 825-832.

15. «Snap Judgments about Candidates Are the Best Way to Pick Winners, Study Suggests», Dartmouth College Office of Public Affairs press reléase,6 de noviembre de 2006, www.dartmouth.edu/~news/releases /2o6/n/o6.html, consultado el 20 de abril de 2102.

CAPÍTULO 3

1. «Scientists Create Formula for the Perfect Handshake», 14 de julio de 2010, www.chevrolet.co.uk/experience-chevrolet/news/2010/news /news-details20io-i8.html.
2. Tomoya Kameia, Takao Tsudab, Shinya Kitagawab, Ken Naitoha, Koji Nakashimaa y Toshio Ohhashi, «Physical Stimuli and Emotional Stress-Induced Sweat Secretions in the Human Palm and Forehead», *Analytka Chimica Acta* 365, n°. 1-3 (junio de 1998).
3. Kathleen Deboer, *Gender and Competition: How Men and Women Approach Work and Play Differently* (Monterey, CA: Coaches Choice, 2004); Suzette Haden Elgin, *How to Disagree without Being Disagreeable: Getting Your Point Across with the Gentle Art of Verbal Self-Defense* (Nueva York: John Wiley & Sons, 1997).
4. William F. Chaplin, Jeffrey B. Phillips, Jonathan D. Brown, Nancy R. Clanton y Jennifer L. Stein, «Handshaking, Gender, Personality, and First Impressions», *Journal of Personality and Social Psychology* 79, n°. 1 (julio de 2000): 110-117.
5. Charles M. Sennott, «Faith and Forgiveness in the Middle East», *Boston Globe,* 4 de abril de 1999, sección magazine, 12.
6. Jeff St. Cloud, «Secret Motorcycle Hand Greetings: Revealed!» *View from the Cloud,* 22 de agosto de 2006, www.viewfromthecloud.com/2006/08 /secret-motorcycle-hand-greetings.html.
7. Dan Cossins, «V for Victory», *BBC History Magazine,* Historyextra.com, www.historyextra.com/qa/v-victory, consultado el 20 de abril de 2012.
8. Wikipedia, «Peace Symbols», http://en.wikipedia.org/wiki/Peace _ symbol, consultado el 16 de enero de 2012.
9. «Michelle Obama's G20 Faux Pas Brings Out Queen's Touchy-Feely Side», *Guardian* (Reino Unido), 2 de abril de 2009, www.guardian.co.uk/world /blog/2009/apr/02/michelle-obama-queen-hug?INTCMP=SRCH, consultado el 30 de marzo de 2012.

CAPÍTULO 4

1. Mark Knapp y Judith Hall, *Nonverbal Communication in Human Interaction* (Belmont, CA: Wadsworth, 2006).

2.   Martin Rolfs, Donatas Jonikaitis, Heiner Deubel, Patrick Cavanagh. «Predictive Remapping of Attention across Eye Movements», *Nature Neuroscience* 14, n°. 2 (2011): 252-256.

3.   Steven A. Beebe, «Effects of Eye Contact, Posture and Vocal Inflection upon Credibility and Comprehension», estudio llevado a cabo en la Universidad de Miami, 1976, www.eric.ed.gov/PDFS/ED144121. pdf.

4.   Roel Vertegaal y Yaping Ding, «Explaining Effects of Eye Gaze on Mediated Group Conversations: Amount or Synchronization?» comunicación presentada en la Association for Computing Machinery Conference on Computer Supported Cooperative Work, Nueva Orleans, LA, 16-20 de noviembre de 2002, www.sciencedaily.com/releases/2002/11 /02ii22073858.htm.

5.   Yin Wang, Richard Ramsey y Antonia Hamilton, «The Control of Mimicry by Eye Contact Is Mediated by Medial Prefrontal Cortex», *Journal of Neuroscience* 31, n°. 33 (17 de agosto de 2011): 12001-10, www .sciencedaily.com/releases/2011/08/110816171428.htm.

6.   Louann Brizendine, *The Female Brain* (Nueva York: Three Rivers Press, 2007), 15.

7.   Alan Fogel y Angela Uchoa Branco, «Meta-communication as a Source of Indeterminism in Relationship Development», en Alan Fogel, Maria C.D.P. Lyra y Jaan Valsiner, eds., *Dynamics and Indeterminism in Developmental and Social Processes* (Mahwah, NJ: Erlbaum, 1997), 68. Además, gran parte de la novedosa investigación de Alan Fogel me ha ayudado en este tema; consulta http://utah.academia.edu/AlanFogel/ Papers para obtener más información. También Ruth Feldman, Charles W. Greenbaum y Nurit Yirmiya, «Mother-Infant Affect Synchrony as an Antecedent of the Emergence of Self-Control», *Developmental Psychology* 35, n°. 1 (enero de 1999): 223.

8.   J. J. Tecce, «Body Language in 2004 Presidential Debates», www. social-engineer.org/wiki/archives/EyeMovement/Eye   Movement-2004ElectionAnalysis.htm.

9.   Adam Kendon y Mark Cook, «The Consistency of Gaze Pattern in Social Interaction», *British Journal of Psychology* 60, n°. 4 (1969): 481-494.

10.   Leslie Holmes, «The Effects of Interviewees' Nonverbal Behavior on Interviewers' Evaluations during a Selection Interview», PhD diss., 1 de enero de 1983, Universidad de Nebraska en Lincoln, http://digital commons.unl.edu/dissertations/AAl8318659.

11. Karl Grammer, Wulf Schiefenhovel, Margret Schleidt, Beatrice Lorenz y Irenáus Eibl-Eibesfeldt, «Patterns on the Face: The Eyebrow Flash in Crosscultural Comparison», *Ethology 77,* n°. 4 (1988): 279-299.

12. Bhismadev Chakrabarti y Simón Baron-Cohen, «Variation in the Human Cannabinoid Receptor CNRi Gene Modulates Gaze Duration for Happy Faces», *Molecular Autism* 2 (29 de junio de 2011), www. molecular autism.com/content/2/1/10.

13. Lane Strathearn, Jian Li, Peter Fonagy y P. Read Montague, «What's in a Smile?: Maternal Brain Responses to Infant Facial Cues», *Pediatrics* 122, n°. 1 (julio de 2008): 40-51.

14. Marco Iacoboni, «The Mirror Neuron Revolution: Explaining What Makes Humans Social», *Scientific American,* 1 de julio de 2008, www. scientificamerican.com/article.cfm?id=the-mirror-neuron-revolut.

15. Pierre Kaldy, «Born to Smile: New Evidence That Laughing and Smiling Begin in the Womb», 25 de noviembre de 2011, Worldcrunch, www .worldcrunch.com/born-smile-new-evidence-laughing-and-smiling -begin-womb/4i25?device=auto.

16. Deborah Blum, «Face It!» *Psychology Today,* septiembre de 1998, www. psychologytoday.com/articles/200909/face-it.

17. Tonic.com, «Brain Processes Happy Faces Fastest», 23 de junio de 2009, www.tonic.com/p/our-brains-process-happy-expressions-more-rapidly-than-sad-or-angry-ones, consultado el 7 de diciembre de 2011.

18. Paul Ekman, Richard J. Davidson y Wallace V. Friesen, «The Duchenne Smile: Emotional Expression and Brain Physiology», *Journal of Personality and Social Psychology* 58, n°. 2 (1990).

19. Jennifer Viegas, «Smiling? You Can Hear It in the Vóice», 3 de enero de 2008, Discovery News, http://dsc.discovery.com/news/2008/01/03/ smile-communication.html.

20. James M. Dabbs, «Testosterone, Smiling, and Facial Appearance», *Journal of Nonverbal Behavior* 21, n°. 1 (1997): 45-55.

CAPÍTULO 5

1. Sigal G. Barsdale, «The Ripple Effect: Emotional Contagion and Its Influence on Group Behavior», *Administrative Science Quarterly* 47, 644-675, www.management.wharton.upenn.edu/barsade/docs /Barsade_Emotional_Contagion_in_Groups.pdf.

2. Elaine Hatfield, John T. Cacioppo y Richard L. Rapson, «Emotional Contagión», *Current Directions in Psychological Sciences* 2 (1993): 2, www.elainehatfield.com/ch50.pdf .

3. Jean Decety y William Ickes, eds., *The Social Neuroscience of Empathy* (Cambridge, MA: MIT Press, 2009), 19.

4. Carolyn Coakley y Andrew Wolvin, «Listening in the Educational Environment», en Deborah Borisoff y Michael Purdy, *Listening in Everyday Life* (Lanham, MD: University Press of America, 1991; 2ª edición, 1997), 179-212.

CAPÍTULO 6

1. Steven Rosenbaum, «As Email Wheezes toward the Grave, We Contemplate a DNR», *Fast Company,* Expert Blog, 5 de diciembre de 2011, www.fastcompany.com/1799096/Can-We-Save-Email-Should-We.

2. Sara Radicati, ed., *Email Statistics Report,* 2009-2013 (Radicati Group, 2010), resumen disponible en www.radicati.com/wp/wp-content/uploads/20ii/05/Email-Statistics-Report-20ii-20i5-Executive-Summary.pdf.

3. Linda Stone, «Continuous Partial Attention», http://lindastone.net/qa/continuous-partial-attention.

4. Gary Small y Gigi Vorgan, «Your iBrain: How Technology Changes the Way We Think», *Scientific American* (8 de octubre de 2008), www.scientificamerican.com/article.cfm?id=your-ibrain.

5. Anna T. Collins, «Texting: The New Prose, or: What the QWERTY Does It All Mean?» *MiamiArtzine.com,* 30 de enero de 2011, www.miamiartzine.com/issue_main.cfm?btitle=textingandid=i499andkeyx=678ii78oi, consultado el 29 de marzo de 2012.

6. Larry Carlat, «Confessions of a Tweeter», *New York Times,* 11 de noviembre de 2011, www.nytimes.com/2011/11/13/magazine/confessions-of-a-tweeter .html.

7. Kevin W. Rockmann y Gregory B. Northcraft, «To Be or Not to Be Trusted: The Influence of Media Richness on Defection and Deception», *Organizational Behavior and Human Decision Processes* 107, n°. 2 (noviembre de 2008), www.sciencedirect.com/science/article/pii /S0749597808000149, consultado el 29 de marzo de 2012.

CAPÍTULO 7

1. Mary Madden y Amanda Lenhart, «Online Dating», Pew Internet and American Life Project, 5 de marzo de 2006, www.pewinternet.org

/~/media/files/reports/2006/pip_online_dating.pdf.pdf, consultado el 3 de marzo de 2012; Thomas Lewis, Fari Amini y Richard Lannon, *A General Theory of Love* (Nueva York: Random House, 2000), 85.

2. Don E. Hamachek, *Encounters with Others: Interpersonal Relationships and You* (Nueva York: Holt, Rinehart and Winston, 1982).

CAPÍTULO 8

1. Los puntos más importantes de esta lista los resumí de las siguientes fuentes, que consulté el 15 de febrero de 2012: Carole Martin, «Boost Your Hiring IQ: Take the Manager's Hiring IQ Test», www.boostyourhiringiq.com; Citynews.ca staff, «The Top Mistakes Job Interviewers Are Making», *City News Toronto,* 15 de agosto de 2007, www.citytv.com/toronto/citynews/life/money/article/15735-the-top-mistakes-job-interviewers-are-making; Scott Erker, PhD y Kelli Buczynski, «Are You Failing the Interview?: 2009 Survey of Global Interviewing Practices and Perceptions», www.ddiworld.com /DDIWorld/media/trend-research/are-you-failing-the-interview _tr_ddi.pdf; Kelli Buczynski, «Getting the Right Candidate to Say Yes», www.imakenews.com/ddi/e_articleooi28i599.cfm?x=bii,o.

CAPÍTULO 9

1. Para saber más sobre la etiqueta, consulta Sharon L. Cohen, eHow, «How to Make Proper Introductions», www.ehow.com/how_2352298_make-proper-introductions.html; Advanced Etiquette, «Proper Introductions», julio de 2003, www.advancedetiquette.com/newsletter/july_issue.htm; Essortment, «What Is the Proper Way to Make an Introduction?» www.essortment.com/proper-way-make-introduction-59623.html.

CAPÍTULO 10

1. Spencer Kelly, Asli Ozyürek y Eric Maris, «Two Sides of the Same Coin: Speech and Gesture Mutually Interact to Enhance Comprehension», *Psychological Science* 21, n°. 2 (febrero de 2010): 260-267.

2. D. Casasanto y K. Jasmin, «The Hands of Time: Temporal Gestures in English Speakers», leído en forma de borrador en *Cognitive Linguistics,* febrero de 2012.

3. *Ibid.*

ÍNDICE TEMÁTICO

ÍNDICE TEMÁTICO

SOBRE LA AUTORA

Patti Wood investiga y asesora sobre las primeras impresiones, el lenguaje y la comunicación no verbal. El *Washington Post* la llamó «el modelo de referencia de los expertos en lenguaje corporal» y el *New York Times* le atribuye el mérito de introducir el lenguaje corporal en la conciencia nacional. Patti Wood da conferencias para empresas de Fortune 500, asociaciones nacionales, jueces y organizaciones encargadas de la aplicación de la ley. Puedes verla en CNN, Fox News, PBS, Good Morning America, Discovery Channel, Dr. Drew, Bravo, History Channel, Nancy Grace, Entertainment Tonight, Inside Edition, Prime News, In Session, True TV, Fox Business Network y otros programas norteamericanos de noticias o entretenimiento. Sus ideas sobre el lenguaje corporal y su lectura de políticos, sospechosos de delitos y famosos aparecen en publicaciones como *Wall Street Journal, Psychology Today, Bloomberg Businessweek, Fortune, Esquire, Sports Illustrated, Cosmopolitan, USA Today, US Weekly* y *People*, así como en *Aol. com, Huffington Post* y *The Week*. Vive cerca de Atlanta, Georgia, y puedes contactar con ella para entrevistas en los medios de comunicación y para dar conferencias y talleres a través de su página web, www.Pattiwood.net.

ÍNDICE